Flexible Kundeninteraktionsprozesse im Communication Center

T0316393

INFORMATIONSTECHNOLOGIE UND ÖKONOMIE

Herausgegeben von Wolfgang Gaul, Armin Heinzl
und Martin Schader

Band 22

PETER LANG

Frankfurt am Main · Berlin · Bern · Bruxelles · New York · Oxford · Wien

Michael Zapf

Flexible Kundeninteraktionsprozesse im Communication Center

PETER LANG
Europäischer Verlag der Wissenschaften

Bibliografische Information Der Deutschen Bibliothek
Die Deutsche Bibliothek verzeichnet diese Publikation in der
Deutschen Nationalbibliografie; detaillierte bibliografische
Daten sind im Internet über <http://dnb.ddb.de> abrufbar.

Zugl.: Bayreuth, Univ., Diss., 2001

Gedruckt auf alterungsbeständigem,
säurefreiem Papier.

D 703
ISSN 1616-086X
ISBN 3-631-51510-3

© Peter Lang GmbH
Europäischer Verlag der Wissenschaften
Frankfurt am Main 2003
Alle Rechte vorbehalten.

Printed in Germany 1 2 4 5 6 7

www.peterlang.de

für Rita

Geleitwort

Zu Beginn der neunziger Jahre mutierte die radikale Umgestaltung von Geschäftsprozessen zu einem Modephänomen in der Managementpraxis und -lehre. Viele Autoren aus dem anglo-amerikanischen Sprachraum propagierten Erfolgsrezepte zur Verbesserung von Abläufen im Unternehmen. Dabei wurden Elemente wie "Kundenzentrierung" und "IuK-Technologien" als universelle Erfolgsrezepte der Prozessgestaltung gepriesen und bestenfalls auf der Basis von Fallstudien unterlegt. Formale oder semiformale Prozessmodelle und abgesicherte, operationale Aussagen zur Prozessgestaltung sucht man hingegen oft vergebens.

Hier setzen die seit der Mitte der achtziger Jahre im deutschen Sprachraum entwickelte Referenzmodelle an, die in der Praxis eine starke Verbreitung durch die Einbettung in betriebswirtschaftlichen Standardsoftwarepaketen erfahren (haben). Leider finden sich auch hier in der einschlägigen Literatur keine empirischen und methodisch verwertbaren Hinweise, in welchen Unternehmen die Referenzmodelle entwickelt wurden und welche Gestaltungsgrößen dabei herangezogen wurden. Mit welcher Rechtfertigung die Prozessmodelle zur Referenz erhoben werden, bleibt genauso unklar, wie die Antwort auf die Frage, welche Modellbestandteile zur Verbesserung bestimmter Prozessgrößen führen.

Will man über die Modellierung der Prozessstruktur hinaus den Einfluss exogener Größen auf die Prozesseffizienz oder die Vorteilhaftigkeit bestimmter Prozessmuster untersuchen, so empfiehlt sich eine experimentelle Vorgehensweise, in der die Visualisierung von Prozessen um die Analyse ihres Verhaltens, beispielsweise durch Simulationsexperimente, erweitert wird. Diesen Weg beschreitet Herr Dr. Zapf mit der vorliegenden Arbeit. Er liefert dabei einen bemerkenswerten Beitrag, der über Fallstudien und Referenzmodelle hinausgeht und damit eine experimentell orientierte Wirtschaftsinformatik mit enger Verflechtung zur Organisationsforschung, zum Operations Research und zur Informatik vertritt. Mit Kundeninteraktionsprozessen im Communication Center stellt er sich einem Untersuchungsobjekt, das im tertiären Sektor eine zunehmende ökonomische Bedeutung erfährt und mit der Qualifikation der einzusetzenden Mitarbeiter (Generalisten versus Spezialisten) sowie dem zu unterstützenden Kommunikationsmittel (Telefon versus E-Mail) theoretisch und praktisch relevante Gestaltungsdimensionen besitzt.

Die Arbeit von Herrn Dr. Zapf verfolgt die Erarbeitung eines theoretisch fundierten Instrumentariums zur Gestaltung flexibler Kundeninteraktions-prozesse im Communication Center als übergreifende Zielsetzung. Die-sem Ziel folgend, legt er im zweiten Abschnitt die notwendigen Begriffs-grundlagen, bevor er generische Prozessmuster für Communication Center entwickelt. Anschließend werden verfügbare Arbeiten aus der Organisationsforschung, dem Operations Research und der Arbeitspsy-chologie untersucht, um auf ihrer Basis einen theoretischen Bezugsrah-men zu entwickeln, der normative Aussagen zur Prozessgestaltung erlaubt. Diese Aussagen werden in Form von sechs grundlegenden Hypothesen formuliert. Im dritten Abschnitt entwickelt Herr Dr. Zapf sein umfassendes Untersuchungsinstrumentarium und leitet dabei einen modellgestützten, entscheidungstheoretischen Ansatz zur Flexibilitäts-analyse her, den er mit dem eigens entwickelten computergestützten Werkzeug SimControl instrumentiert. Der vierte Abschnitt beschäftigt sich mit der experimentellen Bewertung typischer Kundeninteraktions-prozesse. Im Rahmen von Basisuntersuchungen erfolgt zunächst eine Analyse der Leistungsfähigkeit unterschiedlicher Qualifikations- und Kommunikationskombinationen. Dabei erweisen sich integrierte Kommu-nikationskanäle als leistungsfähige Gestaltungsoption, die mithilfe von Detailuntersuchungen vertieft werden. Auf der Basis singulärer Flexibili-tätsanalysen wird anschließend der Einfluss einzelner Umweltfaktoren auf die Leistungsfähigkeit der Prozessmuster untersucht. Die exogenen Größen mit dem signifikantesten Einfluss werden dann auf der Basis multipler Flexibilitätsanalysen vertieft. Am Ende dieses Abschnitts rückt der Einfluss tageszeitlicher Schwankungen in den Mittelpunkt der experi-mentellen Analysen. In den letzten beiden Abschnitten erfolgt eine Inter-pretation und kritische Würdigung der erarbeiteten Ergebnisse, eine

Zusammenfassung der wichtigsten Resultate sowie konkrete Ansatzpunkte für weitergehende Untersuchungen.

Die Ergebnisse dieser Arbeit sind sowohl praktisch als auch theoretisch
bedeutsam. Der prak-tische Beitrag ergibt sich aus der Untersuchung
realer Prozessmuster und der Verwendung von Vergangenheitsdaten
aus Communication Centern in vier unterschiedlichen Branchen. Der
theoretische Beitrag kommt zunächst in der Entwicklung eines multitheo-
retischen Bezugsrahmens zum Ausdruck, der relevante, normativ ausge-
richtete Arbeiten aus unterschiedlichen Disziplinen einbezieht. Mit dem
„Qualifikationsmix" und dem „Kommunikationsmix" werden zwei theoretisch relevante Gestaltungsdimensionen aufgegriffen und mit praktisch
relevanten Ausprägungen unterlegt. Der wohl bedeutsamste Beitrag der
Arbeit liegt vor allem in den Ausführungen zur Flexibilitätsanalyse. Auf
der Basis der relevanten Literatur zur Unternehmensflexibilität und der
Entscheidungstheorie entwickelt Herr Dr. Zapf ein Instrumentarium, das
den Anwender in die Lage versetzt, die entwickelten Prozessmuster
anhand der erhobenen Vergangenheitsdaten tiefgreifend zu analysieren.

Herr Dr. Zapf hat mit seiner Arbeit ein methodisch elegantes und respek-
tables Instrumentarium zur Gestaltung flexibler Kundeninteraktionsprozesse im Communication Center vorgelegt, das mit leichten Modifikatio-
nen in dieser Form auch auf andere Anwendungsdomänen übertragbar
ist. Die Qualität und Praxisrelevanz seiner Arbeit wird durch die Aus-
zeichnung mit dem Förderpreis der Bayerischen Landesbank Girozen-
trale unterstrichen, der jährlich für herausragende wissenschaftliche
Arbeiten vergeben wird. Mit seinen Ausführungen leistet Herr Dr. Zapf
insgesamt einen bedeutsamen Beitrag für eine experimentell orientierte
Wirtschaftsinformatik.

Prof. Dr. Armin Heinzl

Vorwort

Die vorliegende Dissertation entstand während meiner Zeit als wissenschaftlicher Mitarbeiter am Lehrstuhl für Wirtschaftsinformatik an der Universität Bayreuth. Bei der Anfertigung der Arbeit habe ich von vielen Personen Unterstützung erfahren, denen ich an dieser Stelle sehr herzlich danken möchte.

Zu sehr großem Dank bin ich meinem akademischen Lehrer Herrn Prof. Dr. Armin Heinzl verpflichtet. Er hat mir wichtige Impulse für das Thema und die Ausgestaltung der Arbeit gegeben, mich auch in den schwierigen Zeiten stets uneingeschränkt unterstützt und gefördert, mir aus manchen Sackgassen geholfen und mich gerade in der Endphase der Arbeit von vielen organisatorischen Aufgaben freigestellt. Während der Zeit an seinem Lehrstuhl habe ich von seinem Ideenreichtum profitiert und sowohl fachlich als auch menschlich viel von ihm lernen können. Zudem bin ich ihm außerordentlich dankbar dafür, dass er immer wieder unter hohem persönlichen Einsatz optimale Arbeitsbedingungen für mich geschaffen hat.

Herrn Prof. Dr. Jörg Schlüchtermann danke ich ganz herzlich für seine konstruktiven Anregungen, die zur Verbesserung der Arbeit beigetragen haben. Bei Herrn Dr. Rainer Sibbel möchte ich mich für seine hilfreichen Tipps und die offene Gesprächsatmosphäre bedanken, durch die ich manche Klippen der Entscheidungstheorie überwinden konnte.

Bei meinen ehemaligen Kollegen am Lehrstuhl für Wirtschaftsinformatik der Universität Bayreuth, Herrn Dr. Wolfgang Güttler, Herrn Dr. Franz Rothlauf, Herrn Dr. Lars Brehm und Herrn Dipl.-Kfm. Jens Dibbern, möchte ich mich für zahlreiche inhaltliche Anregungen und die kollegiale Unterstützung bedanken.

Eine Arbeit zur Gestaltung von Kundeninteraktionsprozessen im Communication Center wäre in dieser Form nicht ohne Unterstützung aus der

Praxis möglich gewesen. Deshalb danke ich Herrn Marcus Grasemann ganz herzlich für zahlreiche Gespräche und Diskussionen. Von ihm habe ich viel über Communication Center gelernt und konnte von seinem umfangreichen Wissen profitieren. Den Herren Ralf von Einem und Frank Heise danke ich für ihre bereitwillige Hilfestellung bei der Erhebung der empirischen Daten.

Meinen Eltern und meiner Frau Rita danke ich für ihre vielfältige Unterstützung während der Entstehung der Arbeit.

                                                                      Michael Zapf

Inhaltsverzeichnis

Abbildungsverzeichnis

Tabellenverzeichnis

Abkürzungsverzeichnis

Abb.	Abbildung
ACD	automatic call distribution
asyn.	asynchron(e)
bzgl.	bezüglich
bzw.	beziehungsweise
ca.	circa
d.h.	das heißt
et al.	und andere
f.	und folgende Seite
ff.	und fortfolgende Seiten
ggf.	gegebenenfalls
Hrsg.	Herausgeber
max	Maximum
min	Minimum
s.	siehe
Sek.	Sekunden
syn.	synchron(e)
Tab.	Tabelle
u.a.	unter anderem
Vgl. (vgl.)	Vergleiche
vs.	versus
z.B.	zum Beispiel

1 Einleitung

1.1 Motivation

Die Zufriedenheit des Kunden entscheidet sich zunehmend im *direkten Kontakt* mit dem Unternehmen. Durch eine erfolgreiche Interaktion kann eine erhöhte Kundenbindung erreicht werden, während mangelhafte Leistungen in diesem Bereich immer häufiger zum Verlust von Kunden führen[1]. Hierbei stellen einige bereits länger anhaltende Trends die Unternehmen vor besondere Herausforderungen und machen eine systematische Auseinandersetzung mit der *Gestaltung flexibler Kundeninteraktionsprozesse* erforderlich.

Ausgangspunkt

Als erster Trend ist eine wachsende Bedeutung der *Leistungsgeschwindigkeit* zu verzeichnen[2]. Aufgrund des vermehrten Einsatzes von Informations- und Kommunikationstechnologien kann der Austausch von Informationen immer schneller und einfacher erfolgen[3]. Dadurch wird allerdings auch die Erwartung der Kunden an die gesamte Leistungsgeschwindigkeit gesteigert, lange Wartezeiten werden immer seltener akzeptiert und schnelle Antworten vom Unternehmen erwartet[4].

1. Trend: Leistungsgeschwindigkeit

Zweitens kann eine fortschreitende *Individualisierung der Nachfrage* beobachtet werden, d.h. Produkte und Dienstleistungen müssen immer häufiger kundenspezifisch erstellt bzw. angepasst werden[5]. Dieser Trend stellt Unternehmen vor die Herausforderung, die individuellen Bedürfnisse ihrer Kunden zu erkennen und direkt auf sie einzugehen. Der Kunde erwartet dabei, dass er vom Unternehmen fachlich adäquat bedient wird[6] und dass ihm die gewünschten Kommunikationskanäle zur Verfügung stehen.

2. Trend: Individualisierung

---

1. Vgl. Töpfer, A.; Greff, G. (1993 b), S.73 ff. Zum Zusammenhang zwischen Kundzufriedenheit und Kundenbindung vgl. Homburg, C. et al. (1999).

2. Vgl. Böse, B.; Flieger, E. (1999), S. 17 und Simon, H. (1989), S. 70 ff.

3. Vgl. Eversheim, W. (1995), S. 5.

4. Vgl. Noeske, M. (1999), S. 2 ff. und Wiencke, W.; Koke, D. (1999), S. 3.

5. Vgl. Töpfer, A.; Greff, G. (1993 a), S. 5, Becker, J.; Kahn, D. (2000), S. 1 und Böse, B.; Flieger, E. (1999), S. 17.

6. Vgl. Wiencke, W.; Koke, D. (1999), S. 4 ff.

3. Trend:
Umweltän-
derungen

Zum Dritten müssen Unternehmen immer häufiger mit *Änderungen ihrer Umwelt* fertig werden[7]. Nachfrageschwankungen, Änderung der Kundenbedürfnisse oder verändertes Kommunikationsverhalten seien hier kurz als Beispiele genannt. Für eine erfolgreiche Interaktion mit dem Kunden ist deshalb die Reaktionsfähigkeit eines Unternehmens von entscheidender Bedeutung.

Bedeutung
von Kunden-
interaktions-
prozessen

Die genannten Trends sollten von Unternehmen bei der Gestaltung ihrer Geschäftsprozesse berücksichtigt werden. Hierbei sind insbesondere diejenigen Prozesse relevant, bei denen eine direkte Interaktion mit dem Kunden stattfindet, sogenannte *Kundeninteraktionsprozesse*. Durch eine adäquate Gestaltung dieser Prozesse kann ein Unternehmen beispielsweise sicherstellen, dass ein Kunde ausreichend über ein gewünschtes Produkt informiert wird, einen geeigneten Lösungsvorschlag für ein technisches Problem erhält oder trotz einer berechtigten Reklamation zufriedengestellt werden kann[8]. Wie eingangs erwähnt, entscheiden die Interaktionsmöglichkeiten mit dem Unternehmen häufig über die *Zufriedenheit des Kunden* mit der (Dienst-)Leistung[9]. In der Praxis werden deshalb zunehmend eigenständige Organisationseinheiten in Form von *Communication Centern* für die Unterstützung von Kundeninteraktionsprozessen eingerichtet[10].

Bisherige
Ansatz-
punkte zur
Prozessge-
staltung

Zur Verbesserung des Managements von Geschäftsprozessen wurden in den letzten Jahren zahlreiche Modellierungstechniken- und Vorgehensmodelle entwickelt[11], allerdings existiert nur wenig Wissen darüber, wie Geschäftsprozesse von einer normativen Perspektive aus gestaltet werden sollen. *Einen* Ansatzpunkt für diese Gestaltungsfrage bietet die Erstellung von branchenspezifischen Referenzmodellen, die als Bezugspunkt zur Entwicklung unterneh-

---

7.   Vgl. Meffert, H. (1985), S. 121 und Schlüchtermann, J. (1996), S. 93.

8.   Vgl. Böse, B; Flieger, E. (1999), S. 24-26, Kruse, J.P. (1998), S.18f., Menzler-Trott, E. (1999), S. 16 und Wiencke, W.; Koke, D. (1999), S. 16-23.

9.   Vgl. Töpfer, A.; Greff, G. (1993 b), S.73 ff. Interaktionstheoretische Aspekte der Kundenbindung werden bei Weinberg, P. (1999), S. 47 f. diskutiert.

10. Nach Angaben von Frost & Sullivan existierten 1999 europaweit 12.750 Communication Center mit mehr als 100 Mitarbeitern, für 2006 werden 28.000 prognostiziert, vgl. Frost & Sullivan (2000). Laut einer Studie der International Data Corporation wurden 1998 weltweit 23 Milliarden US$ an Umsatzerlösen im Dienstleistungsmarkt für Communication Center erzielt, das Marktwachstum wird auf 150% bis zum Jahr 2003 geschätzt, vgl. Menzigian, K.A. (1999).

11. Vgl. Van der Aalst, W.M.P. et al. (2000) und Becker, J. et al. (2000).

mensspezifischer Prozessmodelle verwendet werden[12]. Dieser Ansatz greift jedoch insofern zu kurz, da Referenzmodelle zwar mögliche empirische Fälle abbilden, aber keine objektiven Kriterien für deren Vorteilhaftigkeit verfügbar sind[13]. Der Gestalter kann demnach nicht im voraus abschätzen, ob die Anlehnung an einen Referenzprozess zu den gewünschten positiven Ergebnissen führen wird.

Somit besteht Forschungsbedarf zur *Entwicklung eines Instrumentariums für die Gestaltung von Kundeninteraktionsprozessen*, das auf objektiven Leistungskriterien basiert. Aufgrund der Bedeutung der Leistungsgeschwindigkeit für das Unternehmen (Trend 1) spielt hierbei insbesondere die Betrachtung der *Prozesseffizienz* eine wesentliche Rolle. Da zusätzlich eine vermehrte Ausrichtung auf individuelle Kundenbedürfnisse (Trend 2) und eine zunehmende Berücksichtigung von Umweltänderungen (Trend 3) erfolgen muss, ist es erforderlich, möglichst *flexible* Kundeninteraktionsprozesse zu gestalten[14]. Die Prozesse müssen das Unternehmen in die Lage versetzen, eine effiziente Befriedigung der individuellen Kundenbedürfnisse auch bei Marktänderungen sicherstellen zu können.

Forschungs-bedarf

1.2 Zielsetzungen

Die Erarbeitung eines Instrumentariums zur Gestaltung von Kundeninteraktionsprozessen macht zunächst eine *Systematisierung von typischen Prozessmustern* aus der Praxis erforderlich. Im Weiteren ist ein *theoretischer Bezugsrahmen* zu entwickeln, der bestehende normative Ansatzpunkte zur Prozessgestaltung zusammenfasst. Die Zweckmäßigkeit dieses theoretischen Bezugsrahmens wird im Hauptteil der Arbeit durch eine *experimentelle Untersuchung* der identifizierten Prozessmuster überprüft. Um hierbei insbesondere Aspekte der Prozessflexibilität eingehend betrachten zu können,

Zielsetzun-gen

---

12. Vgl. Schütte, R. (1998), S. 69. Branchenspezifische Referenzmodelle finden sich für den Handel bei Becker, J.; Schütte, R. (1996) und für industrielle Unternehmen bei Scheer, A. (1998).

13. Vgl. Schütte, R. (1998), S. 69.

14. Zur Bedeutung der Flexibilität für das Unternehmen vgl. beispielsweise Adam, D. (1993), Duncan, N. (1995), Jacob, H. (1974 a), Kickert, W.J.M. (1985), Kieser, A. (1969), Marschak, T.; Nelson, R. (1962), Meffert, H. (1985), Schneeweiß, C.; Kühn, M. (1990) und Schlüchtermann, J. (1996).

muss ein eigener Ansatz zur *modellgestützten Flexibilitätsanalyse* entwickelt werden.

Prozess-
muster im
Communica-
tion Center

Da Communication Center, wie eingangs erläutert, eine herausra-gende Bedeutung für die Unterstützung von Kundeninteraktions-prozessen besitzen, wird die Identifikation *typischer Prozessmuster* auf diese Domäne fokussiert. Als Gestaltungsdimensionen finden hierbei diverse Strategien zur Kombination unterschiedlicher Quali-fikationsniveaus (*Qualifikations-Mix*) sowie alternative Formen der Organisation von Kommunikationskanälen (*Kommunikations-Mix*) Berücksichtigung.

Theoreti-
scher
Bezugsrah-
men

Für die Entwicklung des theoretischen Bezugsrahmens werden bestehende normative Ansätze aus der Literatur untersucht. Hier-bei haben sich vor allem Arbeiten aus dem Bereich der Koordina-tion von Prozessen, aus dem Prozessmanagement und Operations Research sowie der Arbeitspsychologie als nützlich erwiesen.

Experimen-
telle Analyse

Bei der *experimentellen Analyse*, die in Form modellgestützter Simulationsexperimente durchgeführt wird, sollen auf der Basis realer Daten Aussagen darüber gewonnen werden, welches Gestaltungsmuster die höchste Prozesseffizienz aufweist und am flexibelsten auf Umweltänderungen regieren kann. Zudem stellt sich die Frage, welche Umweltänderungen den höchsten Einfluss auf die Leistungsfähigkeit der Prozessmuster besitzen.

Modellge-
stützte Flexi-
bilitätsanaly-
se

Die Bewertung der Prozessflexibilität erfolgt im Rahmen einer *modellgestützten Flexibilitätsanalyse*. Hierfür muss zunächst ein Instrumentarium zur Flexibilitätsmessung und zum Vergleich unter-schiedlicher Gestaltungsalternativen entwickelt werden. Um den praktischen Einsatz dieses Instrumentariums zu ermöglichen, wird darauf aufbauend ein computergestütztes Werkzeug entwickelt, das große Teile der Flexibilitätsanalyse automatisch durchführt und somit den Prozessgestalter bei der Analyse relevanter Gestal-tungsalternativen unterstützt.

Forschungs-
beitrag

Der *Forschungsbeitrag* der vorliegenden Arbeit kann in folgenden Punkten zusammengefasst werden:

1. *Theoretische Fundierung:*
   Die Erarbeitung eines theoretischen Bezugsrahmens für die Gestaltung von Kundeninteraktionsprozessen ermöglicht

eine systematische Darstellung vorhandener Erkenntnisse und erlaubt den Vergleich theoretischer Aussagen mit experimentellen Beobachtungen.

2. *Empirische Relevanz:*
   Durch die Betrachtung typischer Prozessmuster aus der Communication Center-Praxis werden reale Gestaltungsoptionen analysiert. Zudem sichert die Verwendung von Analysedaten aus vier unterschiedlichen Branchen den Realitätsbezug der erzielten Ergebnisse.

3. *Instrumentalcharakter:*
   Mit dem neuen Ansatz zur modellgestützten Flexibilitätsanalyse wird ein übertragbares Instrumentarium zur Verfügung gestellt, das sich für die Evaluierung beliebiger Kundeninteraktionsprozesse eignet. Der Einsatz der Simulationstechnik ermöglicht hierbei die Analyse komplexer Prozessstrukturen. Außerdem können durch die explizite Berücksichtigung der Flexibilität als eigenständige Bewertungsdimension Umweltänderungen bereits in der Planungsphase detailliert berücksichtigt werden.

1.3   Vorgehensweise

Im nächsten Kapitel werden die Grundlagen für die weitere Untersuchung dargelegt. Hierbei wird der *Begriff des Kundeninteraktionsprozesses* eingeführt und seine wesentlichen Gestaltungskomponenten herausgearbeitet sowie die Unterstützung von Kundeninteraktionsprozessen durch *Communication Center* thematisiert. Die grundlegenden Aufgaben und Eigenschaften von Communication Centern werden erläutert und relevante *Gestaltungsdimensionen* detailliert dargestellt. Zudem findet eine Vorstellung von *typischen Prozessmustern* aus der Communciation Center-Praxis statt. Anschließend erfolgt eine Systematisierung von *theoretischen Ansatzpunkten* zur Gestaltung von Kundeninteraktionsprozessen, die als Grundlage für die *Formulierung von Hypothesen* zur Gestaltung von Kundeninteraktionsprozessen dient.

Grundlagen

Untersu-
chungsin-
strumenta-
rium

Das *Instrumentarium* für die experimentelle Untersuchung der Prozessmuster wird im dritten Kapitel präsentiert. Eingangs findet sich eine Gegenüberstellung und Bewertung der Warteschlangentheorie und der diskreten Ereignisfolgesimulation, um ein geeignetes *Basisinstrument für die Prozessanalyse* auszuwählen. Die Simulation erweist sich dabei als das zweckmäßigere Instrument für die Analyse von Kundeninteraktionsprozessen. Aus diesem Grund wird im Weiteren das Vorgehen bei einer *simulationsgestützten Analyse* beschrieben sowie die Festlegung von Modellparametern, die Datenerhebung, die Verifikation und Validierung, die Versuchsplanung und die statistische Ergebnisanalyse ausführlich dokumentiert. Im letzten Abschnitt des Kapitels wird der neue Ansatz zur *Flexibilitätsanalyse von Kundeninteraktionsprozessen* vorgestellt. Nach einer kurzen Übersicht über die theoretischen Grundlagen wird der Einsatz von Flexibilitätsmatrizen und die Berechnung von Flexibilitätswerten zur Bewertung von Gestaltungsalternativen beschrieben. Diese Instrumente werden schrittweise hergeleitet und anhand eines durchgängigen Beispiels veranschaulicht. Abschließend wird *SimControl* vorgestellt, ein computergestütztes *Werkzeug zur Flexibilitätsanalyse*, das im Rahmen der vorliegenden Arbeit konzipiert und realisiert werden soll.

Ergebnisse,
Interpreta-
tion und
Zusammen-
fassung

Die *Ergebnisse der experimentellen, simulationsgestützten Untersuchung* werden im vierten Kapitel vorgestellt. Hierbei erfolgt die Analyse der identifizierten Gestaltungsmuster anhand von vier Beispielen aus den Anwendungsdomänen Autovermietung, Bank, Buchhandel und Energieversorgung. Im darauffolgenden Kapitel werden die präsentierten Resultate *interpretiert* und methodenspezifische sowie designspezifische Probleme diskutiert. Abschließend erfolgt eine *Zusammenfassung* der Arbeit und ein *Ausblick* auf weitere Forschungsfragen.

1.4   Wissenschaftliche Einordnung

Gegen-
standsbe-
reich

Der *Gegenstandsbereich* der vorliegenden Arbeit ist die Gestaltung von Kundeninteraktionsprozessen, die als soziotechnische Systeme die Komponenten Mensch (Kunden, Mitarbeiter), Aufgabe (z.B. Beratung, Auftrags- und Bestellannahme, Reklamation oder Notfallservice) und Technik (Informations- und Kommunikationssystem) umfassen. Bei der Gestaltung stellt sich vor allem die

Frage nach einer Festlegung der Beziehungen zwischen den genannten Komponenten. Aufgrund dieses Gegenstandsbereiches wird die Arbeit in die Forschungsdisziplin *Wirtschaftsinformatik* eingeordnet[15]. Da hierbei ein Schwerpunkt auf der Gestaltung der Mensch-Aufgabe-Beziehung liegt, sind ebenfalls starke Bezüge zu Arbeiten aus der *Organisationstheorie* und dem *Organisationsdesign* vorhanden[16].

In Bezug auf die gewählte *Forschungsrichtung* wird eine Zuordnung zur *empirischen Forschung* vorgenommen, da in der Arbeit ein theoretischer Bezugsrahmen für die Gestaltung von Kundeninteraktionsprozessen entwickelt und anschließend im Rahmen einer experimentellen Untersuchung überprüft werden soll[17]. Für die Entwicklung der modellgestützten Flexibilitätsanalyse wird ein *theoretisches Vorgehen* gewählt, bei dem die Methode zur Flexibiliätsmessung aus theoretischen Überlegungen heraus hergeleitet wird[18]. *Forschungs-richtung*

Als *Forschungsansatz* wird der *Stichproben-Ansatz* verwendet, bei dem die deduktiv gewonnenen Hypothesen anhand von vier Anwendungsdomänen getestet werden[19]. Konkret wird eine *experimentelle Laborforschung* durchgeführt[20], bei der die behaupteten Kausalzusammenhänge mit Hilfe von Simulationsexperimenten untersucht werden (experimentelle Simulation)[21]. Die *Datenerhebung* erfolgt in Form von Interviews, Dokumentenauswertungen und der direkten Messung in der Wirklichkeit[22]. *Forschungs-ansatz und Forschungs-methode*

---

15. Vgl. Heinrich, L.J. (1993), S. 12 ff.

16. Eine Übersicht über aktuelle Arbeiten zwischen Organisationstheorie und Organisationsdesign findet sich in Form einer Sammelrezension bei Osterloh, M.; Frost, J. (2000).

17. Vgl. Heinrich, L.J. (1995), S. 4.

18. Vgl. ebenda, S. 4.

19. Vgl. ebenda, S. 4.

20. Beispiele für experimentelle Laborforschung in der Wirtschaftsinformatik finden sich etwa bei Heinrich, L.J. et al. (1995), Damschik, I.; Häntschel, I. (1995), oder Lin, C.; Chen, H.; Nunamaker, J.F. (2000).

21. Vgl. Heinrich, L.J. (1995), S. 5 f. Obwohl Heinrich die große Bedeutung der Laborforschung in Form von experimenteller Simulation für die Wirtschaftsinformatik hervorhebt, vgl. Heinrich, L.J. (1995), S. 6, lassen sich außer den in Fußnote 20 angeführten Arbeiten kaum weitere Beispiele für diese Richtung finden.

22. Vgl. ebenda, S. 7.

2 Grundlagen

2.1 Begriffsgrundlagen

Den Untersuchungsgegenstand der vorliegenden Arbeit bilden *Kundeninteraktionsprozesse*, die als eine spezielle Form von Geschäftsprozessen definiert werden. Zunächst werden hierfür die charakteristischen Eigenschaften von Geschäftsprozessen diskutiert, bevor der eigentliche Begriff des Kundeninteraktionsprozesses eingeführt werden kann. Abschließend werden im letzten Teilabschnitt die grundlegenden Gestaltungskomponenten von Kundeninteraktionsprozessen aufgezeigt.

Überblick

2.1.1 Geschäftsprozesse

Der Begriff des *Geschäftsprozesses* hat am Anfang der 90er Jahre durch die Business Process Reengineering-Welle eine weite Verbreitung in der Literatur gefunden und wird in zahlreichen Veröffentlichungen zum Thema Prozessmanagement und Geschäftsprozessoptimierung verwendet[23]. Es finden sich dabei unterschiedliche Begriffsverwendungen, die sich entweder in der Abgrenzung des Betrachtungsobjektes oder in der Betonung von wesentlichen Prozesseigenschaften unterscheiden. In der vorliegenden Untersuchung werden *strukturierte Geschäftsprozesse* betrachtet, deren relevante Merkmale in folgender Definition zusammengefasst sind[24]:

Begriffsverwendung in der Literatur

Ein strukturierter Geschäftsprozess ist eine strukturierte Menge von elementaren Aktivitäten, die einen materiellen bzw. informationellen Input in einen entsprechenden Output transformiert, um einen Wert für den Kunden zu schaffen.

Definition Geschäftsprozess

Innerhalb eines Geschäftsprozesses wird eine betriebliche *Aufgabe* durch die Ausführung einer oder mehrerer *Aktivitäten* erfüllt[25]. Die Durchführung der Aktivitäten erfolgt entweder durch personelle

Aufgaben und Aktivitäten

---

23. Übersichten über ausgewählte Prozessdefinitionen finden sich beispielsweise bei Gaitanides, M. (1998), S. 371-372 oder Körfgen, R. (1999), S. 47-51.

24. Die Definition basiert auf Davenport, T.H. (1993), S. 5, Gaitanides, M. (1983), S. 65 und Hammer, M.; Champy, J. (1993), S. 14.

25. Vgl. Oberweis, A. (1996), S. 15.

oder maschinelle (nicht-personelle) Aufgabenträger[26]. Die Aktivitäten eines Prozesses sind inhaltlich abgeschlossen und stehen in
einem inneren logischen Zusammenhang[27].

Elementare
Aktivitäten

Es wird von *elementaren Aktivitäten* ausgegangen, die von einem
Aufgabenträger an einem Ort zu einem Zeitpunkt ausgeführt werden. Für die Erfüllung einer elementaren Aktivität können mehrere
Tätigkeiten von dem jeweiligen Aufgabenträger durchgeführt werden, die Aggregation von mehreren Aktivitäten mit unterschiedlichen Aufgabenträgern wird allerdings nicht untersucht.

Strukturiert-
heit

Eine wesentliche Eigenschaft der betrachteten Geschäftsprozesse
ist die *strukturierte Anordnung* der elementaren Aktivitäten, deren
Reihenfolge also im vornherein festgelegt werden kann. Hierunter
fallen keine unstrukturierten „ad-hoc"-Prozesse[28], die häufig spon-
tan stattfinden und sich nur begrenzt planen bzw. steuern lassen.
Die Prozessstrukturierung erfolgt durch eine sequentielle, parallele,
konditionale oder iterative Anordnung der Aktivitäten[29].

Input-Out-
put-Trans-
formation

Die Transformation durch den Prozess kann sich sowohl auf mate-
rielle als auch auf informationelle In- und Outputs beziehen, die
bereits im Vorfeld fest definiert sind[30]. Die Abwicklung einer Buch-
bestellung mit dem gelieferten Buch als materiellen Output fällt
damit ebenso unter den Begriff des Geschäftsprozesses wie die
Kundenberatung in einer Bank, bei der ein Informationszugewinn
für den Kunden als Prozessoutput generiert wird. Als grundlegende
Bedingung für einen Geschäftsprozess wird hierbei der wertschöp-
fenden Charakter der Transformation vorausgesetzt[31].

---

26. Vgl. Ferstl, O.K.; Sinz, E.J. (1994), S. 48.

27. Vgl. Gaitanides, M. (1983), S. 65.

28. Vgl. Van der Aalst, W.M.P.; Graaf, M. (1998), S. 531.

29. Vgl. Van der Aalst, W.M.P. (1998), S. 26.

30. Vgl. Davenport, T.H. (1993), S. 5 und Gaitanides, M. (1983), S. 65.

31. Vgl. Hammer, M.; Champy, J. (1993), S. 14 und Gaitanides, M. (1983), S. 65.

2.1.2 Kundeninteraktionsprozesse

Kundeninteraktionsprozesse lassen sich als eine spezielle Form von Geschäftsprozessen wie folgt definieren:

Ein Kundeninteraktionsprozess ist ein Geschäftsprozess, bei dem der überwiegende Teil der Aktivitäten im direkten Kontakt mit dem Kunden durchgeführt wird.

Definition Kundeninteraktionsprozess

Zur weiteren Verdeutlichung des Begriffes sollen im Folgenden einige spezielle Eigenschaften von Kundeninteraktionsprozessen aufgezeigt und kurz diskutiert werden. Die Charakteristika dienen dem besseren Begriffsverständnis. Sie umfassen die wesentlichen (aber sicherlich nicht alle) Aspekte von Kundeninteraktionsprozessen und sind nicht überschneidungsfrei.

Charakteristika

Kundeninteraktionsprozesse sind *kommunikationsintensiv*. Diese Eigenschaft ergibt sich aus dem direkten Kundenkontakt, der eine verstärkte Interaktion zwischen Unternehmen und Kunden zur Folge hat.

Kommunikationsintensität

Kundeninteraktionsprozesse sind *mitarbeiterintensiv*. Die Kommunikation mit den Kunden hat in den meisten Fällen einen intensiven Mitarbeitereinsatz zur Folge[32]. Eine Automatisierung der Kommunikations-aktivitäten ist problematisch, da sie häufig von den Kunden nicht akzeptiert wird oder bei komplexen Fragestellungen nicht realisierbar ist[33].

Mitarbeiterintensität

Kundeninteraktionsprozesse sind *zeitkritisch*. Beim direkten Kontakt mit dem Unternehmen erwartet ein Kunde innerhalb eines verbindlichen Zeitrahmens eine Antwort auf seine Anfrage und ist nicht bereit, übermäßige Wartezeiten oder große Zeitschwankungen bei der Beantwortung verschiedener Anfragen auf Dauer hinzunehmen[34]. Der genaue Zeitrahmen, der von einem Kunden als unak-

Zeitbezug

---

32. Die Bedeutung der Mitarbeiter im Communication Center wird beispielsweise in Schuler, H.; Pabst, J. (2000) oder Böse, B.; Flieger, E. (1999), S. 45 ff. ausführlich diskutiert.

33. Die automatische Anfrageklassifikation ist häufig auf einfache Problemstellungen beschränkt, vgl. Wiencke, W.; Koke, D. (1999), S. 134 ff. und Böse, B.; Flieger, E. (1999), S. 153 f.

34. Vgl. Noeske, M. (1999), S. 2 ff. und Wiencke, W.; Koke, D. (1999), S. 3.

zeptabel empfunden wird, hängt allerdings von vielen Faktoren wie etwa der Unternehmensbranche, der Konkurrenzsituation oder der persönlichen Situation des Kunden ab.

Erfolgsrele-
vanz

Kundeninteraktionsprozesse sind durch den direkten Kundenkontakt *erfolgsrelevant*. Einerseits kann durch eine gute Ausgestaltung und Durchführung der Prozesse eine hohe Kundenzufriedenheit erreicht werden, die in der Regel ebenfalls zu einer erhöhten Kundenbindung führt. Auf der anderen Seite führen schlechte Prozessleistungen zu Verstimmungen und nicht selten zum Verlust der Kunden[35].

Beispiele

Typische Beispiele für Kundeninteraktionsprozesse sind die Beratung bei einem technischen Problem in einem Softwarehaus, die Entgegennahme und Bearbeitung einer Reklamation in einem Reisebüro oder eine komplexe Anlageberatung in einem Bankhaus[36].

2.1.3 Gestaltungskomponenten von Kundeninteraktionsprozessen

Überblick

Die Gestaltung von Kundeninteraktionsprozessen erfolgt durch eine Festlegung bzw. Anpassung von *Gestaltungskomponenten*. Hierbei werden in der vorliegenden Arbeit vor allem die *Prozessstruktur* und der *Mitarbeitereinsatz* betrachtet, die im weiteren Abschnitt kurz erläutert werden (vgl. Abbildung 1).

Abbildung 1:   Gestaltungskomponenten für Kundeninteraktionsprozesse

---

35. Vgl. Töpfer, A.; Greff, G. (1993 b), S.73 ff.

36. Weitere Beispiele finden sich bei Böse, B; Flieger, E. (1999), S. 24-26, Kruse, J.P. (1998), S.18f., Menzler-Trott, E. (1999), S. 16 und Wiencke, W.; Koke, D. (1999), S. 16-23.

2.1.3.1 Prozessstruktur

In der *Prozessstruktur* wird festgelegt, welche *Tätigkeiten* für das Erreichen des Prozessziels notwendig sind und wie diese angeordnet werden sollen[37]. Nach der Identifikation der benötigten Tätigkeiten ist eine *Zusammenfassung einzelner Tätigkeiten* in Aktivitäten sinnvoll[38]. Eine Aktivität umfasst dabei logisch zusammenhängende Tätigkeiten, die von einem Mitarbeiter oder einem Mitarbeiterteam durchgeführt werden können. Beispielsweise handelt es sich bei (1) der Entgegennahme eines Gesprächs im Call Center, (2) der Aufnahme einer neuen Bestellung und (3) der Eintragung der Lieferadresse in der Kundendatenbank um drei einzelne Tätigkeiten, die von einem Mitarbeiter im Rahmen der Aktivität Bestellerfassung durchgeführt werden.

Umfang von Aktivitäten

Nachdem der Umfang der Aktivitäten festgelegt ist, kann deren *Abarbeitungsreihenfolge* bestimmt werden. Die Aktivitäten müssen hierbei entsprechend ihrer logischen Abhängigkeiten angeordnet werden. Als Anordnungsvarianten kommen die sequentielle, parallele, konditionale oder iterative Anordnung in Frage (vgl. Abbildung 2)[39].

Anordnung von Aktivitäten

Bei der *sequentiellen* Anordnung werden die einzelnen Aktivitäten A und B hintereinander ausgeführt. Eine Aktivität kann erst beginnen, wenn die vorausgegangene Aktivität vollständig beendet worden ist. So kann etwa die Auslieferung eines Buches erst dann erfolgen, wenn die Bestellung des Kunden vollständig erfasst worden ist.

Sequentielle Anordnung

Bei der *parallelen* Ausführung zweier Aktivitäten A und B können beide Aktivitäten entweder gleichzeitig ausgeführt werden oder es wird eine Aktivität vor der anderen abgewickelt. Demnach sind zwischen *parallel* angeordneten Aktivitäten keine direkten logischen Abhängigkeiten erlaubt. Die parallele Anordnung von Aktivitäten

Parallele Anordnung

---

37. Zur Prozessstrukturierung vgl. Gaitanides, M. (1983), S. 63 ff.

38. Gaitanides spricht in diesem Zusammenhang von der Gruppierung von Teilaufgaben, vgl. Gaitanides, M. (1983), S. 77.

39. Vgl. Van der Aalst, W.M.P. (1998), S. 26. Für die Darstellung der Anordnungsvarianten wurde die Petri-Netz-Notation gewählt. Ein Einführung in diese Notation zur Prozessmodellierung findet sich beispielsweise bei Baumgarten, B. (1996), Desel, J.; Oberweis, A. (1996) oder Rosenstengel, B.; Wienand, U. (1991).

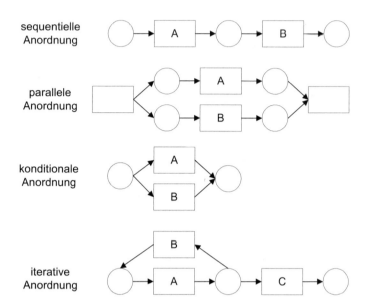

Abbildung 2:   Alternative Anordnungsmöglichkeiten von Aktivitäten

erfordert zwei Koordinationstätigkeiten: (1) Die Aufspaltung des
Auftrages, um eine parallele Bearbeitung zu ermöglichen, und (2)
die Zusammenfassung der Teilergebnisse. Ein typisches Beispiel
für eine parallele Anordnung ist die Beurteilung von Verbesse-
rungsvorschlägen im Unternehmen. Die Verbesserungsvorschläge
werden den betroffenen Abteilungen zur Bewertung zugeleitet (Aufspaltung). In den Abteilungen werden die Vorschläge voneinander
unabhängig bewertet und anschließend in einem Gesamtbericht
zusammengefasst (Zusammenfassung).

Konditio-
nale Anord-
nung

Eine bedingte Verzweigung innerhalb eines Prozesses wird als
konditionale Anordnung bezeichnet. Bei dieser Variante werden
mehrere Aufträge anhand ihrer speziellen Eigenschaften auf verschiedenen Wegen durch den Prozess geschleust. Diese Anordnung wird für die Partitionierung von Prozessen benötigt, wenn beispielsweise zahlungskräftige Kunden von anderen Mitarbeitern
bedient werden sollen als „normale" Kunden. Das Partitionierungs-
kriterium (z.B. Zahlungsfähigkeit) wird als Bedingung für die Verzweigung verwendet.

Falls Aktivitäten mehrmals wiederholt werden sollen, wird eine *ite-* Iterative
rative Anordnung eingesetzt. Hierbei wird eine Aktivität mehrmals Anordnung
hintereinander ausgeführt.

2.1.3.2 Mitarbeitereinsatz

Unter dem *Mitarbeitereinsatz* wird die Zuordnung geeigneter Mitar- Überblick
beiter zu den Aktivitäten eines Prozesses verstanden[40]. Einer Aktivität können einzelne oder mehrere Mitarbeiter zugeordnet werden.
Falls mehrere Mitarbeiter für eine Aktivität zuständig sind, muss
eine Entscheidungsregel angegeben werden, welcher Mitarbeiter
den aktuellen Kunden übernimmt.

Ein wesentliche Gestaltungskomponente beim Mitarbeitereinsatz Mitarbeiter-
ist die *Qualifikation* der Mitarbeiter. Mitarbeiter müssen ausrei- qualifikation
chend qualifiziert sein, um die Aktivitäten durchführen zu können.
Bei Kundeninteraktionsprozessen sind als Qualifikationsmerkmale
vor allem (a) die fachliche Qualifikation und (b) die Kommunikationsfähigkeit des Mitarbeiters von Bedeutung. Die fachliche Qualifikation ist Grundvoraussetzung zur Erstellung der gewünschten
Dienstleistung, reicht aber bei weitem nicht für eine erfolgreiche
Prozessabwicklung aus. Der freundliche Umgang mit den Kunden,
die Fähigkeit auf emotionale Ausbrüche gelassen zu reagieren,
Sachverhalte schnell zu erfassen und verbindliche Lösungen anzubieten sind wesentliche Kommunikationsfähigkeiten, die für die
Erreichung der vorgegebenen Prozessziele ebenfalls benötigt werden[41].

Neben der ausreichenden Mitarbeiterqualifikation bestimmt die Mitarbeiter-
quantitative Verfügbarkeit von Mitarbeitern, die als *Mitarbeiterkapa-* kapazität
zität bezeichnet wird, den Prozesserfolg. Unzureichende Kapazitäten führen zu hohen Wartezeiten bei den Kunden, während unaus-
gelastete Mitarbeiter hohe Kosten verursachen[42].

---

40. Gaitanides spricht in diesem Zusammenhang von der Verteilung von Prozess-
    elementen auf Stellen, vgl. Gaitanides, M. (1983), S. 63.

41. Vgl. hierzu Reichert, A. (2000), S. 22 f. oder Querini, S. (2000), S. 13 f.

42. Dieses klassische Problem der Prozessgestaltung wird auch mit dem Begriff
    Ablaufplanungsdilemma bezeichnet, vgl. Gaitanides, M. (1983), S. 39 oder
    Günther, H. (1971).

2.2 Communication Center als Instrument zur Unterstützung von Kundeninteraktions-prozessen

Wie eingangs erläutert stellen Communication Center ein bedeutendes Instrument für die Unterstützung von Kundeninteraktionsprozessen dar. Zur Einführung in diese Domäne werden in diesem Abschnitt zunächst grundlegende Eigenschaften und Aufgabengebiete von Communication Centern erläutern, besondere Herausforderung für die Prozessgestaltung identifiziert und geeignete Bewertungskriterien für den Vergleich von Prozessalternativen abgeleitet. Anschließend erfolgt eine ausführliche Darstellung wesentlicher Gestaltungsdimensionen und typischer Prozessmuster aus der Communication Center-Praxis.

2.2.1 Grundlagen

2.2.1.1 Definition und Aufgaben

Die Begriffe *„Call Center"* und *„Communication Center"* wurden in den USA geprägt und haben sich in der deutschen Fachsprache der Kommunikationsbranche weitgehend etabliert[43]. Call Center entstanden ursprünglich, um den telefonischen Dialog mit Kunden serviceorientiert und effizient zu gestalten. Die dabei erfolgte organisatorische Zusammenfassung von Telefonarbeitsplätzen und systematische Schulung der Mitarbeiter in der Gesprächsführung führte zu einer Professionalisierung der direkten Kommunikation mit dem Kunden. Ausgehend von diesen anfänglichen Entwicklungen wurde der Aufgabenbereich heutiger Call Center-Organisationen aufgrund massiver Änderungen des Kommunikationsverhaltens der Kunden erheblich erweitert. So werden inzwischen nicht nur Telefonanrufe, sondern auch Telefaxe, E-Mails etc. innerhalb eines Call Centers bearbeitet[44]. Um dieser Entwicklung Rechnung zu tragen und die zu einseitige Fokussierung auf das Telefon als Kommunikationsmedium zu vermeiden, wird deshalb vermehrt vom Communication Center anstelle des Call Centers gesprochen.

---

43. Vgl. Böse, B.; Flieger, E. (1999), S. 5 und Wiencke, W.; Koke, D. (1999), S. 11f.

44. Vgl. Blomeyer-Bartenstein, H.-P. (2000).

Diese Entwicklung wird aufgenommen und deshalb im weiteren Verlauf ausschließlich der Begriff Communication Center verwendet. Darunter fallen sowohl herkömmliche Call Center, die sich auf die telefonische Kommunikation spezialisiert haben, als auch die moderne Form des multimedialen Kommunikations-Centers. In der folgenden *Begriffsdefinition* werden die wesentlichen Aspekte eines Communication Centers zusammenfasst[45]:

Begriffsdefinition

> *Communication Center sind Organisationseinheiten, deren Aufgabe darin besteht, eine effiziente und effektive Kommunikation mit Kunden, Interessenten und anderen Marktteilnehmern unter Einsatz von Informations- und Kommunikationstechnologien zu ermöglichen.*

Es wird hierbei von *Organisationseinheiten* gesprochen, da Communication Center entweder als eigenständige Unternehmen oder auch als Teilbereiche eines größeren Unternehmens geführt werden. Allgemein gefasst besteht die grundsätzliche Aufgabe eines Communication Centers in der *Kommunikation mit anderen Marktteilnehmern*. Hierunter werden in erster Linie Kunden und Interessierte – im Sinne von potenziellen Kunden – verstanden. Darüber hinaus betreuen Mitarbeiter in Communication Centern jedoch auch weitere vor- und nachgelagerte Unternehmen, wie beispielsweise Lieferanten oder Handelspartner. Ein wesentliches Merkmal ist dabei die Zielsetzung, Kommunikation *effizient und effektiv* zu gestalten. Um die Ausrichtung des Communication-Centers an den Unternehmenszielen bewerten und steuern zu können, werden deshalb unterschiedliche Leistungskriterien verwendet, auf die im Abschnitt 2.2.1.4 genauer eingegangen wird. Die technologische Basis für den erfolgreichen Betrieb eines Communication Centers bilden *Informations- und Kommunikationstechnologien.*

Begriffserläuterungen

In Deutschland verteilt sich der Communication Center-Markt auf sieben Branchen (vgl. Abbildung 3). Die Branchen aus dem Dienstleistungssektor (Finanz- und Beratungsdienstleister, Handel, Medien, EDV/Telekommunikation, Verkehr/Touristik) sind hierbei

Branchenstruktur

---

45. Die Definition ist als Synthese verschiedener Begriffsverwendungen aus der Praxis zu verstehen, in denen jeweils unterschiedliche Teilaspekte eines Call Centers bzw. Communication Centers betont werden, vgl. Böse, B.; Flieger, E. (1999), S. 5, Kruse, J.P. (1998), S.14f., Wiencke, W.; Koke, D. (1999), S. 9-12.

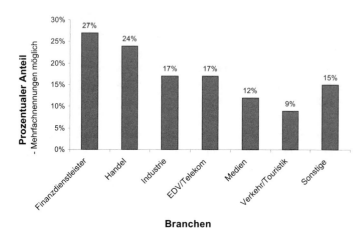

Branchen

Abbildung 3: Branchenstruktur des Communication Center-Marktes
in Deutschland 1998
Quelle: In Anlehnung an Call Center Benchmark-Kooperation
(1998), S. 7.

sehr stark vertreten. Der Industriesektor hat lediglich einen Anteil
von 17%[46]. Eine ähnliche Struktur weist auch der US-amerikani-
sche Markt für Communication Center auf[47].

Aufgaben   Die *Aufgaben* eines Communication Centers bestehen hauptsächlich in der Unterstützung der Kunden-Lieferanten-Beziehung[48]. In
dieser Beziehung können vier zyklisch angeordnete Phasen unterschieden werden, die den sogenannten *Customer Buying Cycle*[49]
bilden (vgl. Abbildung 4). Zunächst wird ein Bedürfnis auf der Kun-
denseite geweckt bzw. erkannt (*Anregungsphase*). Anschließend
werden Produkt- und Preisinformationen gesammelt, um zu einer
Kaufentscheidung zu gelangen (*Evaluationsphase*), der Kauf abgewickelt (*Kauf*) und das Produkt eingesetzt bzw. verwendet (*After
Sales*). Alle Aufgabenbereiche, für die Communication Center in

---

46. Vgl. Call Center Benchmark-Kooperation (1998), S. 7.

47. Vgl. Wiencke, W; Koke, D. (1999), S. 13 f.

48. Vgl. Böse, B; Flieger, E. (1999), S. 24-26, Kruse, J.P. (1998), S.18f., Menzler-
     Trott, E. (1999), S. 16 und Wiencke, W.; Koke, D. (1999), S. 16-23.

49. Vgl. Muther, A.; Österle, H. (1998), S.106-107 und Ives, B.; Learmonth, G.P.
     (1984).

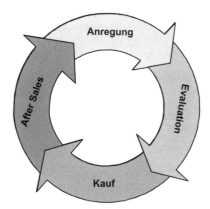

Abbildung 4:   Der Customer Buying Cycle
Quelle: In Anlehnung an Muther, A.; Österle, H. (1998), S.105.

der Praxis eingesetzt werden, lassen sich in diese Phasen des Customer Buying Cycle einordnen.

1. Marktforschung, Vertriebsunterstützung: *Anregungsphase*

2. Information, Beratung: *Evaluationsphase*

3. Auftrags- und Bestellannahme, Inkasso: *Kaufphase*

4. Reklamation, Notfallservice und sonstiger Service: *After Sales-Phase*

2.2.1.2 Der Kommunikationsprozess

Der Kommunikationsprozess bildet die entscheidende Grundlage für das Verständnis der internen Prozesse in einem Communication Center. Abbildung 5 gibt einen ersten Überblick über den gesamten Prozess und identifiziert die Hauptbeteiligten[50].   Überblick

Der *Kunde* ist für ein Communication Center der wesentliche externe Kommunikationspartner. Mit „Kunden" werden alle Personen bezeichnet, die Anfragen stellen und Leistungen in Anspruch nehmen. Falls das Communication Center Bestandteil eines größeren Unternehmens ist, sind die Mitarbeiter aus anderen Unternehmenseinheiten in diesem Sinne ebenfalls Kunden.   Kunde

---

50. Vgl. Heinzl, A.; Zapf, M. (2000), S. 243 ff.

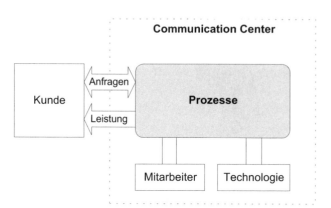

Abbildung 5: Der Kommunikationsprozess im Communication Center
Quelle: In Anlehnung an Heinzl, A.; Zapf, M. (2000), S. 243.

Anfragen

Anfragen sind der Auslöser für die Interaktion zwischen Kunden und dem Communication Center. Entweder geht eine Anfrage vom Kunden aus, was beispielsweise bei der Auftragsannahme oder dem Beschwerdemanagement der Fall ist, oder ein Mitarbeiter des Communication Centers stellt eine Anfrage an einen Kunden, z.B. im Rahmen einer Marktforschungsstudie.

Prozesse und Leistungen

Die Entgegennahme einer Anfrage initiiert einen *internen Prozess* im Communication Center, der zur Erstellung einer Dienstleistung führt. Diese Leistung wird teilweise interaktiv mit dem Kunden erstellt und bildet den Output des gesamten Prozesses. Beispiele für solche Dienstleistungen sind die Lösung eines technischen Software-Problems, eine erfolgte Anlageberatung oder die Vermittlung eines Mietwagens nach einem Autounfall.

Mitarbeiter und Qualifikation

Für die Bearbeitung von Anfragen werden in der Regel interne *Mitarbeiter* eingesetzt, die oft auch als *Agenten* bezeichnet werden. Das breite Aufgabenspektrum der Communication Center-Domäne (s. Abschnitt 2.2.1) umfasst sowohl einfache Aufgaben (z.B. Auskunftserteilung, Bestellannahme) als auch komplexe Aufgaben (Support-Service, Beratungsbereich), die ohne eine adäquate fachliche Qualifikation der Mitarbeiter nicht erfolgreich bewältigt werden können. Somit ist die Qualifikation der Mitarbeiter ein entscheidender Faktor für die Prozessgestaltung. Da häufig unterschiedliche

Aufgabenbereiche innerhalb eines Communication Centers wahr-
genommen werden, stellt sich dabei nicht so sehr die Frage nach
der besten „Einheitsqualifikation" für alle Mitarbeiter, sondern vielmehr nach der geeigneten Mischung von Mitarbeitern mit unterschiedlichen Fähigkeiten.

Falls das eigene Wissen oder die eigene Kompetenz eines Mitar-   Technologie
beiters nicht ausreicht, um ein Problem zu lösen, wird die Anfrage –
falls möglich – an einen anderen Mitarbeiter mit der benötigten
Qualifikation weitergeleitet. Die physische Zuordnung und Weiterleitung von Anfragen wird als Routing bezeichnet und erfordert den
Einsatz von *Informations- und Kommunikationstechnologien.* Diese
Technologien werden benötigt für

- den Transport der Nachrichten, wie die Übermittlung eines
  Telefongesprächs, die Zustellung einer E-Mail oder die Übertragung eines Faxes,

- die einheitliche Verwaltung der unterschiedlichen Kommunikationsmedien,

- die Unterstützung der Mitarbeiter mit den benötigten Informationen über Kunden, Produkte, bereits erfolgte Problemlösungen, etc. und

- die Verwaltung und Speicherung der Anfragen in einer Kundenhistorie (Kundendatei).

Kommunikationsrichtungen

Die Kommunikationsrichtung im Communication Center ist entwe-   Inbound ver-
der *inbound-* oder *outbound-orientiert.* Inbound-orientierte Commu-   sus Out-
nication Center versuchen einen großen Strom eingehender Anfra-   bound
gen zu bewältigen und dabei besetzte Telefonleitungen und lange
Wartezeiten für den Kunden zu vermeiden. Outbound-orientierte
Communication Center bündeln alle von der Organisation ausge-
henden Anrufe und werden vor allem für geplante Telefonkampag-
nen eingesetzt.

Personelle Engpässe können bei outbound-orientierten Communi-   Kapazitäts-
cation Centern leicht ausgeglichen werden: Anrufe werden um   engpässe
Stunden oder Tage verschoben. Demgegenüber haben inbound-
orientierte Communication Center geringere Anpassungsmöglich-

keiten. Da in diesem Fall der Kunde den Kommunikationsprozess initiiert, erwartet er auch eine schnelle Leistungserbringung. Kapazitätsengpässe führen hier unweigerlich zu Wartezeiten, damit zur Kundenfrustration und schlimmstenfalls zum Abbruch des Kommunikationsversuchs durch den Kunden. Insofern handelt es sich hierbei um erfolgskritische Prozesse für das Unternehmen.

Inbound-
Kommunika-
tion

Die größeren Herausforderungen für die Prozessgestaltung ergeben sich somit in inbound-orientierten Communication Centern. Obwohl in der Praxis durchaus Mischformen zwischen beiden Kommunikationsrichtungen zu beobachten sind[51], wird im Weiteren eine Fokussierung auf die Analyse von inbound-orientierten Communication Centern vorgenommen.

Kommunikationskanäle

Synchron
versus
asynchron

Wie bereits oben erwähnt, werden im Communication Center unterschiedliche Kanäle zur Kommunikation verwendet. Hierbei kann zwischen *synchronen* und *asynchronen Kommunikationskanälen* differen-ziert werden. Im *synchronen* Fall erfolgt die Kommunikation zwischen Kunde und Mitarbeiter interaktiv, wobei beide zum gleichen Zeitpunkt verfügbar sein müssen. Diese Restriktion gilt für die *asynchrone Kommunikation* nicht. Dort tauschen die Beteiligten ihre Informationen nacheinander aus, wobei durchaus längere Wartezeiten zwischen dem Versenden einer Nachricht und dem Erhalt der zugehörigen Antwort liegen können.

Synchrone
Kanäle

Das Telefongespräch ist *der* typische Vertreter eines *synchronen Kommunikationskanals*. Zusätzlich stellen einige Unternehmen ihren Kunden internetbasierte Alternativen zur synchronen Kommunikation zur Verfügung[52]: In einem Online-Chat kann beispielsweise ein Problem direkt an einen Mitarbeiter gesendet werden, der umgehend einen Lösungsvorschlag zurückschickt usw..

Asynchrone
Kanäle

Als *asynchrone Kanäle* werden in der Regel Briefe, Fax und E-Mail genutzt[53]. Insbesondere E-Mails stellen dabei eine besondere Herausforderung für das Management von Communication Centern

---

51. Vgl. Böse, B; Flieger, E. (1999), S. 10-12.

52. Vgl. Berlemann, T. (2000), S. 292.

53. Vgl. Wiencke, W.; Koke, D. (1999), S. 11 f. und Berlemann, T. (2000), S. 292.

dar. Da der Aufwand für das Verfassen einer E-Mail wesentlich geringer als für das Schreiben eines Briefes ist, werden vermehrt elektronische Anfragen von Kunden verschickt. Erschwerend kommt hinzu, dass die Kunden bei E-Mails eine wesentlich kürzere Reaktionszeit als bei schriftlicher Kommunikation erwarten. Eine verspätete Antwort auf ein E-Mail wird weniger akzeptiert als die Wartezeit auf eine schriftliche Antwort.

2.2.1.3 Besondere Herausforderungen für die Prozessgestaltung

Das Umfeld eines inbound-orientierten Communication Centers ist durch eine extreme Dynamik gekennzeichnet[54]. Wie bereits oben erwähnt, wird der Kommunikationsprozess vom Kunden in Gang gesetzt und orientiert sich an dessen Bedürfnissen. Der Kunde bestimmt, zu welchem Zeitpunkt er den Kontakt sucht, welchen Informationsbedarf er hat oder zu welchen konkreten Problemen er Hilfestellung möchte. Einige dieser dynamischen, nicht-deterministischen Einflussgrößen werden in Abbildung 6 dargestellt und im Folgenden näher beleuchtet.

Überblick

Die *Höhe des Anfragevolumens* wird von exogenen Faktoren bestimmt, die sich meist dem direkten Einfluss der Organisation entziehen. Somit ist es sehr schwer, die Anzahl von Anfragen für einen bestimmten Zeitraum im Voraus zu bestimmen. Auch wenn Werte aus der Vergangenheit vorliegen, lässt sich die zukünftige Entwicklung niemals exakt vorhersagen[55]. Dieses Problem verschärft sich, falls nur wenige Vergangenheitsdaten vorliegen.

Zufällige Höhe des Anfragevolumens

Selbst wenn die Höhe des Anfragevolumens für einen Tag gut abgeschätzt werden kann, besteht ein weiteres Problem darin, dass die Anfragen ungleichmäßig über den Tag hinweg verteilt sind. Solche *tageszeitlichen Schwankungen* führen auf der einen Seite zu Überlastsituationen für die Mitarbeiter und auf der anderen Seite zu Zeiten der Unterbelastung[56].

Tageszeitliche Schwankungen

---

54. Vgl. Zapf, M.; Heinzl, A. (2000), S. 85-86.

55. Vgl. Cleveland, B. et al. (1998), S. 24 f.

56. Vgl. ebenda, S. 67 f.

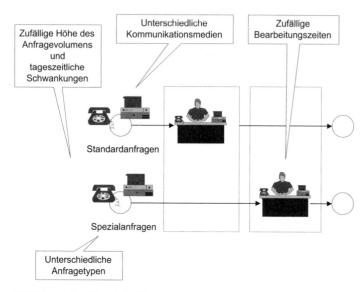

Abbildung 6: Spezielle Eigenschaften von inbound-orientierten Communication Centern

Zufällige Bearbeitungszeiten

Aufgrund gravierender Unterschiede im Kommunikationsverhalten und den Bedürfnissen der Kunden können sich die *Bearbeitungszeiten* von Anfragen erheblich unterscheiden. Somit muss hier ebenfalls mit hohen Schwankungen gerechnet werden.

Unterschiedliche Anfragetypen

Kunden haben *unterschiedliche Anliegen und Fragen* zu verschiedenen Problemen. Sie erwarten aber, für jede Anfrage innerhalb angemessener Zeit mit einem kompetenten Ansprechpartner verbunden zu werden. Dies stellt hohe Anforderungen an die Verfügbarkeit von qualifizierten Mitarbeitern innerhalb des Communication Centers.

Unterschiedliche Kommunikations medien

Je nach eigenen Präferenzen und abhängig von der Problemstruktur wählen Kunden die für sie geeigneten *Kommunikationsmedien* aus. Telefon, Fax und E-Mail werden dabei zunehmend von einem Kunden abwechselnd genutzt. Dies erfordert einerseits eine enge technische Integration dieser Medien im Communication Center, aber vor allem auch eine geeignete Strategie zur Integration auf organisatorischer Ebene. Es müssen Mitarbeiter mit den entsprechenden Kommunikationsfähigkeiten geschickt kombiniert werden.

Dabei gilt, dass ein Mitarbeiter mit guten verbalen Fähigkeiten sich nicht unbedingt für die schriftliche Kommunikation eignen muss und umgekehrt. Die Integration unterschiedlicher Kommunikationsmedien auf organisatorischer Ebene ist eine der größten Herausforderungen für die Gestaltung von Kundeninteraktionsprozessen in der Praxis[57].

2.2.1.4 Bewertung von Gestaltungsalternativen

Für den Vergleich unterschiedlicher Gestaltungsalternativen sind im Vorfeld geeignete *Effizienzkriterien* und *Kenngrößen* festzulegen, mit deren Hilfe die Effizienz einer Gestaltungsalternative gemessen und somit eine fundierte Auswahlentscheidung getroffen werden kann[58]. Da sich die vorliegende Untersuchung auf die *Leistungsgeschwindigkeit* von Kundeninteraktionsprozessen fokussiert, werden in diesem Abschnitt die gängigen Kenngrößen zur Geschwindigkeitsmessung im Communication Center systematisiert und kurz erläutert. Für die Systematisierung werden als übergeordnete Kriterien die Erreichbarkeit und die Bearbeitungsgeschwindigkeit verwendet (vgl. Abbildung 7)[59].

Bewertungssystematik

Die *Erreichbarkeit* besitzt große Bedeutung für die synchrone Kommunikation, da hier ohne eine gleichzeitige Verfügbarkeit von Kunde und Mitarbeiter keine Kommunikation stattfinden kann. Falls ein Unternehmen temporär nicht erreichbar ist, besteht die Gefahr, dass ein Kunde seinen Kommunikationsversuch abbricht und das Unternehmen keine Möglichkeit mehr zur Kontaktaufnahme erhält. Bei der asynchronen Kommunikation spielt dagegen die Erreichbarkeit eine geringe Rolle, weil dort eine Kundenanfrage zwischengelagert werden kann und ein Mitarbeiter somit die Möglichkeit hat, zeitversetzt auf die Anfragen zu reagieren. Die *Bearbeitungsgeschwindigkeit* ist demgegenüber ein wichtiges Bewertungskriterium für *alle* Kommunikationskanäle.

Effizienzkriterien und Kommunikationskanal

---

57. Vgl. Töpfer, A.; Greff, G. (2000), S. 220 und Gronover, S.; Riempp, G. (2001), S. 26.

58. Ein State of the Art zur Leistungsmessung von Geschäftsprozessen geben Kueng, P.; Krahn, A. (1999). Zur Entwicklung spezifischer Messgrößen für Geschäftsprozesse finden sich Ansatzpunkte bei Aichele, C.; Kirsch, J. (1995), Fries, S.; Seghezzi, H.D. (1994) oder Krahn, A.; Kueng, P.; Lüthi, A. (1997).

59. Vgl. Heinzl, A.; Zapf, M. (2000), S. 236-238.

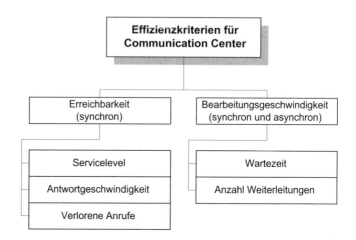

Abbildung 7: Effizienzkriterien und Kenngrößen für Communication
Center
Quelle: In Anlehnung an Heinzl, A.; Zapf, M. (2000), S. 237.

Erreichbarkeit

Bedeutung
der Erreich-
barkeit

Bedingt durch die Dynamik im Kundenverhalten werden sehr hohe
Anforderungen an die *zeitliche Erreichbarkeit* eines Communication Centers gestellt[60]. Falls ein Kunde aufgrund zu geringer Mitarbeiterkapazitäten keine Gelegenheit bekommt, das Leistungsange-
bot des Communication Centers in Anspruch zu nehmen, erübrigt
sich jede weitere Analyse interner Prozesse. Demnach sollten
Kenngrößen zur Messung der Erreichbarkeit die Basis jeder Effizi-
enzuntersuchung bilden. In der Regel werden dabei das Servicelevel, die Antwortgeschwindigkeit und der Anteil verlorener Anrufe
gemessen.

Servicelevel

Das *Servicelevel* gibt den prozentualen Anteil von telefonischen
Anfragen an, der vor Ablauf einer bestimmten Wartezeit entgegengenommen werden kann. Ein Servicelevel von 80/20 bedeutet beispielsweise, dass 80% aller Anrufe innerhalb von 20 Sekunden mit
einem Mitarbeiter des Communication Centers verbunden werden
können. Die Servicelevelreferenz bezeichnet die Zeitspanne, die
als Idealwert vorgegeben wird. Sie richtet sich nach den konkreten

---

60. Vgl. Henn, H; Seiwert, G. (1998), S. 259.

Kundenbedürfnissen und wird im Einzelfall festgelegt. In der Praxis wird häufig eine Servicelevelreferenz von 20 Sekunden vorgeschlagen[61].

Die *Antwortgeschwindigkeit* (Speed of Answer) ist die Zeit, die bis zur Entgegennahme der Anfrage vergeht. Eine Antwortgeschwindigkeit von 12 Sekunden bedeutet, dass die Anfrage innerhalb von 12 Sekunden nach dem ersten Klingeln von einem Mitarbeiter entgegengenommen wurde.

Antwortgeschwindigkeit

Die Anzahl aller verlorenen Anrufe innerhalb einer bestimmten Zeitperiode (Lost Calls) umfasst diejenigen Kontaktversuche, die der Kunde aufgrund zu langer Wartezeiten vorzeitig abgebrochen hat. Häufig wird hierbei der prozentuale *Anteil von verlorenen Anrufen* am Gesamtvolumen betrachtet. Anrufe können entweder vor dem ersten Kontakt verloren gehen, was sich in einem niedrigeren Servicelevel ausdrückt, oder als Folge langwieriger Weiterleitungen. Zu beachten ist, dass sich diese zweite Form verlorener Anrufe nicht im Servicelevel niederschlägt.

Anteil verlorener Anrufe

Zwischen den drei Effizienzkriterien Servicelevel, Antwortgeschwindigkeit und verlorene Anfragen bestehen Interdependenzen. So schlägt sich beispielsweise ein hoher Anteil an verlorenen Anfragen oder eine hohe Antwortgeschwindigkeit in einem niedrigen Servicelevel nieder. Da sich die Antwortgeschwindigkeit allerdings nur auf die tatsächlich entgegengenommenen Anfragen bezieht und das Servicelevel stark von der subjektiv festgelegten Servicelevelreferenz abhängt, wird im Weiteren der *Anteil verlorenen Anfragen* als Messgröße für die Erreichbarkeit ausgewählt.

Diskussion

Bearbeitungsgeschwindigkeit

Die *Bearbeitungsgeschwindigkeit* gibt an, wie schnell und reibungslos die Abwicklung von Anfragen erfolgt. Dieses Kriterium ist stark vom Anfragetyp und der damit verbundenen Erwartung der Kunden abhängig. Einfache Anfragen müssen schnell und möglichst ohne interne Weiterleitungen abgewickelt werden, während komplexe Anfragen naturgemäß mehr Zeit in Anspruch nehmen. Bei letzteren werden unter Umständen auch Weiterleitungen und spätere Rück-

Bedeutung der Bearbeitungsgeschwindigkeit

---
61. Vgl. ebenda.

rufe vom Kunden akzeptiert. Die Bearbeitungsgeschwindigkeit kann mit Hilfe der Wartezeit und der Anzahl von Weiterleitungen bewertet werden.

Wartezeit   Als *Wartezeit* wird diejenige Zeit bezeichnet, die ein Kunde bei der Abwicklung einer Anfrage in den (unterschiedlichen) Warteschlangen des Communication Centers verbringt. Aus *Wartezeit* und *Bearbeitungszeit* ergibt sich die gesamte *Durchlaufzeit* einer Anfrage. Analysiert werden meist die durchschnittlichen Zeiten pro Anfrage.

Anzahl von   Die *Anzahl von Weiterleitungen* gibt an, wie oft ein Kunde während
Weiterleitun- einer Anfrage intern weitervermittelt wurde. Auch hier basiert die
gen   Analyse häufig auf den Durchschnittswerten pro Anfrage. Eine hohe Anzahl von Weiterleitungen führt zu einer niedrigen Kundenzufriedenheit.

Diskussion   Da in der vorliegenden Arbeit bei den untersuchten Prozessdesigns maximal eine Weiterleitung vorkommt, erfolgt die Messung der Bearbeitungsgeschwindigkeit ausschließlich auf Basis der durchschnittlichen Wartezeiten pro Anfrage.

2.2.2 Gestaltungsdimensionen und typische Prozessmuster aus der Communication Center-Praxis

Überblick   Im folgenden Teilabschnitt werden zunächst grundlegende Gestaltungsdimensionen für Kundeninteraktionsprozesse im Communication Center diskutiert. Anschließend werden die Dimensionen Qualifikations-Mix und Kommunikations-Mix erläutert und für jede dieser beiden Dimensionen typische Gestaltungsmuster aus der Praxis vorgestellt. Die Identifikation der Prozessmuster erfolgte im Rahmen von Interviews mit Mitarbeitern einer Unternehmensberatung, die seit 15 Jahren im Bereich des Kundeninteraktionsmanagements, insbesondere dem Aufbau und der Verbesserung von Communication Centern, tätig ist.

2.2.2.1 Gestaltungsdimensionen

Für die Herleitung grundlegender Gestaltungsdimensionen von Communication Center-Prozessen wird auf die domänenenunabhängigen Gestaltungsoptionen von Hammer und Champy zurückgegriffen[62]. Hierbei erscheinen vor allem die folgenden beiden Optionen für die Communication Center-Domäne relevant[63]:

1. Die Zusammenfassung von unterschiedlichen sequentiellen Tätigkeiten in eine Aktivität, die von einem Mitarbeiter ausgeführt wird und

2. die Bereitstellung von mehreren Prozessversionen für unterschiedliche Aufträge oder Kunden.

Die erste Gestaltungsoption erlaubt es, dem Kunden in einfacher Art und Weise eine eindeutige Kontaktperson zur Verfügung zu stellen. Missverständnisse, mehrfache Datenerfassung und unnötige Rüstzeiten können somit vermieden werden. Dies führt zu positiven Effekten im Hinblick auf die Kundenzufriedenheit und die Servicequalität. Demnach sollten in der direkten Kundeninteraktion so viele Aktivitäten wie möglich zusammengefasst werden[64].

Zusammenfassung von Tätigkeiten

Die Anwendung der zweiten Option führt zur Partitionierung des gesamten Anfragevolumens anhand bestimmter Kriterien und zur Etablierung unterschiedlicher Prozessversionen und Mitarbeiter(gruppen) für jede Partition[65]. Für die Partitionierung können unterschiedliche Gründe maßgeblich sein:

Prozesspartitionierung

- *Markterfordernisse*
  Für kundenspezifische Dienstleistungen kann es notwendig sein, Prozesse nach individuellen Kundenbedürfnissen zu partitionieren. In Verbindung mit einer differenzierten Preisstrategie ist es so möglich, Gewinnsteigerungen zu erzielen.

- *Spezialisierungsgründe*
  Die Partitionierung von Anfragen kann wegen der wachsenden Dienstleistungs- oder Produktkomplexität notwendig werden. Da Menschen zwar ein grosses aber doch begrenztes Qualifikationspotenzial besitzen, ist es für einen Mitarbeiter nicht möglich, einen qualitativ hochwertigen Service für ein breites und komplexes Produktspektrum anzubieten[66]. Selbst

---

62. Vgl. Hammer, M.; Champy, J. (1993).

63. Vgl. Zapf, M.; Heinzl, A. (2000), S. 86-87.

64. Vgl. zum Umfang von Aktivitäten die Ausführungen in Abschnitt 2.1.3.1.

65. Hierbei werden die Versionen konditional angeordnet, vgl. Abschnitt 2.1.3.1.

66. Vgl. Cleveland, B. et al. (1998), S. 98 ff.

bei einer geringen Dienstleistungskomplexität kann eine Prozesspartitionierung sinnvoll sein, um Spezialisierungsvorteile
zu realisieren und Anfragen schneller und besser zu bearbeiten. Hierbei muss allerdings erwähnt werden, dass eine Über-
spezialisierung negative Auswirkungen auf die Mitarbeiter in
Form von Überanstrengungen und höheren Abwesenheitsra-
ten haben kann und deshalb vermieden werden sollte[67].

- *Managementgründe*
  Die Prozesspartitionierung kann angewendet werden, um
  eine bessere Kontrollspanne zu erreichen, da kleinere Mitarbeitergruppen einfacher zu führen sind als größere Gruppen.

- *Technische Gründe*
  Technische Gründe, wie geographische oder kulturelle Rahmenbedingungen, können ebenfalls eine Prozesspartitionierung erforderlich machen. Für internationale Communication
  Center mag es beispielsweise nötig sein, anhand unterschiedlicher Sprachen oder Zeitzonen zu partitionieren.

Schwierig-
keitsgrad
von Anfra-
gen

In der Praxis wird häufig die Partitionierung der Anfragen aufgrund
von Spezialisierungsgründen angewendet und somit eine Differenzierung der Anfragen hinsichtlich ihres (fachlichen) Schwierigkeitsgrades vorgenommen[68]. Hierbei lassen sich Kundenanfragen
zumindest in zwei *Grundtypen* unterteilen, Standard- und Spezialanfragen[69]. *Standardanfragen* beziehen sich dabei auf allgemeine
Informationen zum Unternehmen oder einzelnen Produkten, auf die
Änderung von Stammdaten (z.B. Adressänderung) oder auf die
Abwicklung einfacher Geschäfte (z.B. Auftragsannahme). Anfragen
diesen Typs können mit generellem Fachwissen erfolgreich bearbeitet werden. Für die Abwicklung von *Spezialanfragen*, wie etwa
intensive Produktberatungen, technischer Support oder die Entgegennahme von Reklamationen ist vertieftes Wissen auf der Mitar-
beiterseite erforderlich.

Mitarbeiter-
qualifikation

Entsprechend dieser Systematisierung von Anfragen werden Mitarbeiter in zwei Grundtypen mit unterschiedlichen Qualifikationsprofilen unterteilt: *Generalisten* sind in der Lage, mit allgemeinem Fach-

---

67. Vgl. Ulich, E. (1994), S. 121.

68. Vgl. hierzu auch Cleveland, B. et al. (1998), S. 98 und Storch, K. (2000).

69. Vgl. Storch, K. (2000), S. 33 ff. und Goldmann, A. (1999), S. 10 ff.

wissen Standardanfragen zu bearbeiten. *Spezialisten* haben zusätzliches Fachwissen und können damit außer Standardanfragen auch Spezialanfragen abwickeln.

Für die Prozessgestaltung stellt sich somit im Falle der Partitionierung aufgrund von Spezialisierungseffekten die konkrete Frage, wie ein gegebenes Volumen an Standard- und Spezialanfragen unter Einsatz einer geeigneten Mischung von Generalisten und Spezialisten möglichst effizient abgewickelt werden kann. Die möglichen Mischungsverhältnisse zwischen Generalisten und Spezialisten werden im Weiteren unter der Gestaltungsdimension *Qualifikations-Mix* zusammengefasst.

Qualifikations-Mix

Der Einsatz unterschiedlicher Kommunikationskanäle führt häufig zu einer weiteren, technisch bedingten, Form der Prozesspartitionierung[70]. Hierbei kann grundsätzlich zwischen synchronen und asynchronen Kommunikationskanälen unterschieden werden[71], wobei sowohl Standard- als auch Spezialanfragen über beide Kanäle das Communication Center erreichen können. In diesem Fall stellt sich die Gestaltungsfrage, von welchen Mitarbeitern die Anfragen aus einem bestimmten Kommunikationskanal bearbeitet werden sollen, woraus die zweite Gestaltungsdimension *Kommunikations-Mix* abgeleitet wird.

Kommunikations-Mix

2.2.2.2 Qualifikations-Mix

Für die Realisierung einer Prozesspartitionierung aufgrund von Spezialisierungseffekten, muss zunächst eine *Klassifizierung* der Anfragen vorgenommen werden. Hierbei wird der Schwierigkeitsgrad einer Anfrage festgestellt, um die Auswahl eines geeigneten Mitarbeiters für die Bearbeitung zu ermöglichen. Obwohl bereits zahlreiche technische Lösungen zur automatischen Anfrageklassi-

Anfrageklassifizierung

---

70. Der Begriff der Partitionierung aus technischen Gründen wird gewählt, weil sich zwei Anfragen aus verschiedenen Kommunikationskanälen hinsichtlich ihrer physischen Eigenschaften und der technischen Übermittlung unterscheiden. Dies bedeutet nicht, dass eine solche Partitionierung technisch zwingend erforderlich ist, weil durch den Einsatz von Informationssystemen eine einheitliche Bearbeitung aller Anfragen ermöglicht werden kann.

71. Vgl. hierzu die grundlegenden Ausführungen zu Kommunikationskanälen in Abschnitt 2.2.1.2.

fikation verfügbar sind[72], ist deren Einsatz auf einfache Klassifikationsfragen beschränkt[73]. Die manuelle Klassifikation besitzt deshalb vor allem bei komplexen Problemstellungen weiterhin eine sehr hohe Bedeutung für die Praxis.

Basisaktivi-
täten

Bei der Abwicklung einer Anfrage können somit die beiden folgenden *Basisaktivitäten* unterschieden werden:

1. Die Klassifizierung (inklusive Entgegennahme und möglicher Weiterleitung) sowie

2. die eigentliche Bearbeitung der Anfrage.

Mitarbeiter-
einsatz

Der *Mitarbeitereinsatz* wird dadurch festgelegt, welche Anfragen von welchen Mitarbeitern klassifiziert werden und wie diese Anfragen gegebenenfalls im Communication Center weitergeleitet werden. Tabelle 1 zeigt in der ersten Spalte alle typischen Prozessmuster zum Qualifikations-Mix, die bei der Expertenbefragung ermittelt

Qualifika-tions-Mix	Generalist		Spezialist	
	Klassifi-kation	**Bearbei-tung**	**Klassifi-kation**	**Bearbei-tung**
2-Ebenen-Modell	Standard syn./asyn.	Standard syn./asyn.	./.	./.
	Spezial syn./asyn.	./.	./.	Spezial syn./asyn.
Back-Office-Modell	Standard syn.	Standard syn.	Standard asyn.	Standard asyn.
	Spezial syn.	./.	Spezial asyn.	Spezial syn./asyn.
1-Ebenen-Modell	Standard syn./asyn.	Standard syn./asyn.	Standard syn./asyn.	Standard syn./asyn.
	Spezial syn./asyn.		Spezial syn./asyn.	Spezial syn./asyn.

Tabelle 1:   Mitarbeitereinsatz bei alternativem Qualifikations-Mix (Legende: syn. = synchron, asyn. = asynchron)

---

72. Vgl. Strawe, O.V. (1998), S. 330 ff. und Hampe, J.F.; Schönert, S. (1997), S.273 f.

73. Vgl. Wiencke, W.; Koke, D. (1999), S. 134 ff. und Böse, B.; Flieger, E. (1999), S. 153 f.

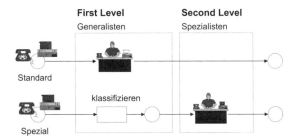

Abbildung 8:   2-Ebenen-Modell

wurden. Die weiteren Spalten enthalten für alle Anfragetypen die Zuordnung von Mitarbeitertypen zu den Basisaktivitäten Klassifikation und (eigentliche) Bearbeitung. Als Anfragen werden synchrone und asynchrone Standardanfragen sowie synchrone und asynchrone Spezialanfragen unterschieden. Zur Darstellung der Prozessmuster kommt die Petri-Netz-Notation[74] zu Einsatz, die mit spezifischen graphischen Symbolen ergänzt wurde.

Im *2-Ebenen-Modell* wird der interne Kommunikationsprozess zweistufig in einem First Level und einem Second Level organisiert (vgl. Abbildung 8). Hierbei nehmen Generalisten alle eingehende Anfragen entgegen. Falls es sich bei der Anfrage um eine Standardanfrage handelt, kann sie direkt vom Generalisten bearbeitet werden. Ansonsten wird sie an einen Spezialisten im Second Level weitergeleitet. Bei komplexen Aufgabenstellungen wird dieses Grundmodell in der Praxis um weitere Ebenen ergänzt.

2-Ebenen-Modell

Das *Back-Office-Modell* zeichnet sich durch eine stärkere Trennung von synchroner und asynchroner Kommunikation aus (vgl. Abbildung 9). Hier werden Generalisten ausschließlich für die Bearbeitung synchroner Anfragen eingesetzt. Dies entspricht einem immer noch weit verbreiteten Verständnis, dass die Telefonie die Hauptaufgabe eines Mitarbeiters im Communication Centers ist. Da Generalisten auch hier nicht in der Lage sind, Spezialanfragen zu beantworten, werden diese in das Back-Office weitergeleitet. Im Back-Office arbeiten Spezialisten, wie z.B. Sachbearbeiter, die in

Back-Office-Modell

---

74.   Van der Aalst, W.M.P. (1998) gibt eine Einführung in die Petri-Netz-Notation.

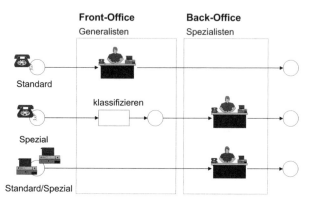

Abbildung 9: Back-Office-Modell

erster Linie für die schriftliche (asynchrone) Kommunikation verant-
wortlich sind. Synchrone Anfragen werden bei Bedarf abgewickelt.

1-Ebenen-
Modell

Die stärkste Integration der Qualifikationsgruppen wird im *1-Ebe-
nen-Modell* realisiert (vgl. Abbildung 10). Dort gibt es keine Auftei-
lung der Organisation in First Level/Second Level bzw. Front-
Office/Back-Office. Generalisten und Spezialisten können alle
Anfragetypen direkt entgegennehmen. Da Spezialisten in der
Regel teurer als Generalisten sind, wird allerdings zuerst ver-
sucht, eine eingehende Anfrage einem Generalisten zuzuordnen.
Erst wenn kein Generalist verfügbar ist, erfolgt die automatische
Vermittlung an einen Spezialisten.

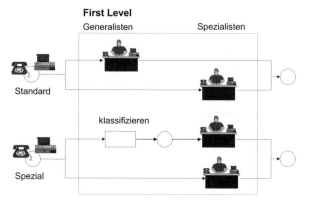

Abbildung 10: 1-Ebenen-Modell

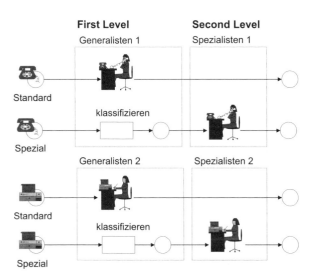

Abbildung 11: 2-Ebenen-Modell mit getrennten Kommunikationskanälen

2.2.2.3 Kommunikations-Mix

Im Bereich *Kommunikations-Mix* findet eine generelle Unterscheidung zwischen einer (a) Integration und (b) Trennung der Kommunikationskanäle statt. Integration bedeutet hierbei, dass ein Mitarbeiter sowohl synchrone als auch asynchrone Anfragen bearbeiten kann, während bei der Trennung unterschiedliche Mitarbeitergruppen für synchrone bzw. asynchrone Medien gebildet werden. Im vorherigen Abschnitt wurden die drei Qualifikationsmischungen 2-Ebenen-Modell, Back-Office-Modell und 1-Ebenen-Modell bei *integrierten Kommunikationskanälen* vorgestellt. Hierbei bearbeiten die Mitarbeiter synchrone und asynchrone Anfragen, je nach Anfrageeingang. Falls sich mehrere Anfragen in der Warteschlange befinden, werden grundsätzlich synchrone Anfragen bevorzugt. Die Bearbeitung einer Anfrage wird allerdings nicht durch eine neu eingegangene Anfrage unterbrochen, da sonst zu hohe Rüstzeiten und erhöhter Stress bei den Mitarbeitern entstehen würde.

Für die Realisierung getrennter Kommunikationskanäle müssen zusätzliche Mitarbeitergruppen eingeführt werden. Im *2-Ebenen-Modell* werden beispielsweise die synchronen Standardanfragen

Kommunikations-Mix

2-Ebenen-Modell

von Mitarbeitern der Gruppe Generalisten 1 bearbeitet, während die Mitarbeiter der Gruppe Generalisten 2 für die Abwicklung asynchroner Standardanfragen zuständig sind (vgl. Abbildung 11).

Back-Office-
Modell
Da dem *Back-Office-Modell* bereits eine grundsätzliche Trennung der Kommunikationskanäle zugrunde liegt, unterscheiden sich die Modellvarianten „integriert" und „getrennt" nicht so stark wie bei den anderen Grundmodellen. In der integrierten Variante bearbeiten die Spezialisten sowohl synchrone als auch asynchrone Anfragen (vgl. Abbildung 9), während in der getrennten Variante die Spezialisten bezüglich der Kommunikationskanäle in zwei Gruppen aufgeteilt werden (vgl. Abbildung 12).

1-Ebenen-
Modell
Beim *1-Ebenen-Modell* muss ein Spezialist bei integrierten Kommunikationskanälen alle Standard- und Spezialanfragen über jeden Kommunikationskanal beantworten können (vgl. Abbildung 10). Bei getrennten Kommunikationskanälen wird diese Komplexität durch unterschiedliche Mitarbeitergruppen für die synchrone und asynchrone Kommunikation reduziert (vgl. Abbildung 13).

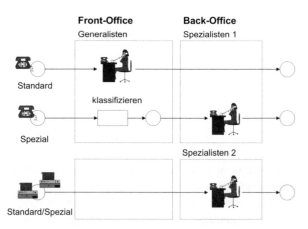

Abbildung 12: Back-Office-Modell mit getrennten Kommunikationskanälen

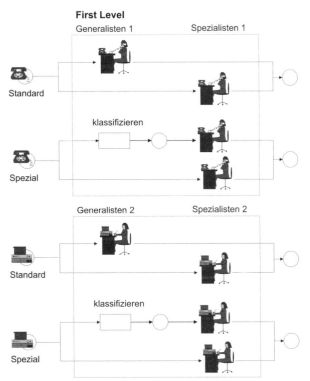

Abbildung 13: 1-Ebenen-Modell mit getrennten Kommunikationskanälen

2.3 Theoretische Grundlagen zur Gestaltung von Kundeninteraktionsprozessen

Nach der vorangegangenen Identifikation von Gestaltungsmustern für Kundeninteraktionsprozesse aus der Praxis, stellt sich in diesem Abschnitt die Frage nach theoretischen Ansätzen, die sich mit der Prozessgestaltung beschäftigen und normativen Charakter besitzen. In Ermangelung einer umfassenden Gestaltungstheorie für Kundeninteraktionsprozesse, werden hierbei bewusst sehr unterschiedliche Denkansätze einbezogen, die in der Methodik der Erkenntnisgewinnung, der Abgrenzung des Untersuchungsgegenstandes, der Wahl des Abstraktionsniveaus und des Bewertungsmaßstabes variieren. Gemeinsam ist allerdings allen Ansätzen,

Auswahl der Ansätze

dass sie relevante Beiträge für die Bewertung und Auswahl der empirisch erhobenen Gestaltungsalternativen liefern.

Struktural versus personal

Die Einteilung der betrachteten Ansätze erfolgt in Anlehnung an Albach in *strukturale und personale Ansätze*[75]. Hierbei werden unter strukturalen Ansätzen diejenigen Arbeiten verstanden, die sich direkt mit Empfehlungen für die Prozessstrukturierung (Ablauforganisation) oder einer prozessorientierten Gestaltung der Aufbauorganisation auseinandersetzen. Bei den ausgewählten personalen Ansätzen liegt der Betrachtungsschwerpunkt auf der Beziehung zwischen der Prozessstruktur und den beteiligten Personen, wobei einerseits die Auswirkungen der Prozessgestaltung auf die beteiligten Mitarbeiter und andererseits die Auswirkungen des Kundenverhaltens auf die Prozessgestaltung fokussiert werden.

2.3.1 Strukturale Ansätze

Überblick

Aus der Organisationstheorie und der betriebswirtschaftlichen Organisationslehre existieren zahlreiche Arbeiten, die sich mit der Strukturierung von Organisationen beschäftigen und sich deshalb unter dem Oberbegriff der *strukturalen Ansätze* einordnen lassen. Wie bereits eingangs erläutert werden hieraus im Folgenden normative Ansatzpunkte zur Prozessgestaltung ausgewählt, um eine geeignete Basis für die nachfolgende, theoretisch motivierten Generierung von Hypothesen zu gewinnen. Tabelle 2 enthält eine Übersicht über die betrachteten Arbeiten und behandelten Fragestellungen.

2.3.1.1 Koordinationsansätze

Überblick

Ein grundlegender Ansatz zur Einbeziehung von Koordinationsfragen bei der Gestaltung von Organisationen geht zurück auf Thompson[76]. Er geht davon aus, dass prozessuale Abhängigkeiten innerhalb einer Organisation durch bestimmte Mechanismen koordiniert werden können, die allerdings unterschiedliche Koordinationskosten bedingen. Die Aufgabe des Gestalters besteht nun darin, Orga-

---

75. Vgl. Albach, H. (1988). Eine ähnliche Systematisierung findet sich auch bei Frese, E. (1992), der zwischen der Steuerung arbeitsteiliger Handlungen durch Organisationsstrukturen und der verhaltensbezogenen Aufgabengestaltung unterscheidet.

76. Vgl. Thompson, J.D. (1967).

Ansätze	Ausgewählte Fragestellung(en)	Ausgewählte Quelle(n)
Koordinationsansätze	Wie lassen sich Organisationseinheiten mit minimalen Koordinationskosten bilden?	Thompson (1967), Kilmann (1987)
	Welche Koordinationsmechanismen eignen sich für bestehende prozessbedingte Abhängigkeiten?	Crowston (1997), Malone et al. (1999)
Prozessmanagement und Operations Research	Unter welchen Bedingungen sollen die Aktivitäten eines Prozesses zusammengefasst werden?	Buzacott (1996), Dewan et al. (1997), Seidmann, Sundararajan (1997)
	Unter welchen Bedingungen sollen Prozessvarianten für individuelle Kunden gebildet werden?	Buzacott (1996), Sheu, Babbar (1996)

Tabelle 2:   Strukturale Ansätze zur Gestaltung von Kundeninteraktionsprozessen

nisationseinheiten so zu bilden, dass entstehende Koordinationskosten minimiert werden[77]. Kilman schlägt deshalb für die Restrukturierung von Organisationen vor, bestehende Abhängigkeiten zu identifizieren und zu bewerten, um zu einer verbesserten Organisationsstruktur zu gelangen[78]. Crowston und Malone entwickeln aufbauend auf der Arbeit von Thompson eine Typologie von möglichen Abhängigkeiten innerhalb eines Prozesses und zugehöriger Koordinationsmechanismen[79]. Allerdings beschränken sie sich zunächst auf die Identifikation, computergestützte Repräsentation und Verwaltung von angewendeten Koordinationsmechanismen in der Praxis und geben keine Unterstützung zur Bewertung dieser Mechanismen[80].

---

77. Vgl. ebenda, S. 54 ff.

78. Vgl. Kilmann, R.H. (1987), S. 213 ff, Kilman, R.H. (1977), S. 103 ff oder Kilman, R.H. (1983), S. 343 ff. Eine Übertragung dieses Ansatzes auf die Gliederung der Datenverarbeitung findet sich bei Heinzl, A. (1996), S. 293.

79. Vgl. Crowston, K. (1997) und Malone, T.W. et al. (1999). Eine interdisziplinäre Übersicht findet sich bei Malone, T.W.; Crowston, K. (1994).

80. Der Hauptbeitrag von Crowston und Malone besteht in der Kategorisierung von Abhängigkeiten und zugehörigen Koordinationsmechanismen. Die Bezeichnung dieses Ansatzes als „Coordination Theory Approach" durch Crowston, vgl. Crowston, K. (1997), ist allerdings unzutreffend, da eine Kategorisierung von Organisationsstrukturen alleine noch keine Theorie darstellt, vgl. Bacharach, S.B. (1989), S. 497.

Thompson unterscheidet folgende drei Typen von Abhängigkeiten innerhalb einer Organisation:

- reziproke Abhängigkeiten (reciprocal interdependencies),

- sequentielle Abhängigkeiten (sequential interdependencies) und

- gepoolte Abhängigkeiten (pooled interdependencies).

Reziproke Abhängigkeiten bestehen dann zwischen Organisationseinheiten, wenn der Output der einen Einheit als Input der anderen Einheit benötigt wird und umgekehrt. Beispielsweise besteht beim technischen Kundensupport eine reziproke Abhängigkeit zwischen der Mitarbeitergruppe, die für die Kundenberatung bei technischen Problemen zuständig ist (Berater) und der Entwicklergruppe, die entsprechende Problemlösungen bereitstellt (Entwickler). Bislang ungelöste technische Problem werden von den Beratern an die Entwickler weitergeleitet, während neue Problemlösungen den Beratern von den Entwicklern zugänglich gemacht werden müssen. Da technische Störungen und Probleme nicht planbar sind und bei komplexen Produkten eine aufwendige Fehlersuche und -beseitigung erfordern, ist ein schneller und flexibler Informationsaustausch zwischen den beiden Gruppen erforderlich. Für die Koordination reziproker Abhängigkeiten eignet sich prinzipiell eine enge gegenseitige Abstimmung, die einen hohen Kommunikationsaufwand impliziert. Aus diesem Grund sollten die beteiligten Mitarbeiter in eine Organisationseinheit zusammengefasst werden.

Falls der Output einer Organisationseinheit als Input für eine andere Einheit benötigt wird, aber kein wechselseitiger Austausch erfolgt, spricht man von einer *sequentiellen Abhängigkeit*. Eine solche Abhängigkeit besteht beispielsweise zwischen einer Mitarbeitergruppe, die für die mündliche Produktberatung zuständig ist und einer anderen Gruppe, die schriftliche Produktinformationen zusammenstellt und an Kunden verschickt. Die erste Gruppe gibt den detaillierten Informationsbedarf und die Adresse des Kunden an die zweite Gruppe weiter, die daraufhin die Unterlagen zusammenträgt und versendet. Die Koordination sequentieller Abhängigkeiten kann mit Hilfe von Plänen erfolgen. Falls keine reziproken Abhängigkeiten bestehen, sollten Organisationseinheiten anhand bestehender sequentieller Abhängigkeiten gebildet werden.

Eine *gepoolte Abhängigkeit* besteht dann, wenn zwar keine direkte Interaktion zwischen den Organisationseinheiten stattfindet, aber eine indirekte Abhängigkeit über den jeweiligen Beitrag der einzelnen Einheiten zum Gesamterfolg des Unternehmens besteht. Im Falle des Versagens einer Einheit kann somit der Erfolg der Gesamtorganisation und damit auch der Erfolg aller Teileinheiten gefährdet sein. Zum Beispiel kann bei einem Automobilhersteller die Verkaufsabteilung für Nutzfahrzeuge unabhängig von der Verkaufsabteilung für Personenkraftfahrzeuge arbeiten. Beide Abteilungen sind im Tagesgeschäft nicht aufeinander angewiesen, das Überleben des Gesamtunternehmens hängt allerdings von dem jeweiligen Beitrag beider Abteilungen ab. Diese Form einer gepoolten Abhängigkeit lässt sich am besten durch Standardisierung koordinieren, die jeweiligen Gruppen müssen nicht unbedingt in einer Organisationseinheit zusammengefasst werden.

Gepoolte Abhängigkeit

2.3.1.2 Prozessmanagement und Operations Research

Unter dem Begriff *Prozessmanagement und Operations Research* werden Arbeiten aus dem Bereich der prozessorientierten Organisation von Unternehmen zusammengefasst, die im Rahmen der Business Process Reengineering-Welle[81] entstanden sind[82]. Es handelt sich hierbei nicht um einen geschlossenen theoretischen Ansatz, sondern vielmehr um eine Sammlung pragmatischer Managementkonzepte und Gestaltungsempfehlungen, die in den entsprechenden Primärquellen meist durch verbale Erläuterungen und allenfalls anhand von Fallbeispielen veranschaulicht werden[83]. Von einigen Autoren aus dem Bereich Operations Research wurden diese Empfehlungen aufgegriffen und weitergehende Analysen mit Hilfe formaler mathematischer Modelle durchgeführt, um festzustellen unter welchen Bedingungen die genannten Gestaltungs-

Überblick

---

81. Ausgelöst wurde die Business Process Reengineering-Welle u.a. durch Beiträge von Hammer, M.; Champy, J. (1990) und Davenport, T.H.; Short, J.E. (1990), denen zahlreiche Veröffentlichungen unterschiedlicher Autoren gefolgt sind, vgl. Gaitanides, M. (1998), S. 369.

82. In der Literatur finden sich u.a. auch die Begriffe Business Process Reengineering, Business Process Redesign, Geschäftsprozessoptimierung. In der vorliegenden Arbeit wird der Begriff Prozessmanagement als Oberbegriff verstanden.

83. Eine Übersicht über wesentliche Buchveröffentlichungen in diesem Kontext findet sich bei Gaitanides, M. (1998) in Form einer Sammelrezension.

empfehlungen zu vorteilhaften Prozesstrukturen führen können[84].
Die Ergebnisse dieser modellgestützten Analysen, bei denen häufig die Warteschlangentheorie[85] eingesetzt wird, werden im Folgenden bezüglich der Zusammenfassung von Aktivitäten und der
Partitionierung von Prozessen vorgestellt.

Zusammenfassung von Aktivitäten

Zusammen-
fassung von
Aktivitäten

Die Frage nach der *Zusammenfassung oder Aufspaltung von Aktivitäten,* die für die Erfüllung einer Gesamtaufgabe notwendig sind,
ist eine klassische Fragestellung der Organisationslehre[86]. Wie
viele unterschiedliche Aktivitäten von einem Mitarbeiter ausgeführt
werden sollen, stellt auch ein Hauptproblem bei der Prozessgestaltung dar[87]. Zwei Extrempunkte sind hierfür (1) die Zusammenfassung möglichst vieler Aktivitäten[88], um „Rüstzeiten" zu vermeiden
oder (2) die Aufspaltung in möglichst viele Teilaktivitäten[89], um
Spezialisierungsvorteile zu erzielen. Für die Gestaltung informati-
onsintensiver Prozesse wird im Business Process Reengineering
vor allem die Zusammenfassung von Aktivitäten vorgeschlagen[90].

Buzacott

Buzacott untersucht diese Fragestellung mit einer Reihe von Warteschlangenmodellen[91]. Er verwendet dabei die Durchlaufzeit als
Messgröße für die Prozessleistungsfähigkeit und zeigt, dass die
Zusammenfassung von Aktivitäten vor allem bei einer hohen Varia-
bilität der Bearbeitungszeiten und des Anfragevolumens zu besseren Ergebnissen führt als die Aufspaltung. Unterstellt man bei Ver-
waltungs- und Dienstleistungsprozessen starke Schwankungen bei
der Dauer einzelner Aktivitäten, können diese demnach durch eine
Zusammenfassung besser ausgeglichen werden.

---

84. In Zapf, M.; Heinzl, A. (2000), S. 84 findet sich eine Übersicht über Arbeiten an
    der Schnittstelle zwischen Prozessmanagement und Operations Research.

85. Zur Warteschlangentheorie vgl. Abschnitt 3.1.2.

86. Vgl. beispielsweise die Ablauflehre nach Nordsieck, F. (1934), die Arbeitsglie-
    derung nach Hennig, K.W. (1934) oder die Arbeitssynthese nach Kosiol, E.
    (1962).

87. Vgl. Gaitanides, M. (1983), S. 76f.

88. Vgl. Eversheim, W. (1995), S. 31, Garvin, D.A.(1998), S. 35 f. und Hammer,
    M.; Champy, J. (1993), S. 72 f.

89. Vgl. Eversheim, W. (1995), S. 31.

90. Vgl. Hammer, M.; Champy, J. (1993), S. 72 f.

91. Vgl. Buzacott, J.A. (1996), S. 770 ff.

Seidmann und *Sundararajan* bestätigen diese Ergebnisse von Buzacott[92]. Sie verwenden ebenfalls die Warteschlangentheorie als Analyseinstrument und die Durchlaufzeit als Bewertungsgröße, betrachten aber nicht wie Buzacott ausschließlich einfache Warteschlangeneffekte, sondern untersuchen den Einfluss zusätzlicher Faktoren auf die Vorteilhaftigkeit der Gestaltungsempfehlung. Dabei kommen sie zu dem Schluss, dass die Zusammenfassung von Aktivitäten vor allem bei erforderlichen kundenspezifischen Anpassungen, einem niedrigen Schwierigkeitsgrad der einzelnen Aufgaben und starken Abhängigkeiten zwischen den Aktivitäten vorteilhaft ist.

Seidmann und Sundararajan

Mit Hilfe eines linearen Optimierungsmodells analysieren *Dewan et al.* die optimale Zusammenfassung von Aktivitäten[93]. In dem Modell werden die Durchlaufzeit und die Konsolidierungskosten als Bewertungsgrößen verwendet. Die Autoren zeigen hierbei, dass eine optimale Konsolidierung nur bezogen auf den Gesamtprozess erfolgen kann und eine lokale Analyse zweier Aktivitäten ohne den Gesamtzusammenhang nicht zu einem optimalen Ergebnis führt. Aus Kostengründen sollte bei der Konsolidierung eine Fokussierung auf zeitkritische Prozesse erfolgen. Bei hohen Spezialisierungsverlusten, die bei Aktivitäten mit spezifischem Informationsbedarf oder hohen fachlichen Anforderungen zu erwarten sind, sollte auf eine Konsolidierung verzichtet werden. Hohe „Rüstzeiten" zwischen Aktivitäten sind dagegen Indikatoren für eine erfolgreiche Zusammenfassung.

Dewan et al.

Partitionierung von Prozessen

Die *Partitionierung* ist ein weiterer Vorschlag zur Prozessgestaltung[94]. Hierbei werden unterschiedliche Kunden nach bestimmten Kriterien in Kundengruppen eingeteilt und den einzelnen Gruppen eigene Prozessvarianten zur Verfügung gestellt, um besser auf individuelle Kundenbedürfnisse eingehen zu können. Demgegenüber wird auch vorgeschlagen, die Prozesspartitionierung nicht zu

Prozesspartitionierung

---

92. Vgl. Seidmann, A.; Sundararajan, A. (1996 a), Seidmann, A.; Sundararajan, A. (1996 b), Seidmann, A.; Sundararajan, A. (1997) und Sundararajan, A. (1998).

93. Vgl. Dewan, R.; Seidmann, A.; Walter, Z. (1997), Dewan, R.; Seidmann, A.; Walter, Z. (1998 a) und Dewan, R.; Seidmann, A.; Walter, Z. (1998 b)

94. Vgl. Hammer, M.; Champy, J. (1993), S. 77 f.

stark zu forcieren, sondern durch die Bildung von generischen Pro-
zessen für mehrere Kundentypen Effizienzvorteile zu realisieren[95].
Hierbei werden für alle Kunden dieselben Aktivitäten mit denselben
Mitarbeitern zur Verfügung gestellt.

Sheu und   *Sheu und Babbar* untersuchen die Auswirkung der Prozesspartitio-
Babbar   nierung auf die Wartezeit des Kunden anhand von Warteschlangenmodellen für einen allgemeinen Dienstleistungsprozess, der
zwei elementare Tätigkeiten umfasst[96]. Hierbei werden gleiche
durchschnittliche Bearbeitungszeiten für alle Prozessvarianten,
eine gleichmäßige Aufteilung des Anfragevolumens und ein verfügbarer Mitarbeiter pro Prozessvariante unterstellt. Eine Prozesspartitionierung, bei der die Kundenanfragen zyklisch auf die vorhande-
nen Mitarbeiter aufgeteilt werden, ist dabei mit längeren Wartezeiten verbunden, als ein generischer Prozess, der über eine
gemeinsame Warteschlange für alle Kunden verfügt[97]. Die Bewertung einer teilweisen Prozesspartitionierung im Zusammenhang mit
dem Einsatz von Mitarbeiterteams, hängt vom Verhältnis der Bearbeitungszeiten der einzelnen Aktivitäten ab. Der teamorientierte
Ansatz erscheint dann vorteilhaft, wenn die gemeinsam durchführ-
baren Aktivitäten wesentlich länger dauern als die Aktivitäten, die
nur von einem einzelnen Mitarbeiter ausgeführt werden können.

Buzacott   *Buzacott* untersucht die Auswirkung der Prozesspartitionierung
anhand zweier Warteschlangenmodelle, bei denen im Fall des
generischen Prozesses eine zyklische Zuordnung der Aufträge zu
den Mitarbeitern vorgenommen wird, während bei der Prozesspartitionierung die Zuordnung anhand der Zugehörigkeit zu bestimmten Kundenklassen erfolgt[98]. Die Prozesspartitionierung weist hierbei eine kürzere Warteschlange auf, falls sich die Kundenklassen
bezüglich der erforderlichen Bearbeitungszeiten stark unterscheiden. Ansonsten ist die Bildung generischer Prozesse vorzuziehen.

---

95. Vgl. Van der Aalst, W.M.P.; Graaf, M. (1998), S. 554 ff.

96. Vgl. Sheu, C.; Babbar, S. (1996).

97. Dieses Resultat wird auch als Pooling-Effekt bezeichnet und in zahlreichen
    Arbeiten aus dem Bereich der Warteschlangentheorie bestätigt, vgl. u.a.
    Bierman, H.; Bonini, C.P.; Hausman, W.H. (1991), Winston, W.L. (1994),
    Wolff, R.W. (1988) oder Kleinrock, L. (1976), S. 270 ff. Ein Beispiel zur Ana-
    lyse des Pooling-Effektes für Communication Center findet sich bei Zapf, M.;
    Heinzl, A. (2000).

98. Vgl. Buzacott, J.A. (1996), S. 776 f.

2.3.2 Personale Ansätze

Die *personalen Ansätze* beschäftigen sich mit dem Verhalten der   Überblick
am Kommunikationsprozess beteiligten Personen (s. Tabelle 3).
Den Zusammenhang zwischen der Fragestellung einer Person und
dem zur Lösung verwendeten Kommunikationsmedium behandeln
die Media Richness Theory und die Social Presence Theory[99].
Dabei wird untersucht, welches Medium für welche Art von Fragestellung geeignet ist. Der Ansatz der soziotechnischen Systemge-
staltung beschäftigt sich ganz allgemein mit der Gestaltung von
Arbeitssystemen unter Einbeziehung der Arbeitsmotivation der Mitarbeiter, insbesondere mit der Systemstrukturierung und der
Gestaltung von Arbeitsaufgaben.

Ansatz	Ausgewählte Fragestellung(en)	Ausgewählte Quelle(n)
Media Richness Theory	Welche Kommunikationsmedien eignen sich aufgrund der benötigten Reichhaltigkeit von Informationen für ein gegebenes Problem?	Daft; Lengel (1984)
Social Presence Theory	Welche Kommunikationsmedien eignen sich aufgrund der benötigten sozialen Präsenz für ein gegebenes Problem?	Short et al. (1976)
Soziotechnischer Systemansatz	Wie sollen Arbeitssysteme strukturiert werden?	Trist; Bamforth (1951), Emery (1959)[a]
	Welche Aufgabenmerkmale erhöhen die Arbeitsmotivation der Mitarbeiter?	

Tabelle 3:   Personale Ansätze zur Gestaltung von Kundeninteraktionsprozessen

a. Weitere Quellen und Hinweise zur historischen Entwicklung des soziotechnischen Sy-
stemansatzes finden sich u.a. bei Ulich, E. (1994), S. 154 ff., oder bei Frieling, E.;
Sonntag, K. (1999), S. 34 ff.

2.3.2.1 Media Richness Theory

Die *Media Richness Theory* geht davon aus, dass sich Kommuni-   Media Rich-
kationsmedien aufgrund ihrer „Informationsreichhaltigkeit" (infor-   ness Theory
mation richness) unterscheiden, wobei der Begriff Informations-

---

99. In beiden Theorien wird dieser Zusammenhang bislang primär in Bezug auf
die interne Kommunikation im Unternehmen durch das Management untersucht, vgl. Daft, R.L.; Lengel, R.H. (1984).

reichhaltigkeit als potenzielle Kapazität eines Mediums zur Informationsübertragung definiert ist[100]. Es wird dabei ein direkter Zusammenhang zwischen den Kommunikationsmedien und deren Informationsreichhaltigkeit hergestellt. Die Systematisierung in Tabelle 4 zeigt, dass synchrone Kommunikationsmedien, wie das persönliche Gespräch oder Telefonat, eine höhere Informationsreichhaltigkeit besitzen als asynchrone Medien, weil eine schnelle Rückkopplung zwischen den Kommunikationspartnern stattfinden kann und die Übertragung von audiovisuellen Reizen möglich ist[101]. Die Wahl des Kommunikationsmediums und der damit verbundenen Reichhaltigkeit sollte in Abhängigkeit der Problemkomplexität erfolgen. Bei komplexen Problemen ermöglichen reichhaltige Medien (synchrone Kommunikation) die effizienteste Form der Informationsverarbeitung, während Medien mit einer niedrigen Reichhaltigkeit (asynchrone Kommunikation) bei einfachen Problemen vorzuziehen sind.

Kommunikationsmedium	Informations-reichhaltigkeit	Kommunikationstyp
Direkt (Gespräch, Meeting)	am höchsten	Synchrone Kommunikation
Telefon	hoch	
Schriftlich, persönlich (Brief, Memo)	mittelmäßig	Asynchrone Kommunikation
Schriftlich, formal (Bericht, Dokument)	niedrig	
Numerisch, formal (Statistik)	am niedrigsten	

Tabelle 4:   Zusammenhang zwischen Kommunikationsmedien und Informationsreichhaltigkeit
Quelle: In Anlehnung an Daft, R.L. et al. (1984), S. 196.

2.3.2.2   Social Presence Theory

Social Presence Theory

Die *Social Presence Theory* beschäftigt sich ebenfalls mit der Frage, welches Kommunikationsmedium bei einem gegebenen Problem genutzt werden soll. Als Grundlage der Theorie werden

---

100. Vgl. Daft, R.L.; Lengel, R.H. (1984), Daft, R.L.; Lengel, R.H. (1986).

101. Vgl. Daft, R.L.; Lengel, R.H. (1984), S. 196 ff.

die Kommunikationsmedien anhand ihrer Möglichkeiten zur sozialen Präsenz (social presence) unterschieden, die sich beispielsweise im Einsatz von Mimik, Körperhaltung oder Stimmlage ausdrücken[102]. Die direkte Kommunikation im Einzelgespräch oder in Gruppengesprächen (synchrone Kommunikation) besitzt hierbei die höchste soziale Präsenz, während schriftliche Kommunikation (asynchrone Kommunikation) eine geringe soziale Präsenz besitzt. Auch hier werden somit synchrone Kommunikationsmedien höher eingestuft als asynchrone Medien. Da sich Problemstellungen in ihrem Bedarf an sozialer Präsenz unterscheiden, wird für eine effiziente Kommunikation das Medium gewählt, das die erforderliche Präsenz ermöglicht. Der Austausch von Routineinformationen benötigt etwa nur eine geringe soziale Präsenz und kann deshalb mit einem asynchronen Medium durchgeführt werden. Die Auflösung von Unstimmigkeiten oder Durchführung von Verhandlung erfordert dagegen eine hohe soziale Präsenz und sollte daher mit einem synchronen Medium unterstützt werden[103].

2.3.2.3 Soziotechnischer Systemansatz

Im *soziotechnischen Systemansatz*, der seinen Ursprung zu Beginn der fünfziger Jahre hat, wird davon ausgegangen, dass ein Arbeitssystem aus einem sozialen und einem technischen Teilsystem besteht, die gemeinsam gestaltet werden müssen[104]. Für die Strukturierung von Arbeitssystemen wird gefordert, dass (1) Organisationseinheiten relativ unabhängig voneinander sind, (2) die Teilaufgaben innerhalb einer Organisationseinheit einen inhaltlichen Zusammenhang aufweisen und (3) Arbeitsergebnisse einer Organisationseinheit zugeordnet werden können[105]. Durch die Einhaltung der Forderungen soll eine Selbstregulation von Schwankungen und Störungen ermöglicht und die Zufriedenheit der Mitarbeiter gefördert werden[106].

Soziotechnischer Systemansatz

---

102. Vgl. Short, J.; Williams, E.; Christie, B. (1976), S. 65.

103. Vgl. King, R.C.; Xia, W. (1997), S.880.

104. Eine Übersicht über den soziotechnischen Ansatz und dessen Vertreter findet sich bei Ulich, E. (1994), S. 154 ff., Frieling, E.; Sonntag, K. (1999), S. 34 f. oder Hackman, J.R.; Oldham, G.R. (1980), S. 62 ff.

105. Vgl. Ulich, E. (1994), S. 156 f.

106. Vgl. ebenda.

Für die Arbeitsmotivation werden den Merkmalen der Aufgabe entscheidende Bedeutung zugemessen. Als motivationsfördernd werden unter anderem folgende Merkmale eingestuft, die bei der Aufgabengestaltung erreicht werden sollen[107]:

- Anforderungsvielfalt durch unterschiedliche Anforderungen
  an Körperfunktionen und Sinnesorgane,

- Lern- und Entwicklungsmöglichkeiten durch problemhaltige
  Aufgaben sowie

- Zeitelastizität und stressfreie Regulierbarkeit durch das
  Schaffen von Zeitpuffern.

2.4 Hypothesen zur Bewertung typischer Kundeninteraktionsprozesse im Communication Center

Überblick

Nachdem im vorangegangenen Abschnitt eine Reihe von theoretischen Ansatzpunkten für die Gestaltung von Kundeninteraktionsprozessen vorgestellt wurde, sollen hieraus im folgenden Abschnitt
geeignete Hypothesen zur Bewertung der empirisch erhobenen
Prozessmuster entwickelt werden[108]. Da keine der betrachteten
theoretischen Ansätze den Anspruch auf eine vollständige Bewertung von Kundeninteraktionsprozessen erhebt, wird hierbei allerdings nicht das Ziel verfolgt, einen bestimmten Ansatz als richtig
oder falsch einzustufen. Vielmehr soll durch die Entdeckung von
Übereinstimmungen oder Abweichungen zwischen theoretischen
Aussagen und experimentellen Beobachtungen eine Erweiterung
der theoretischen Grundlage für die Gestaltung von Kundeninteraktionsprozessen erreicht werden. Die weitere Systematisierung der
Hypothesen erfolgt in Anlehnung an die oben vorgestellten Gestaltungsdimensionen Qualifikations-Mix und Kommunikations-Mix aus
der Communication Center-Praxis[109].

---

107. Vgl. ebenda, S. 161.

108. Die betrachteten theoretischen Aussagen sind zum Teil sehr allgemein formu-
     liert, so wird bei Thompson beispielsweise die Form der Proposition verwen-
     det, vgl. Thompson, J.D. (1967), S. 54 ff. Um diese abstrakten Aussagen
     überprüfen zu können, werden operationalisierbare Hypothesen abgeleitet,
     vgl. Bacharach, S.B. (1989), S. 499 f. Für die Formulierung von Hypothesen
     sei auf Atteslander, P. (1991), S. 64 ff. verwiesen.

109. Die Gestaltungsdimensionen werden in Abschnitt 2.2.2.1 erläutert.

2.4.1 Qualifikations-Mix

Beim Qualifikations-Mix werden drei unterschiedliche *Gestaltungs-optionen* betrachtet, das 1-Ebenen-Modell, das 2-Ebenen-Modell und das Back-Office-Modell[110]. Für die Bearbeitung der eingehenden Anfragen werden in allen drei Modellen Generalisten- und Spezialistengruppen gebildet. Im einzelnen unterscheiden sich die Modelle allerdings in der Zuordnung von Mitarbeitergruppen und Anfragetypen sowie in der Aufteilung der beiden Basisaktivitäten (1) Anfrageklassifizierung und (2) eigentliche Anfragebearbeitung (vgl. Tabelle 1, S. 32).

Gestaltungs-optionen

Koordinationseffekt

Gemäß den *Koordinationsansätzen* wird durch die Zusammenfassung von sequentiellen Abhängigkeiten eine Verringerung des Koordinationsaufwandes erreicht (*Koordinationseffekt*). Da bei der Abwicklung von Spezialanfragen zwischen Anfrageklassifizierung und -bearbeitung eine sequentielle Abhängigkeit besteht, sind somit diejenigen Ansätze vorzuziehen, bei denen beide Aktivitäten für möglichst viele Anfragen zusammengefasst werden. Hierbei ist zunächst festzustellen, dass beim 2-Ebenen-Modell keine Zusammenfassung vorgenommen wird und somit kein Koordinationseffekt auftreten kann. Beim 1-Ebenen-Modell wird *ein Teil* der synchronen und asynchronen Spezialanfragen direkt von einem Spezialisten entgegengenommen und komplett von diesem Mitarbeiter bearbeitet. Eine Zusammenfassung findet im Back-Office-Modell für *alle* asynchronen Anfragen statt, während dort bei synchronen Anfragen Klassifizierung und Bearbeitung getrennt durchgeführt werden.

Koordinationsansätze

Der Koordinationseffekt, den Thompson und Kilman auf einem sehr hohen Abstraktionsniveau darstellen[111], wird in den Arbeiten aus dem Bereich *Prozessmanagement und Operations Research* an konkreten Modellen detailliert untersucht. Seidmann et al. und Dewan et al. zeigen etwa, dass eine Zusammenfassung von Aktivitäten bei starken Abhängigkeiten zwischen den Aktivitäten und hohen Rüstzeiten, wie sie im vorliegenden Fall zu verzeichnen

Prozessma-nagement und Opera-tions Research

---

110. Die untersuchten Qualifikationsmischungen werden in Abschnitt 2.2.2.2 einge-führt.

111. Vgl. Thompson, J.D. (1967) und Kilmann, R.H. (1987).

sind, mit geringeren Wartezeiten verbunden ist als eine Aufspaltung[112]. Buzacott stellt zudem fest, dass bei großen Unterschieden
zwischen den Bearbeitungszeiten eine Zusammenfassung der
Aktivitäten zu geringeren Wartezeiten führt[113]. Da in der Regel
starke zeitliche Unterschiede zwischen der Klassifikation und der
eigentlichen Bearbeitung einer Anfrage bestehen[114], ist demnach
durch die Zusammenfassung eine Steigerung der Bearbeitungsgeschwindigkeit zu erwarten. Bezüglich der Auswirkungen des Koordinationseffektes auf die unterschiedlichen Qualifikationsmischungen lässt sich somit folgende Hypothese ableiten:

Hypothese 1: Koordinationseffekt

Die Zusammenfassung der Anfrageklassifizierung und Anfragebearbeitung führt zu Effizienzvorteilen, insbesondere gilt:

a. Das 1-Ebenen-Modell ist bei allen Anfragetypen effizienter
   als das 2-Ebenen-Modell.

b. Das 1-Ebenen-Modell ist bei synchronen Standardanfragen
   effizienter als das Back-Office-Modell.

c. Das Back-Office-Modell ist bei asynchronen Anfragen effizienter als die beiden anderen Modelle.

Pooling-Effekt

Pooling-
Effekt

Zwischen den betrachteten Qualifikationsmischungen besteht ein
weiterer Unterschied hinsichtlich der Zuordnung von Mitarbeitern
zu Anfragetypen und damit auch bezüglich der Größe der Mitarbeitergruppen. So stehen im 1-Ebenen-Modell mehr Mitarbeiter für die
Entgegennahme synchroner Anfragen zur Verfügung als in den
anderen beiden Modellen. Bei den asynchronen Anfragen werden
im Back-Office-Modell die meisten Mitarbeiter eingesetzt, während
hier das 2-Ebenen-Modell die kleinste Gruppengrößen aufweist.
Aus den Arbeiten des Operations Research ist bekannt, dass sich

---

112. Vgl. Seidmann, A.; Sundararajan, A. (1997) und Dewan, R.; Seidmann, A.;
     Walter, Z. (1997).

113. Vgl. Buzacott, J.A. (1996).

114. Diese Aussage wird durch die empirisch erhobenen Daten belegt, vgl. Tabelle
     7, Abschnitt 3.2.2.2.

mit steigender Gruppengröße die durchschnittlichen Wartezeiten verringern und somit ein sogenannter *Pooling-Effekt* eintritt[115]. Diese Überlegungen führen zu einer weiteren Hypothese:

Hypothese 2: Pooling-Effekt beim Qualifikations-Mix

Die Vergrößerung der Mitarbeitergruppen führt zu Effizienzvorteilen, insbesondere gilt:

a. Das 1-Ebenen-Modell ist bei allen Anfragetypen effizienter als das 2-Ebenen-Modell.

b. Das 1-Ebenen-Modell ist bei synchronen Standardanfragen effizienter als das Back-Office-Modell.

c. Das Back-Office-Modell ist bei asynchronen Anfragen effizienter als die beiden anderen Modelle.

Es ist offensichtlich, dass für die untersuchten Qualifikationsmischungen der *Pooling-Effekt* analog zum *Koordinationseffekt* wirkt und zu einer Verstärkung desselben führt. Da beide Effekte nicht voneinander isoliert werden können, werden die entsprechenden Hypothesen bei der Analyse zusammengefasst und gemeinsam überprüft.

Pooling- und Koordinationseffekt

Qualitative Forderung der Mitarbeiter

Die *Media Richness Theory* und die *Social Presence Theory* weisen auf einen engen Zusammenhang zwischen der aktuellen Problemstellung und dem verwendeten Kommunikationsmedium hin. So ist davon auszugehen, dass Beschwerden oder Reklamationen aufgrund der erforderlichen sozialen Präsenz mit einem synchronen Medium mitgeteilt werden. Für Anfragen bei akuten technischen Problemen oder Notfällen werden aufgrund der erforderlichen Reichhaltigkeit ebenfalls eher synchrone als asynchrone Medien eingesetzt. Demgegenüber ist für die Mitteilung einer Adressänderung oder die Anforderung von Informationsmaterial der Einsatz eines asynchronen Mediums ausreichend. Somit kann davon ausgegangen werden, dass für die Abwicklung von Spezialanfragen (z.B. Beschwerden, Reklamationen, technische Pro-

Media Richness und Social Presence Theory

---

115. Vgl. Sheu, C.; Babbar, S. (1996), Bierman, H.; Bonini, C.P.; Hausman, W.H. (1991), Winston, W.L. (1994), Wolff, R.W. (1988) oder Kleinrock, L. (1976).

bleme, Notfälle) synchrone Medien genutzt werden, während bei Standardanfragen (z.B. Adressänderungen, Anforderung von Informationsmaterial) vermehrt asynchrone Kanäle eingesetzt werden.

Qualitative Unterforderung

Somit ergibt sich beim vermehrten Einsatz von Spezialisten für asynchrone Anfragen, der vor allem im Back-Office-Modell zu erwarten ist, eine *qualitative Unterforderung der Mitarbeiter*.

Hypothese 3: Qualitative Unterforderung im Back-Office-Modell

Im Back-Office-Modell werden Spezialisten qualitativ unterfordert.

2.4.2 Kommunikations-Mix

Gestaltungsoptionen

Wie bereits erläutert, werden bei der Untersuchung der Kommunikationsmischungen zwei grundlegende Gestaltungsoptionen untersucht, die *Trennung der Kommunikationskanäle* sowie deren *Integration*[116]. Hierbei werden bei der getrennten Bearbeitung jeweils unterschiedliche Mitarbeitergruppen für die Abwicklung synchroner und asynchroner Anfragen eingesetzt, während bei integrierten Kanälen eine Mitarbeitergruppe beide Anfragetypen bearbeitet. Somit handelt es sich bei der Trennung der Kommunikationskanäle um eine *Prozesspartitionierung aus technischen Gründen* in zwei Prozessvarianten, während die Integration der Kanäle zu einem *generischen Prozess* für Anfragen unterschiedlicher Kommunikationsmedien führt[117].

Pooling-Effekt und Lastunterschiede

Pooling-Effekt

Aufgrund des *Pooling-Effektes*, der bereits bei den Qualifikationsmischungen diskutiert wurde, führt eine Verkleinerung der Mitarbeitergruppen zu längeren Wartezeiten[118]. Da die Trennung der Kommunikationskanäle mit geringeren Gruppengrößen verbunden ist, kann somit folgende Hypothese abgeleitet werden:

---

116. Die Details zu den betrachteten Kommunikationsmischungen werden in Abschnitt 2.2.2.3 erläutert.

117. Vgl. hierzu auch die Ausführungen aus Abschnitt 2.2.2.1.

118. Vgl. Sheu, C.; Babbar, S. (1996), Bierman, H.; Bonini, C.P.; Hausman, W.H. (1991), Winston, W.L. (1994), Wolff, R.W. (1988) oder Kleinrock, L. (1976).

Hypothese 4: Pooling-Effekt beim Kommunikations-Mix

Die Verkleinerung der Mitarbeitergruppen bei getrennten Kommunikationskanälen führt zu Effizienznachteilen gegenüber integrierten Kanälen.

Buzacott kommt diesbezüglich allerdings zu einer differenzierteren Einschätzung und zeigt, dass die Bewertung einer Partitionierung vom *Verhältnis zwischen den Arbeitslasten* in den gebildeten Partitionen abhängig ist[119]. Falls sich die Arbeitslasten stark unterscheiden, ist die Partitionierung vorteilhaft, ansonsten führt die Bildung eines generischen Prozesses zu einer effizienteren Abwicklung der Anfragen:

Hypothese 5: Lastunterschiede

Bei stark unterschiedlichen Arbeitslasten von synchronen und asynchronen Anfragen ist die Trennung der Kommunikationskanäle effizienter als deren Integration.

Schwankungsausgleich

Im *soziotechnischen Systemansatz* wird die Bildung relativ unabhängiger Organisationseinheiten vorgeschlagen, deren Aufgaben einen inhaltlichen Zusammenhang aufweisen, um *Störungen und Schwankungen* besser ausgleichen zu können[120]. Die Trennung von Mitarbeitergruppen bezüglich der Kommunikationskanäle erfolgt demgegenüber ausschließlich aufgrund des verwendeten Mediums und nicht auf der Basis inhaltlicher Überlegungen. So werden Anfragen mit inhaltlichem Zusammenhang getrennt, nur weil sie durch unterschiedliche Kanäle übermittelt werden. Dies führt dazu, dass durch die Trennung der Kommunikationskanäle Schwankungen schlechter ausgeglichen werden können:

Soziotechnischer Systemansatz

Hypothese 5: Schwankungsausgleich

Bei der Trennung der Kommunikationskanäle treten stärkere Effizienzschwankungen auf als bei der Integration.

---

119. Vgl. Buzacott, J.A. (1996).

120. Vgl. Ulich, E. (1994), S. 156 f.

Die formulierten Hypothesen zu den Gestaltungsdimensionen Qualifikations-Mix und Kommunikations-Mix bilden den *theoretischen Bezugsrahmen* für die nachfolgende experimentelle Laborstudie. Um eine Überprüfung dieser Hypothesen vornehmen zu können, wird im nächsten Kapitel ein geeignetes Untersuchungsinstrumentarium entwickelt und ausführlich erläutert.

3 Untersuchungsinstrumentarium

3.1 Grundlegende Analyseinstrumente für Kundeninteraktionsprozesse

Kundeninteraktionsprozesse werden im wesentlichen von stochas-   Überblick
tischen Einflüssen bestimmt. So sind beispielsweise die Dauern der
Aktivitäten oder die Anzahl der Kundenkontakte innerhalb eines
bestimmten Zeitraumes abhängig von den individuellen Präferenzen der Kunden und können nicht als deterministische Größen
angenommen werden. Aus diesem Grund unterliegt auch die Leistungsfähigkeit eines Prozesses stochastischen Schwankungen,
was sich etwa in variierenden Durchlaufzeiten für verschiedene
Kunden ausdrückt. Somit wird für die Analyse von Kundeninteraktionsprozessen ein *Basisinstrument* benötigt, das sowohl stochastische Einflussparameter als auch stochastische Leistungsgrößen
berücksichtigt. In der Literatur werden für diese Problemstellung
prinzipiell zwei Klassen von Verfahren vorgeschlagen[121]:

1. Verfahren der Warteschlangentheorie und

2. Simulationsverfahren.

Bevor näher auf die einzelnen Verfahren eingegangen wird, sollen
zunächst Kundeninteraktionsprozesse als eine spezielle Form von
Wartesystemen beschrieben und anschließend deren wesentliche
Eigenschaften beleuchtet werden.

3.1.1 Wartesysteme

Bei einem Kundeninteraktionsprozess möchte beispielsweise ein   Struktur von
Kunde mit einem Unternehmen Kontakt aufnehmen und wird in   Wartesyste-
eine Warteschlange[122] eingereiht, falls die zuständige Service-   men
stelle[123] besetzt ist. Dort muss er so lange warten, bis die Servicestelle frei ist und er bedient werden kann. Nach Abschluss der

---

121. Vgl. beispielsweise Domschke, W.; Drexl, A. (1995) und Gal, T. (1992).

122. Synonym zu Warteschlange wird auch der Begriff Warteraum in der Literatur
    verwendet, vgl. Domschke, W.; Drexl, A. (1995), S.193.

123. In der Literatur werden synonym zu Servicestelle u.a. die Begriffe Kanal,
    Schalter oder Bedienungsstation verwendet, vgl. Domschke, W.; Drexl, A.
    (1995), S.193.

Bedienung verlässt der Kunde das System. Somit kann der gesamte Kundeninteraktionsprozess als Warteschlangensystem (kurz: *Wartesystem*) aufgefasst werden, wie es in Abbildung 14 dargestellt ist.

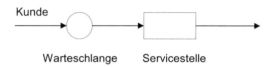

Kunde

Warteschlange   Servicestelle

Abbildung 14: Grundstruktur von Wartesystemen
Quelle: In Anlehnung an Kistner, K.-P. (1992), S. 257.

Ankunfts-
rate, Abferti-
gungsrate
und Schlan-
gendisziplin

Für das Verhalten eines Wartesystems sind die Ankunftsrate, die Abfertigungsrate und die Schlangendisziplin von besonderer Bedeutung. Die *Ankunftsrate* λ gibt an, wie viele Kunden durchschnittlich in einer bestimmten Zeitperiode im System ankommen, während die durchschnittliche Anzahl bedienter Kunden pro Zeitperiode als *Abfertigungsrate* μ bezeichnet wird. Eine wesentliche Voraussetzung für das Funktionieren eines Warteschlangensystems besteht darin, dass im Durchschnitt mehr Kunden bedient werden können, als neue Kunden im System ankommen. Es muss also grundsätzlich $\mu > \lambda$ gelten. Die *Schlangendisziplin* legt fest, in welcher Reihenfolge die Kunden in der Warteschlange bedient werden.

Kenngrößen

Typische Kenngrößen für die Analyse von Wartesystemen sind

- die durchschnittliche Anzahl von Kunden im gesamten System (Systemlänge),

- die durchschnittliche Anzahl von Kunden in der Warteschlange (Schlangenlänge),

- die durchschnittliche Verweilzeit eines Kunden im System (Durchlaufzeit) und

- die durchschnittliche Wartezeit eines Kunden in der Warteschlange.

Communica-
tion Center-
Beispiel

Zur weiteren Veranschaulichung soll ein typischer Kundeninteraktionsprozess im Communication Center eines Finanzdienstleisters betrachtet werden. Dort werden Beratungsgespräche von ausgebil-

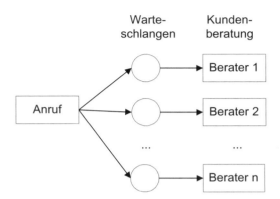

Abbildung 15: Ein einfaches Communication Center-Beispiel

deten Kundenberatern im Anlagengeschäft geführt (vgl. Abbildung 15). Eingehende Anrufe werden gleichmäßig auf die einzelnen Berater aufgeteilt, die die Kunden entsprechend ihrer Anrufreihenfolge nacheinander bedienen[124]. Pro Stunde gehen etwa λ Anrufe im Communication Center ein, während ein Mitarbeiter in der gleichen Zeit durchschnittlich μ Gespräche führen kann.

Die Berechnung der Kenngrößen für das Communication Center bildet die wesentliche Grundlage für dessen Analyse. Allgemein formuliert ist der funktionale Zusammenhang $E = f(X, Y)$ gesucht, wobei E die benötigte(n) Kenngröße(n) repräsentiert, die sich auf der Basis eines gegebenen Vektors X von Entscheidungsvariablen und eines Vektors Y von Umweltvariablen ergibt[125].

Da Ankunfts- und Abfertigungsrate nicht direkt vom Call Center-Management beeinflusst werden können, werden sie als Umweltvariablen $Y = (\lambda, \mu)$ modelliert. Die Anzahl der Berater kann verändert werden und bildet somit die Entscheidungsvariable $X = (n)$. Als Leistungsgröße $E = f(X, Y) = f(n, \lambda, \mu)$ wird die durchschnittliche Verweilzeit eines Kunden im Call Center gesucht.

---

124. Bei dem System handelt es sich um eine parallele Anordnung von M/M/1-Wartesystemen, vgl. Kleinrock, L. (1975). Dieses Modell wird z.B. von Seidmann, A. et al. (1997) für die Analyse generischer Prozessmuster eingesetzt.

125. Vgl. Liebl, F. (1995), S. 7.

3.1.2 Warteschlangentheorie

Grundle-
gende Fra-
gestellung

Die *Warteschlangentheorie* beschäftigt sich mit der Berechnung von Systemkenngrößen für Wartesysteme[126]. Hierbei wird versucht, den oben genannten funktionalen Zusammenhang $E = f(X, Y)$ als geschlossenen mathematischen Ausdruck darzustellen und anschließend den Zusammenhang zwischen Leistungsgrößen, Gestaltungs- und Umweltvariablen zu analysieren[127].

Berech-
nungsbei-
spiel

In dem Communication Center-Beispiel aus Abschnitt 3.1.1 wird die durchschnittliche Verweildauer eines Kunden im Communication Center gesucht. Aufgrund von Ergebnissen der Warteschlangentheorie kann diese Größe wie folgt analytisch dargestellt werden[128]:

$$E = f(n, \lambda, \mu) = \frac{1}{\mu - \lambda / n}$$

Bei 10 Kundenberatern, 20 eingehenden Anfragen pro Stunde und einer Abfertigungsrate von 4 Anfragen pro Stunde ergibt sich z.B. eine durchschnittliche Verweildauer von $\frac{1}{4 - 20/10} = 0,5$ Stunden. Dieses Beispiel soll im Folgenden bei der Diskussion der grundsätzlichen Eigenschaften der Warteschlangentheorie zur Veranschaulichung verwendet werden.

Einsatzmög-
lichkeiten

Die Darstellung von Systemeigenschaften in Form von analytischen Ausdrücken erlaubt die *Bestimmung von exakten Lösungen* für vorgegebene Fragestellungen[129]. In dem Beispiel kann die Anzahl von Beratern bestimmt werden, die notwendig sind, um die durchschnittliche Verweildauer des Kunden von maximal $\frac{3}{2}\mu$ zu erreichen: $n = \left\lceil \frac{\lambda\mu}{\mu^2 - \frac{2}{3}} \right\rceil$.

---

126. Kleinrock, L. (1975) und Kleinrock, L. (1976) gibt einen ausführlichen Einblick in die Warteschlangentheorie und einiger typischen Anwendungsgebiete. Kurze Einführungen finden sich u.a. bei Domschke, W.; Drexl, A. (1995), S. 193 ff. oder bei Kistner, K.-P. (1992), S. 253 ff.

127. Vgl. Braun, B. (2000) zum Einsatz der Warteschlangentheorie für die Kapazitätsplanung im Call Center.

128. Vgl. Kleinrock, L. (1976), S. 10.

129. Vgl. König, W. et al. (1999), S. 112; Liebl, F. (1995), S. 5-9 und Law, A.M.; Kelton, W.D. (1991), S. 114-116.

Solche analytische Ausdrücke können einfach ausgewertet und umgeformt werden und erlauben deshalb eine tiefgreifende Analyse von Wartesystemen[130]. Diese Eigenschaft stellt sicherlich den herausragenden Vorteil der Warteschlangentheorie für die Analyse von Wartesystemen und deren Hauptmotivation dar.

Die Formeln der Warteschlangentheorie basieren allerdings auf *rigiden Modellannahmen*, die eine große Einschränkung für die Anwendbarkeit in der Praxis bedeuten[131]. Die Formel für die durchschnittliche Verweildauer eines Kunden in dem Beispiel-Communication Center basiert u.a. auf der Annahme, dass keine Kapazitätsbeschränkung für die Warteschlange existiert. Eine realitätsnähere Modellierung des Sachverhaltes, etwa durch beschränkte Warteschlangenkapazitäten, erfordert meist die Entwicklung völlig neuer (und komplizierterer) Ausdrücke[132]. In vielen Fällen ist eine analytische Darstellung von realen komplexen Systemen überhaupt nicht möglich[133].

Modellierungsmächtigkeit

Zudem besteht eine starke *Abhängigkeit von den angenommenen Wahrscheinlichkeitsverteilungen*[134]. In dem Beispiel ist etwa die Berechnung der durchschnittlichen Verweildauer eines Kunden nur für Poisson-verteilte Ankunfts- und Abfertigungsraten gültig. Die meisten Formeln geben außerdem nur die Systemeigenschaften wieder, die sich *auf lange Sicht* bei ungestörtem Systembetrieb ergeben[135]. Kurzfristige Änderungen oder Störungen können nicht berücksichtigt werden. Aufgrund der analytischen Ausdrücke können die Kenngrößen zwar exakt berechnet werden, allerdings treten bei der *Schätzung der verwendeten Verteilungsparameter*, wie etwa der mittleren Ankunftsrate in unserem Beispiel, grundsätzlich Fehler auf, die die berechneten Kenngrößen verfälschen[136].

---

130. Vgl. Buzacott, J.A.; Shantihikumar, J.G. (1993), S. 15-16.

131. Vgl. Liebl, F. (1995), S. 5-9.

132. Die Modellierung einfacher Wartesysteme mit beschränkten Warteschlangenkapazitäten kann als M/M/1/K-Wartesysteme erfolgen, vgl. Kleinrock, L. (1975), S. 103.

133. Vgl. Law, A.M.; Kelton, W.D. (1991), S. 114-116 und Buzacott, J.A.; Shantihikumar, J.G. (1993), S. 15-16.

134. Vgl. Kelton, W.D.; Sadowski, R.P.; Sadowski, D.A. (1998), S. 22-23.

135. Vgl. Kelton, W.D.; Sadowski, R.P.; Sadowski, D.A. (1998), S. 22-23.

136. Vgl. ebenda, S. 22-23.

Änderbarkeit Der Aufwand für *Änderungen bzw. Erweiterungen* der Struktur von Warteschlangenmodellen ist sehr hoch[137]. In der Regel erfordern Änderungen die Entwicklung völlig neuer analytischer Ausdrücke. In dem Beispiel-Communication Center wird von getrennten Warteschlangen für die einzelnen Berater ausgegangen. Um eine realitätsnähere Modellierung des Systems mit einer gemeinsamen Warteschlange für alle Berater zu erreichen, müsste ein M/M/n-Wartesystem verwendet werden, dessen durchschnittliche Wartezeit nur mit Hilfe endlicher Summen und nicht als geschlossener Ausdruck angegeben werden kann[138]:

$$E = \frac{1}{\mu} + \frac{\rho^{n+1}\rho_0}{(n-\rho)^2(n-1)!} \cdot \frac{1}{\lambda} \quad \text{wobei}$$

$$\rho = \frac{\lambda}{\mu}$$

$$\rho_0 = \left[\frac{\rho^n}{(n-\rho)(n-1)!} + \sum_{k=0}^{n-1}\frac{\rho^k}{k!}\right]^{-1}$$

Mit diesem analytischen Ausdruck kann allerdings die Frage nach der geeigneten Anzahl von Beratern nicht mehr durch Auflösen des Ausdrucks nach der Variable n, sondern nur mit Hilfe aufwendigerer numerischer Berechnungen beantwortet werden.

Effizienz Die Entwicklung neuer Warteschlangenmodelle ist in der Regel sehr zeitaufwendig und erfordert vertiefte mathematische Kenntnisse des Modellierers. Zudem kann der Zeitbedarf kaum im Voraus abgeschätzt werden[139]. Allerdings ist die Anwendung der Modelle für die Berechnung von Kenngrößen sehr einfach möglich, insbesondere wenn die Formeln in Form von programmierten Funktionen vorliegen[140].

---

137. Vgl. König, W. et al. (1999), S. 112 und Buzacott, J.A.; Shantihikumar, J.G. (1993), S.15-16.

138. Vgl. Kleinrock, L. (1975).

139. Vgl. Buzacott, J.A.; Shantihikumar, J.G. (1993), S.15-16.

140. Vgl. ebenda, S. 15-16.

3.1.3 Simulation

Unter Simulation versteht man im Allgemeinen das zielgerichtete Experimentieren an Modellen[141]. Der bereits oben genannte funktionale Zusammenhang zwischen den Leistungs- und Inputgrößen eines Systems $E = f(X, Y)$ wird bei der Simulation nicht wie in der Warteschlangentheorie als analytischer Ausdruck, sondern als eine Reihe von Verarbeitungsschritten dargestellt[142]. Bei der computergestützen Simulation werden diese Verarbeitungsschritte in Form von Anweisungen einer Programmiersprache formuliert und im Rahmen von Simulationsexperimenten auf einem Rechner ausgeführt. Zunehmend kommen hierbei parametrisierbare Simulationspakete mit einer graphischen Benutzeroberfläche zum Einsatz, wie beispielsweise ARENA[143]. Dabei können die gewünschten Leistungsgrößen für eine spezielle Kombination von Inputgrößen gemessen werden.

Grundlegende Fragestellung

Somit eignet sich die Simulation für die Bestimmung der Leistungsfähigkeit eines Systems unter vorgegebenen Bedingungen und damit auch für den Vergleich mehrerer Systemalternativen[144]. Die Bestimmung von exakten oder optimalen Lösungen ist jedoch nicht möglich. Man muss sich mit mehr oder wenigen „guten" Lösungen zufrieden geben, die man durch gezieltes Ausprobieren und statistische Analyse ermitteln kann[145].

Einsatzmöglichkeiten

Die Simulation zeichnet sich vor allem durch eine große *Modellierungsmächtigkeit* aus. Alle Sachverhalte, die sich in einem Rechner abbilden lassen, können auch simuliert werden. Das führt dazu, dass somit auch komplexe reale Systeme einer Analyse zugänglich gemacht werden können[146]. Die Modellannahmen können frei gewählt werden und unterliegen nicht den Beschränkungen wie bei der Warteschlangentheorie[147]. So lassen sich für das Beispiel-

Modellierungsmächtigkeit

---

141. Vgl. Heinzl, A.; Brandt, A. (1999).

142. Vgl. Liebl, F. (1995), S. 7-8.

143. Vgl. Kelton, W.D.; Sadowski, R.P.; Sadowski, D.A. (1998).

144. Vgl. Law, A.M.; Kelton, W.D. (1991), S. 114-116.

145. Vgl. ebenda und Liebl, F. (1995), S. 5-9.

146. Vgl. Law, A.M.; Kelton, W.D. (1991), S. 114-116 und Buzacott, J.A.; Shantihikumar, J.G. (1993), S.15-16.

147. Vgl. Liebl, F. (1995), S. 5-9.

Communication Center beliebige Warteschlangenkapazitäten, Ankunfts- und Abfertigungsraten modellieren. Dabei können neben idealtypischen Wahrscheinlichkeitsverteilungen vor allem auch empirisch ermittelte Daten verwendet werden. Außerdem ist es möglich, je nach Analyseziel unterschiedliche Zeithorizonte zu betrachten[148].

Änderbarkeit

Die Struktur eines Simulationsmodells kann prinzipiell leicht geändert werden[149]. Kleine Anpassungen führen in der Regel zu leichten Modelländerungen und nicht, wie in der Warteschlangentheorie, zu völlig neuen Modellen. Allerdings hängt die Änderbarkeit stark von der verwendeten Simulationssprache bzw. dem eingesetzten Simulationspaket ab[150].

Effizienz

Die Erstellung eines Simulationsmodells ist zeitaufwendig, kann aber von einem versierten Modellierer gut im Voraus abgeschätzt werden[151]. Im Gegensatz zur Warteschlangentheorie ist allerdings die Berechnung der einzelnen Kenngrößen sehr aufwendig, vor allem wenn eine große Anzahl von Parameterkonstellationen getestet werden muss[152].

3.1.4 Simulation versus Warteschlangentheorie

Übersicht

Die in den vorigen Abschnitten diskutierten Eigenschaften von Simulationsverfahren und Verfahren der Warteschlangentheorie sind kurz in Tabelle 5 zusammengefasst.

Einsatzmöglichkeiten

Bei den *Einsatzmöglichkeiten* ist vor allem zu bemerken, dass die Warteschlangentheorie die Bestimmung von Optima auf der Basis von analytischen Ausdrücken ermöglicht. Simulationsverfahren sind dafür nicht geeignet.

---

148. Vgl. Law, A.M.; Kelton, W.D. (1991), S. 114-116.

149. Vgl. König, W. et al. (1999), S. 112 und Buzacott, J.A.; Shantihikumar, J.G. (1993), S.15-16.

150. Vgl. Buzacott, J.A.; Shantihikumar, J.G. (1993), S.15-16.

151. Vgl. ebenda, S. 15-16.

152. Vgl. Buzacott, J.A.; Shantihikumar, J.G. (1993), S.15-16.

Kriterium	Simulation	Warteschlangen-theorie
Einsatzmöglichkeiten		
Bestimmung der Leistungsfähigkeit eines Systems unter gegebenen Bedingungen	möglich	möglich
Vergleich von Gestaltungsvarianten	möglich	möglich
Bestimmung exakter Lösungen/Optima	nicht möglich	möglich
Modellierungsmächtigkeit		
Abbildung komplexer/realer Systeme	möglich	nicht möglich
Modellannahmen	frei wählbar	rigide
Mögliche Wahrscheinlichkeitsverteilung	frei wählbar	beschränkt
Analysezeitraum	beliebig	meist nur lange Zeiträume
Modellierungseffizienz		
Zeitbedarf für Modellierung	hoch, aber abschätzbar	hoch, kaum abschätzbar
Zeitbedarf für Modellberechnung	sehr hoch	niedrig
Änderbarkeit		
Änderung der Modellstruktur	einfach	aufwendig
Änderung der Modellparameter	einfach	einfach

Tabelle 5:   Simulation versus Warteschlangentheorie

Die *Modellierungsmächtigkeit* ist der deutliche Vorteil von Simulationsverfahren. Hier können selbst komplexe Zusammenhänge mit frei wählbaren Modellannahmen abgebildet werden[153]. Die Modelle der Warteschlangentheorie sind demgegenüber nur bei strikten Annahmen gültig und bilden meist nur einfache Zusammenhänge ab. Bei der Parameterwahl ist vor allem die Beschränkung auf bestimmte idealtypische Wahrscheinlichkeitsverteilungen

Modellierungsmächtigkeit

---

153. Beispiele für die Untersuchung komplexer Systeme mit Hilfe von Simulation finden sich bei Adler, P.S.; Mandelbaum, A.; Nguyen, V.; Schwerer, E. (1995), Choi, S.-H.; Kim, J.-S. (1998), De Vreede, G.J. et al. (1996), Farrington, P.A.; Nazemetz, J.W. (1998), Giannini, P.J. et al. (1997), Görgens, J. (1994), Goldmann, A. (1999),Gupta, Y.P.; Goyal, S. (1992), Holzner, H. (1999), Shanker, K.; Tzen, Y.-J.J. (1985), Steidel, U. (2000)und Storch, K. (2000).

eine große Einschränkung. Zudem gelten die Formeln in der Regel nicht für kurze Betrachtungszeiträume[154].

Modellie-
rungseffizi-
enz

Bei der *Modellierungseffizienz* ist bei beiden Verfahren ein hoher Zeitbedarf zu konstatieren, der jedoch in Simulationsstudien besser im Voraus bestimmt werden kann. Nachteilig wirken sich allerdings hier die langen Zeiten aus, die für die Berechnung der Systemkenngrößen benötigt werden.

Änderbarkeit

Die Struktur von Simulationsmodellen kann in der Regel einfacher *geändert* werden als dies bei Warteschlangenmodellen der Fall ist. Die Werte von Modellparametern lassen sich bei beiden Verfahrensklassen einfach anpassen.

Methoden-
auswahl

In der vorliegenden Arbeit soll ein übertragbares Analyseinstrumentarium entwickelt werden, das sich nicht nur für die Evaluation stark vereinfachter Prozessmodelle verwenden lässt. Aus diesem Grund sind vor allem die Vorteile von Simulationsverfahren in puncto *Modellierungsmächtigkeit* und *Änderbarkeit* von großer Bedeutung für die *Methodenwahl*. Die bei der Simulation frei wählbaren Modellannahmen sind insbesondere für die Analyse tageszeitlicher Schwankungen und die Anpassung der Ankunftsrate an die Gegebenheiten im Communication Center erforderlich[155]. Aus diesem Grund wird als Basisinstrument die Simulation ausgewählt. Um die *Effizienznachteile* dieser Methode zu vermindern, wird ein computergestütztes Simulationswerkzeug entwickelt und für die Berechnung der Systemkenngrößen eingesetzt[156].

3.2 Simulationsgestützte Analyse von Kundeninteraktionsprozessen

Überblick

Für die Durchführung einer simulativen Analyse von Kundeninteraktionsprozessen sind unterschiedliche Arbeitsschritte notwendig, die in Abbildung 16 zusammengefasst werden. Die dargestellte Vorgehensweise lehnt sich hierbei an die gängigen Vorgehensmo-

---

154. Beispiele für die Anwendung der Warteschlangentheorie für der Untersuchung von Organisationsstrukturen finden sich bei Buzacott, J.A. (1996), Malone, T.W. (1985), Malone, T.W.; Smith, S.A. (1988), Seidmann, A.; Sundararajan, A. (1997)und Sheu, C.; Babbar, S. (1996).

155. Vgl. Abschnitt 3.2.2.3.

156. Vgl. Abschnitt 3.3.3.

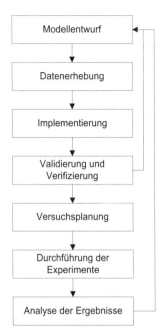

Abbildung 16: Vorgehensweise bei der simulativen Analyse von Kundeninteraktionsprozessen
Quelle: In Anlehnung an Küll, R.; Stähly, P. (1999), S. 5.

delle für Simulationsstudien aus der Literatur an[157]. Aus Gründen der Übersichtlichkeit sind die einzelnen Phasen sequentiell angeordnet. Dies bedeutet jedoch nicht, dass diese Reihenfolge während des gesamten Prozesses strikt eingehalten werden muss. Die Pfeile von der Validierung und von der Ergebnisanalyse zurück zum Modellentwurf zeigen beispielhaft, dass immer wieder Rücksprünge möglich sind und eine Simulationsstudie häufig iterativ durchgeführt wird[158]. Im Folgenden werden die einzelnen Arbeitsschritte kurz erläutert, um einen ersten Eindruck über den gesamten Analyseprozess zu geben. Eine ausführliche Diskussion der Modellparameter, der Datenerhebung, der Validierung und Verifi-

---

157. Vgl. Law, A.M.; Kelton, W.D. (1991), S. 106-109 und Küll, R.; Stähly, P. (1999), S. 5-7.

158. Dieses iterative Vorgehen wird als typisch für Simulationsstudien angesehen, vgl. Liebl, F. (1995), S. 220.

zierung sowie der Versuchsplanung wird in den weiteren Teilab-
schnitten dieses Kapitels vorgenommen. Die Ergebnisanalyse
erfolgt im anschließenden Hauptkapitel.

Modellent-
wurf

Beim *Modellentwurf* werden die zu untersuchenden Gestaltungsalternativen in Prozessmodellen abgebildet und geeignete Modellparameter festgelegt. Die Herleitung und ausführliche Darstellung der
Prozessmodelle für die vorliegende Untersuchung wurde bereits in
Abschnitt 2.2.2 vorgenommen. Für die Erstellung und Visualisierung der Prozessmodelle wurde dabei die Petri-Netz-Notation [159]
als graphische Modellierungssprache eingesetzt. Petri-Netze
haben hier den Vorteil, dass sie eine graphische Notation mit einer
mathematisch fundierten Definition zur Verfügung stellen. Dadurch
können die Modelle auf der einen Seite mit Experten und Anwen-
dern diskutiert und auf der anderen Seite direkt als Grundlage für
die Modellimplementierung eingesetzt werden.

Datenerhe-
bung

Um ein breites Spektrum von Communication Center-Domänen in
die Analyse einzubeziehen, wurde die Datenerhebung für Unternehmen aus vier unterschiedlichen Branchen durchgeführt. Die
Communication Center stammen aus den Bereichen Automobilvermietung, Banken, Buchhandel und Energieversorgung. Sie unterscheiden sich vor allem hinsichtlich des Aufgabenspektrums, der
präferierten Kommunikationskanäle und des Aufkommens von
Spezialanfragen. Detaillierte Angaben zu den verwendeten Daten
und der Erhebung finden sich in Abschnitt 3.2.2.

Implemen-
tierung

Prozesse im Communication Center werden geprägt von diskreten
Ereignissen, wie etwa dem Eingang eines Telefaxes, der Weiterleitung eines Anrufes an einen Spezialisten oder dem Versenden
einer E-Mail. Deshalb basiert die Analyse auf einer dynamischen
stochastischen Ereignisfolgesimulation [160]. Die *Implementierung*
der Simulationsmodelle erfolgt in der Simulationssprache
SIMAN [161], wobei der Programmcode mit Hilfe des Simulationswerkzeuges ARENA [162] generiert wird. Für Teilmodelle und die

---

159. Van der Aalst, W.M.P. (1998) gibt eine Einführung in die Petri-Netz-Notation .

160. Vgl. Heinzl, A.; Brandt, A. (1999).

161. Vgl. Kelton, W.D.; Sadowski, R.P.; Sadowski, D.A. (1998).

162. Vgl. ebenda.

Berechnung von einigen Kennzahlen wird Call$im[163], eine spezifische Erweiterung von ARENA für Communication Center, eingesetzt. Individuelle Anpassungen werden mit Hilfe eigener Programmroutinen vorgenommen.

Die implementierten Simulationsmodelle werden im Hinblick auf zwei wesentliche Fragestellungen untersucht: Auf der einen Seite wird überprüft, ob die richtigen Modelle gebildet wurden (*Validierung*) und auf der anderen Seite, ob die Modelle korrekt implementiert wurden (*Verifikation*)[164]. Da es sich bei den betrachteten Modellen um generische Prozessmuster handelt und keine korrespondierenden Systeme in der Realität existieren, können die Simulationsergebnisse nur indirekt überprüft werden. Bei der Validierung werden hierbei zunächst Diskussionen mit Experten geführt, um die Adäquanz der Modelle und die Plausibilität der Annahmen zu testen. Anschließend wird eine theoriebezogene Validierung vorgenommen[165]. Im Rahmen der Verifizierung werden Testläufe mit vereinfachten Modellannahmen[166] durchgeführt und die erzielten Ergebnisgrößen manuell überprüft.

Validierung und Verifizierung

Im Rahmen der Simulationsexperimente soll die Vorteilhaftigkeit der unterschiedlichen Gestaltungsalternativen in verschiedenen Umweltsituationen festgestellt werden. Da in den Modellen eine Vielzahl von Parametern abgebildet sind, können nicht alle möglichen Kombinationen untersucht werden. Deshalb wird während der *Versuchsplanung* aus der Menge der möglichen Parameterkonstellationen eine sinnvolle Teilmenge ausgewählt[167].

Versuchsplanung

Bei den einzelnen Experimenten handelt es sich um terminierende Simulationen, in denen typische Tagesverläufe im Communication Center mit festgelegtem Start- und Endzeitpunkt nachgezeichnet werden. Um die Aussagefähigkeit der Ergebnisse zu gewährleisten, muss deshalb eine ausreichende Anzahl von unabhängigen

Durchführung der Experimente

---

163. Vgl. Systems Modeling Corp. (1996).

164. Vgl. Liebl, F. (1995), S. 199-214.

165. Vgl. Liebl, F. (1995), S. 208-209.

166. Vgl. ebenda, S. 202.

167. Ein Überblick über unterschiedliche Ansätze zur Versuchsplanung findet sich bei Küll, R.; Stähly, P. (1999), S. 7ff.

Versuchswiederholungen durchgeführt werden[168]. Hierbei wird die Faustregel von Bulgren angewendet und 30 Durchläufe für jedes Experimente angesetzt[169]. Die Anwendbarkeit dieser Regel wird in der Literatur sowohl theoretisch als auch empirisch motiviert[170].

Analyse der Ergebnisse

Die *Analyse der Ergebnisse* erfolgt graphisch, numerisch und statistisch. Die *graphische Analyse* eignet sich, um generelle Zusammenhänge und Unregelmäßigkeiten zu identifizieren. Viele Ergebnisse lassen sich damit einprägsam und anschaulich verdeutlichen. Für weitere Untersuchungen der beobachteten Effekte ist außerdem eine *numerische Analyse* sinnvoll. Unterschiedliche Ergebnisse bei den untersuchten Gestaltungsalternativen können damit exakt herausgearbeitet und belegt werden. Um die Signifikanz der erzielten Ergebnisse zu überprüfen, werden die Resultate ebenfalls *statistisch analysiert*.

3.2.1 Festlegung der Modellparameter

Gestaltungsparameter vs. Umweltparameter

Die ermittelten Modellparameter lassen sich grundsätzlich in Gestaltungs- und Umweltparameter unterscheiden. Als Gestaltungsparameter werden hierbei diejenigen Parameter bezeichnet, die direkt vom Prozessgestalter beeinflusst werden können. Außer der Prozessstruktur, die sich in den bereits ausführlich erläuterten Gestaltungsdimensionen Qualifikations-Mix und Kommunikations-Mix[171] wiederspiegelt, fallen hierunter noch die numerischen Kapazitäten der einzelnen Mitarbeitergruppen, deren Festlegung im nachfolgenden Abschnitt über die Versuchsplanung erläutert wird (vgl. Abschnitt 3.2.4). Umweltparameter sind demgegenüber nicht direkt beeinflussbar, sondern müssen vom Gestalter als gegeben hingenommen werden.

Kundenanfragen

Im wesentlichen werden die Umweltparameter eines Communication Center durch die Bedürfnisse der Kunden bestimmt, die sich in den *Kundenanfragen* ausdrücken. Abbildung 17 gibt einen beispiel-

---

168. Vgl. Küll, R.; Stähly, P. (1999), S. 14.

169. Vgl. Bulgren, W.G. (1982), S. 132ff.

170. Eine tiefergehende Diskussion der Faustregel von Bulgren und eine Übersicht über einige Quellen zu diesem Thema findet sich bei Liebl, F. (1995), S. 174-175.

171. Vgl. hierzu Abschnitt 2.2.2.

Abbildung 17: Modellierte Umweltparameter

haften Überblick über die Abwicklung einer Kundenanfrage und die in der Modellbildung berücksichtigten Eigenschaften von Anfragen.

Die Kundenanfragen gehen mit einer bestimmten Ankunftsrate im Communication Center ein, die in *Anfragen pro Tag* gemessen wird. Die *tageszeitliche Verteilung* der Anfragen wird als prozentualer Anteil am Gesamtvolumen pro Stunde modelliert. Wie bereits oben erläutert, wird das Anfragevolumen hinsichtlich des Schwierigkeitsgrades (Standard- und Spezialanfragen) und des eingesetzten Kommunikationsmediums (synchrone und asynchrone Anfrage) aufgeteilt. Diese Partitionierung wird mit den Parametern *Anteil an synchronen/asynchronen Standardanfragen* und *Anteil an synchronen/asynchronen Spezialanfragen* modelliert.

Anfragevolumen

Der Hauptnachteile der synchronen Kommunikation für das Communication Center liegt vor allem in der Tatsache begründet, dass Kunden in der Regel nur eine begrenzte Zeit bereit sind, auf die Entgegennahme eines Gesprächs zu warten. Diese Zeit bis zum Auflegen wird als *Wartetoleranz* bezeichnet. Ein Teil der Kunden startet nach einem erfolglosen Kommunikationsversuch weitere Wählversuche und wird als Wahlwiederholer bezeichnet. Im Modell

Warteverhalten

wird dieses Verhalten durch den *Anteil an Wahlwiederholern* und die *Zeit zwischen den einzelnen Wählversuchen* abgebildet.

Bearbeitung Die Abwicklung einer synchronen Anfrage erfordert ein Gespräch mit dem Kunden und eine direkt anschließende Nachbearbeitung zur Datenerfassung, Gesprächsdokumentation oder Veranlassung weiterer Arbeitsschritte. Die Dauer dieser Aktivitäten wird als *Gesprächszeit* und *Nachbearbeitungszeit* bezeichnet. Bei der Bearbeitung asynchroner Anfragen ist diese Unterteilung nicht notwendig, es wird hier nur von einer gesamten *Bearbeitungszeit* gesprochen. Es werden meist unterschiedliche *Prioritäten* für die Entgegennahme bzw. Bearbeitung spezieller Anfragetypen vergeben, die vom jeweiligen Mitarbeiter abhängen. Wegen der oben beschriebenen geringen Wartetoleranz der Kunden bei synchronen Anfragen wird diesem Anfragetyp eine höhere Priorität als den asynchronen Anfragen gegeben.

Klassifikation Falls die Weiterleitung einer Anfrage innerhalb des Communication Centers notwendig wird, fällt eine sogenannte *Klassifikationszeit*[172] an, die sich aus der *Gesprächszeit* des weitervermittelnden Mitarbeiters und der technischen *Vermittlungszeit* zusammensetzt. Die Gesprächszeit wird dazu benötigt, den Typ der Anfrage zu identifizieren, damit diese an den geeigneten Kollegen weitergeleitet werden kann.

3.2.2 Datenerhebung

3.2.2.1 Datenherkunft

Grundsätzliche Überlegungen Die Untersuchung von typischen Kundeninteraktionsprozessen hat die Gewinnung von allgemeinen Erkenntnissen und nicht die Optimierung eines speziellen Unternehmens zum Ziel. Dabei existiert bei der Datenerhebung ein grundsätzliches Dilemma: Auf der einen Seite können aus den Daten eines konkreten Unternehmens keine allgemeine Schlüsse für alle Communication Center gezogen werden, auf der anderen Seite lassen sich mit stark aggregierten Daten, z.B. über mehrere Branchen hinweg, kaum praxisrelevante

---

172. Mit der Klassifikationszeit wird die Dauer der Klassifikation von Anfragen bezeichnet. Der Begriff der Anfrageklassifikation wird in Abschnitt 2.2.2 eingeführt.

Aussagen gewinnen. Diesem Problem soll durch die Verwendung von vier unterschiedlichen Datenquellen begegnet werden.

Die verwendeten Quellen unterscheiden sich dabei in mehreren Dimensionen, um möglichst viele Anhaltspunkte für die Verallgemeinerung der erzielten Erkenntnisse und die Überprüfung der Hypothesen zu erhalten (vgl. Tabelle 6). Zunächst wird nach der Branche des Communication Centers unterschieden. Hier sind die drei stärksten Communication Center-Branchen Finanzdienstleister (Banken), Handel (Buchhandel) und Industrie (Energieversorger) sowie der Bereich der Automobilvermietung vertreten[173].

Branche

Bezüglich des grundsätzlichen Aufgabenspektrums[174] ergibt sich ein einheitliches Bild über alle Domänen hinweg. Die *Evaluationsphase* wird durch Information und Beratung durchgehend unterstützt. Über die Reservierung bzw. Bestellabwicklung wird die *Kauf-*

Aufgaben-
spektrum

		Auto	Bank	Buch	Energie
Branche		Automobilvermietung	Banken	Buchhandel	Energieversorger
Aufgaben		Information Beratung Reservierung Reklamation Service Notfallhilfe	Information Beratung Reklamation Service	Information Beratung Bestellung Reklamation Service	Information Beratung Reklamation Service
	Medien	Telefon, Fax, E-Mail, Brief	Telefon, Fax, E-Mail, Brief	Telefon, Fax, E-Mail, Brief	Telefon, Fax, E-Mail, Brief
	Bezugs-größe	Einzelnes Unternehmen	Branche	Einzelnes Unternehmen	Einzelnes Unternehmen
	Daten-qualität	empirische Daten und Schätzdaten	Schätzdaten	Plandaten	Plandaten

Tabelle 6: Verwendete Datenquellen

---

173. Zur Branchenstruktur des Communication Center-Marktes vgl. Abbildung 3 auf Seite 18.

174. Zur Einordnung der Aufgabenbereiche im Communication Center vgl. Abbildung 4 auf Seite 19.

phase in den Bereichen Auto und Buch unterstützt. Die *After Sales-Phase* bildet einen weiteren Aufgabenschwerpunkt bei allen Quellen. Bis auf die *Anregungsphase* sind somit alle Phasen der Kunden-Lieferanten-Beziehung bei den verwendeten Quellen vertreten[175]. Diese Tatsache ist nicht verwunderlich, da sich die Studie auf inbound-orientierte Communication Center fokussiert und die Anregungsphase meist einen Schwerpunkt von outbound-orientierten Communication Centern darstellt.

Kommunika-
tionsmedien

Bei allen Datenquellen wird die Kommunikation per Telefon als synchrones Medium und Telefax, E-Mail und Brief als asynchrones *Kommunikationsmedium* angeboten. Es bestehen allerdings Unterschiede in der Nutzung dieser Medien durch die Kunden des jeweiligen Communication Centers. Im nächsten Abschnitt wird bei der Analyse der verwendeten Parameterwerte näher auf die Anteile der jeweiligen Kommunikationsmedien am gesamten Anfragevolumen eingegangen.

Bezugs-
größe

Die Bezugsgröße ist bei den drei Domänen Auto, Buch und Energie ein einzelnes Unternehmen, während im Bankbereich aggregierte Daten über eine gesamte Branche hinweg Verwendung finden.

Datenquali-
tät

Im Bereich der Autovermietung wurden empirische Daten erhoben und Schätzdaten von Mitarbeitern des Communication Centers abgefragt. Schätzdaten von Experten bilden die Grundlagen für den Bankbereich, während die anderen beiden Quellen auf Plandaten basieren. Diese Bandbreite in der Datenqualität spiegelt unterschiedliche Ausgangspunkte für die Prozessgestaltung wieder. Während bei der Verbesserung von existierenden Organisationen häufig auf empirische Daten zurückgegriffen werden kann, müssen bei der Planung neuer Communication Center meistens Schätzdaten von anderen Communication Centern oder Plandaten auf der Basis von Zukunftsprognosen verwendet werden. Auch hier soll durch die Verwendung unterschiedlicher Datenquellen eine breite Basis für die Analyse geschaffen werden.

---

175. Vgl. ebenda.

3.2.2.2 Verwendete Parameterwerte

Ein großer Teil der Umweltparameter[176] unterliegt in der Realität zum Teil beträchtlichen Schwankungen und wird deshalb im Modell als Zufallsgröße abgebildet. Für diese Parameter wurden im Rahmen der Datenerhebung mittlere Zeiten bzw. mittlere prozentuale Anteile erhoben, die im einzelnen in Tabelle 7 aufgeführt sind. Außerdem wurden für wesentliche Modellparameter empirische Wahrscheinlichkeitsverteilungen als Basis für die Auswahl geeigneter theoretischer Verteilungen ermittelt. Die Vorgehensweise bei der Ermittlung der theoretischen Verteilungen wird im nächsten Abschnitt ausführlich vorgestellt.

Überblick

Die vier Domänen weisen bei einem durchschnittlichen *Anfragevolumen* von 206 bis 280 Anfragen pro Stunde unterschiedliche Schwerpunkte in der Nutzung der Kommunikationskanäle und dem Schwierigkeitsgrad der eingehenden Anfragen auf. Der *Autobereich* bearbeitet hauptsächlich synchrone Anfragen (80,26%) und hat mit 13,83% einen relativ hohen Anteil an Spezialanfragen. Im *Bankbereich* werden alle Kommunikationskanäle intensiv genutzt und zudem ist der Anteil an Spezialanfragen mit insgesamt 31% als hoch zu bewerten. Im *Buchbereich* gehen hauptsächlich synchrone Standardanfragen ein (88,94%), während sich der *Energiebereich* durch einen hohen Anteil an synchronen (80,96%) und asynchronen (15,05%) Standardanfragen auszeichnet.

Anfragevolumen

Die mittlere *Bearbeitung* synchroner Standardanfragen schwankt zwischen 2:06 Minuten und 3:35 Minuten bei den unterschiedlichen Domänen. Bei den synchronen Spezialanfragen sind im Autobereich mit 2:12 Minuten deutlich kürzere Gesprächszeiten als bei den Standardanfragen und den anderen Bereichen (Bank, Buch, Energie) zu verzeichnen. Die Bearbeitungszeiten für asynchrone Anfragen liegen teilweise deutlich über den Zeiten für die synchrone Kommunikation. Somit kostet das Verständnis der Anfrage und das Formulieren der Antwort im asynchronen Fall mehr Zeit als bei der synchronen Kommunikation.

Bearbeitung

---

176. Vgl. Abschnitt 3.2.1.

Modellparameter	Auto	Bank	Buch	Energie
Anfragevolumen pro Stunde	230	264	206	280
Anteil synchroner Standardanfragen in %	80,26	55,20	88,94	80,96
Anteil synchroner Spezialanfragen in %	13,83	24,80	6,06	3,20
Anteil asynchroner Standardanfragen in %	3,11	13,80	4,68	15,05
Anteil asynchroner Spezialanfragen in %	2,80	6,20	0,32	0,79
Gesprächszeit synchroner Standardanfragen in Minuten	3:10	2:06	2:25	3:35
Gesprächszeit synchroner Spezialanfragen in Minuten	2:12	5:46	5:00	5:00
Nachbearbeitungszeit synchroner Standardanfragen in Minuten	0:12	0:50	1:00	1:55
Nachbearbeitungszeit synchroner Spezialanfragen in Minuten	0:21	1:55	1:00	3:00
Bearbeitungszeit asynchroner Standardanfragen in Minuten	3:00	4:00	4:00	7:00
Bearbeitungszeit asynchroner Spezialanfragen in Minuten	15:00	15:00	10:00	10:00
Wartetoleranz in Minuten	1:00	1:00	1:00	1:00
Anteil von Wahlwiederholern in %	75	75	75	75
Zeit zwischen den Wählversuchen in Minuten	0:06	0:06	0:06	0:06
Manuelle Klassifikationszeit synchroner Anfragen in Minuten	0:45	0:45	0:45	0:45
Manuelle Klassifikationszeit asynchroner Anfragen in Minuten	1:00	1:00	1:00	2:00

(Die Zeilen sind nach Randbeschriftung gruppiert: Anfragevolumen[a], Bearbeitung, Warteverhalten, Klassifikation)

Tabelle 7: Verwendete Parameterwerte

a. Die prozentualen Anteile der einzelnen Anfragetypen wurden aus der erhobenen absoluten Anzahl von Anfragen berechnet.

Warteverhalten

Die Daten zum *Warteverhalten* der Kunden sind in der Praxis schwierig zu ermitteln. Für die Bestimmung der Wartetoleranz, des Anteils von Wahlwiederholern und der Zeit zwischen den einzelnen Wählversuchen müsste jeder einzelne Anruf eindeutig identifiziert und das Warteverhalten des Kunden individuell protokolliert werden. Bei der Datenerhebung konnten diese Informationen nicht von den betreffenden Unternehmen zur Verfügung gestellt werden. Aus diesem Grund bilden Schätzwerte von Experten den Ausgangswerte für die Simulationsexperimente. In einer gesonderten Reihe von Experimenten werden diese Ausgangsgröße variiert, um den Einfluss des Warteverhaltens auf die Leistungsfähigkeit der unterschiedlichen Gestaltungsalternativen zu evaluieren.

Die *Klassifikation* von Anfragen nimmt bei allen Domänen zwischen 0:45 und 1:00 Minuten in Anspruch. Die Klassifikation asynchroner Anfragen dauert mit 1:00 - 2:00 Minuten etwas länger.

Klassifikation

3.2.2.3 Verwendete Wahrscheinlichkeitsverteilungen

Die verwendeten Parameterwerte, die im vorherigen Abschnitt vorgestellt wurden, sind durchgehend in Form von Durchschnittswerten ermittelt bzw. geschätzt worden. Da es sich bei allen Parametern um Zufallsgrößen handelt, reichen die Durchschnittswerte nicht als Grundlage für die Simulation aus. Es ist nötig, geeignete stochastischen Verteilungen für die Parameter zu wählen.

Motivation

Eine klassische Verteilung für die Modellierung der *Ankunftsrate* bei einem Prozess ist die *Poisson-Verteilung*, die in der Literatur häufig für eingehende Kundenanfragen oder -aufträge vorgeschlagen wird[177]. Es handelt sich hierbei um eine diskrete Verteilung, mit der die Anzahl eingehender Anfragen innerhalb eines bestimmten Zeitraumes approximiert werden kann, wobei die Zeit zwischen zwei eingehenden Anfragen als exponentialverteilt angenommen wird[178]. Für die Anwendung dieser Verteilung müssen (1) die Anfragen einzeln eingehen, (2) das Anfragevolumen pro Zeitintervall unabhängig von dem Volumen in vorangegangenen Intervallen sein und (3) keine Abhängigkeiten zwischen Anfragevolumen und Tageszeit bestehen[179].

Poisson-verteilter Anfrageeingang

---

177. Vgl. Kelton, W.D.; Sadowski, R.P.; Sadowski, D.A. (1998), S. 140, Liebl, F. (1995), S. 130-131, Sheu, C.; Babbar, S. (1996), S. 692, Buzacott, J.A. (1996) und Seidmann, A.; Sundararajan, A. (1997).

178. Vgl. Kelton, W.D.; Sadowski, R.P.; Sadowski, D.A. (1998), 511.

179. Vgl. Law, A.M.; Kelton, W.D. (1991), S. 405.

Notwendige
Anpassun-
gen

Die erste Forderung ist bei Kundeninteraktionsprozessen im Communication Center erfüllt, da die Interaktion mit einzelnen Kunden erfolgt und demzufolge Kundenanfragen einzeln eingehen. Die zweite Bedingung wird allerdings dann verletzt, wenn Kunden den Interaktionsversuch aufgrund besetzter Telefonleitungen abbrechen und kurz danach einen weiteren Versuch starten. Dieses Verhalten hat starken Einfluss auf die Ankunftsrate und muss somit bei der Analyse berücksichtigt werden[180]. Durch den Einsatz von Simulation ist es möglich diese Abhängigkeit durch explizite Modellierung des Wahlwiederholungsvorgangs und dadurch induzierte Verschiebungen des Anfragevolumens direkt im Simulationsmodell abzubilden. Die dritte Forderung ist im Communication Center aufgrund starker tageszeitlicher Schwankungen in der Regel nicht erfüllt[181]. Ein möglicher Ansatz zur Lösung diese Problems wird von Law und Kelton gegeben[182]. Der Beobachtungszeitraum wird in diskrete Zeitintervalle eingeteilt und das Anfragevolumen für jedes Intervall ermittelt. Innerhalb der einzelnen Intervalle kann dann eine Poisson-verteilte Ankunftsrate unterstellt werden[183].

Exponential-
verteilte
Gesprächs-
zeiten

Es finden sich in der Literatur außerdem Hinweise dafür, dass sich die Gesprächs- bzw. Bearbeitungszeiten mit Hilfe der Exponentialverteilung gut modellieren lassen[184]. Um diese Annahme zu überprüfen, werden die Gesprächszeiten des Communication Centers aus dem Autobereich empirisch erhoben und mit Hilfe von *Anpassungstests* analysiert[185]. Das Histogramm über die Verteilung der Gesprächszeiten ist in Abbildung 18 dargestellt, hierbei wurden insgesamt 681 Anfragen berücksichtigt.

Anpas-
sungstests

Im Rahmen der *Anpassungstests* wird überprüft, ob die empirisch erhobenen Gesprächszeiten eine Stichprobe einer Exponentialverteilung darstellen[186]. Hierfür wurden sowohl der χ^2-*Anpassungs-*

---

180. Vgl. Efthimiou, A. (1998), S. 470.

181. Vgl. Cleveland, B. et al. (1998), S. 66 ff. oder Efthimiou, A. (1998), S. 458 f.

182. Vgl. Law, A.M.; Kelton, W.D. (1991), S. 406 ff.

183. Vgl. ebenda.

184. Vgl. Kelton, W.D.; Sadowski, R.P.; Sadowski, D.A. (1998), S.506, Sheu, C.; Babbar, S. (1996), S.692, Buzacott, J.A. (1996) und Seidmann, A.; Sundararajan, A. (1997).

185. Vgl. Liebl, F. (1995), S 135 f.

186. Vgl. ebenda.

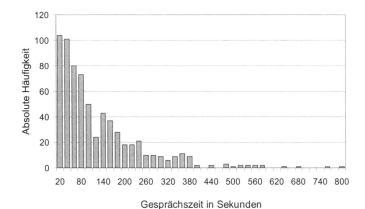

Abbildung 18: Empirische Wahrscheinlichkeitsverteilung für Gesprächszeiten in einem Communication Center aus der Automobilvermietung

test als auch der *Test von Kolmogorov/Smirnov* durchgeführt[187]. Bei beiden Tests wird die Wahrscheinlichkeit ermittelt, dass aus der Exponentialverteilung eine Stichprobe generiert werden kann, die der Exponentialverteilung mehr widerspricht als die untersuchten empirischen Daten[188]. Diese Wahrscheinlichkeit wird auch als *P-Wert* bezeichnet. Ein hoher P-Wert zeugt demnach von einer guten Approximation der empirischen Daten durch die theoretische Verteilung. Als Heuristik für eine gute Übereinstimmung wird in der Literatur ein P-Wert größer als 0,10 angesehen[189].

Für die Durchführung der Tests wird der Output Analyzer des Simulationswerkzeuges ARENA eingesetzt[190]. Beim χ^2-Anpassungstest ergibt sich hierbei einen P-Wert von 0,467, beim Test von Kolmogorov/Smirnov wird eine untere Schranke von 0,15 für den P-Wert ermittelt. Diese statistischen Ergebnisse bestätigen somit entsprechend der oben genannten Heuristik, die Eignung der Expo-

Testergebnisse

187. Vgl. Liebl, F. (1995), S.135-136 und Kelton, W.D.; Sadowski, R.P.; Sadowski, D.A. (1998), S.132 ff.

188. Vgl. Kelton, W.D.; Sadowski, R.P.; Sadowski, D.A. (1998), S.137.

189. Vgl. ebenda, S. 137.

190. Vgl. Systems Modeling Corp. (1996).

nentialverteilung als Approximation für die Verteilung der Gesprächs- und Bearbeitungszeiten[191].

3.2.3 Verifikation und Validierung

3.2.3.1 Verifikation

Überblick

Im Rahmen der *Verifikation* werden unterschiedliche Techniken eingesetzt, um die korrekte Implementierung der Modelle zu überprüfen und mögliche Fehler zu identifizieren.

Ersetzung von Zufallsgrößen durch Konstanten

Die meisten Umweltparameter sind als Zufallsgrößen modelliert und können nicht im vorneherein bestimmt werden. Diese Tatsache erschwert die Nachvollziehbarkeit und die Überprüfung der erzielten Ergebnisse. Deshalb werden im frühen Teststadium einige *Zufallsgrößen durch konstante Werte ersetzt*[192]. Bei konstanten Bearbeitungszeiten und Ankunftsraten können beispielsweise die Durchlaufzeiten manuell nachgerechnet werden, um die korrekte Wiedergabe der gewünschten Prozessstruktur zu überprüfen.

Vereinfachende Konfigurationsannahmen

Die korrekte Wirkung der einzelnen Modellparameter wird mit Hilfe *vereinfachender Konfigurationsannahmen* getestet[193]. Einzelne Umweltparameter werden hierbei variiert, während alle anderen Parameter nicht verändert werden. Die erzielten Ergebnisse können anhand von Plausibilitätskontrollen überprüft werden. Somit kann beispielsweise überprüft werden, ob ein steigender Anteil von Wahlwiederholern auch tatsächlich zu einem höheren Anteil an verlorenen Anfragen führt.

Trace-Technik und Überwachung einzelner Ausdrücke

Beim Auftreten von Ungereimtheiten in den Simulationsergebnissen muss die Ausführung der Modelle genauer analysiert werden. Hierbei kann die *trace-Technik* zum Einsatz kommen[194], bei der die Abfolge der einzelnen Ereignisse und die erreichten Zustände detailliert untersucht werden. Durch die *Überwachung einzelner Ausdrücke*, wie etwa der Durchlaufzeit einer konkreten Anfrage, können mögliche Fehlerquellen identifiziert werden.

---

191. Vgl. Kelton, W.D.; Sadowski, R.P.; Sadowski, D.A. (1998), S.137.

192. Vgl. ebenda.

193. Vgl. Liebl, F. (1995), S.201 ff.

194. Vgl. ebenda.

3.2.3.2 Validierung

Da es sich bei den untersuchten Modellen um typische Gestaltungsmuster und nicht um Prozesse eines spezifischen Unternehmens handelt, wäre ein Vergleich mit einem realen Communication Center sehr schwierig durchzuführen. Somit wird anstelle einer *ergebnisorientierten* Validierung eine *theoriebezogene* Validierung vorgenommen[195].

Im Rahmen der *theoriebezogenen Validierung* werden analytische Modelle der Warteschlangentheorie eingesetzt. Da keine analytischen Gesamtmodelle gebildet werden können, muss die Überprüfung auf der Basis von Teilmodellen erfolgen. Um etwa Anfrageweiterleitungen oder die abwechselnde Bearbeitung unterschiedlicher Anfragetypen von einem Mitarbeiter zu vermeiden, werden die Volumina der nicht gewünschten Anfragetypen auf Null gesetzt. Damit kann gleichzeitig die korrekte Zuordnung von Anfragetypen zu den Mitarbeitern getestet werden. Allgemein gesprochen werden durch eine extreme Wahl von Eingangsparametern die jeweils nicht benötigten Teile des Modells ausgeblendet.

Als Vergleichsbasis für die Simulationsergebnisse werden M/M/1-und M/M/n-Modelle aus der Warteschlangentheorie verwendet[196]. Um eine sinnvolle Überprüfung des Simulationsmodells zu ermöglichen, können hierbei allerdings nur diejenigen Modellausschnitte verwendet werden, die sich auch in den theoretischen Modellen abbilden lassen. Aus diesem Grund wird beispielsweise die Wahlwiederholung oder Weiterleitung von Spezialanfragen ausgeblendet, indem der Anteil von Wahlwiederholern und der Anteil an Spezialanfragen auf 0% gesetzt wird. Außerdem muss bei der Überprüfung mit Hilfe von M/M/1-Warteschlangenmodellen die Mitarbeiterzahl pro Gruppe auf Eins beschränkt werden.

Validierungstechniken

Theoriebezogene Validierung

---

195. Für eine detaillierte Darstellung der unterschiedlichen Validierungsmöglichkeiten wird auf Liebl, F. (1995), S. 208, Sargent, R.G. (1988) und Carson, J.S. (1986) verwiesen.

196. Vgl. hierzu Kleinrock, L. (1975) und die Ausführungen in Abschnitt 3.1.2.

3.2.4 Versuchsplanung

Charakteri-
sierung der
Experimente
Mit Hilfe der durchgeführten Experimente werden die Ereignisse in einem Communication Center während eines kompletten Tages von 24 Stunden simuliert. Es handelt sich also um Simulationen mit einem begrenzten Zeithorizont und somit um nicht-stationäre Zufallsexperimente[197]. Die zeitliche Abgrenzung ist jedoch rein künstlich. Durch eine Aneinanderreihung der einzelnen Tage könnte eine einzige lange Periode erzeugt werden, die zu einem stationären System führt. Liebl spricht in diesem Fall von einem *de facto stationären System*[198].

3.2.4.1 Untersuchte Parameterkonstellationen

Bedingt durch die Vielzahl der modellierten Parameter[199] können nicht alle theoretisch möglichen Konstellationen von Umwelt- und Gestaltungsparametern getestet werden. Im Rahmen der Versuchsplanung wird deshalb eine Reduktion der betrachteten Parameterkonstellationen vorgenommen und folgende Versuchsreihen gebildet:

· Qualifikations-Mix,

· Kommunikations-Mix,

· Singuläre Flexibilitätsanalyse,

· Multiple Flexibilitätsanalyse und

· Tageszeitliche Schwankungen.

Qualifikati-
ons-Mix
Bei der Versuchsreihe *Qualifikations-Mix* werden die in Abschnitt 2.2.2 vorgestellten Prozessstrukturen 1-Ebenen-Modell, 2-Ebenen-Modell und Back-Office-Modell jeweils bei integrierten und getrennten Kommunikationskanälen untersucht. Untersuchungsziel ist hierbei die Bestimmung der besten Qualifikationsmischung bei gegebenem Kommunikations-Mix. Als Umweltparameter werden die empirisch erhobenen Daten aus den vier Anwendungsdomänen Auto, Bank, Buch und Energie unverändert verwendet[200].

---

197. Vgl. Liebl, F. (1995), S. 146.

198. Vgl. ebenda, S. 148.

199. Vgl. Abschnitt 3.2.1.

200. Vgl. Abschnitt 3.2.2.2.

Die Analyse des *Kommunikations-Mixes* basiert auf den gleichen Daten wie die vorangegangene Versuchsreihe. Für gegebene Qualifikationsmischungen sollen hier die Auswirkungen des Kommunikations-Mixes untersucht werden.

Kommunikations-Mix

Für die Prozessstrukturen bei integrierten Kommunikationskanälen werden in Rahmen von *Flexibilitätsanalysen* gezielt sieben verschiedene Umweltparameter variiert, um deren Einfluss auf die Prozesseffizienz zu bestimmen. Die Parametervariationen mit den stärksten Auswirkungen werden anschließend in einer weiteren Analyse tiefergehend untersucht[201].

Flexibilitätsanalysen

In den vorangegangenen Versuchsreihen wird eine gleichmäßige Verteilung des Anfragevolumens über den Tag hinweg unterstellt. Diese Annahme wird in der letzten Versuchsreihe aufgehoben, um den Einfluss von *tageszeitlichen Schwankungen* auf die Leistungsfähigkeit der Qualifikationsmischungen zu analysieren. Die anderen Umweltparameter werden hierbei nicht geändert.

Tageszeitliche Schwankungen

3.2.4.2 Vorgehen bei der Modellinitialisierung

Wie bereits oben angeführt hängt die Effizienz der untersuchten Prozessstrukturen von den verfügbaren Mitarbeiterkapazitäten ab. Jede beliebige Prozessstrukur kann bei ausreichender Mitarbeiterzahl eine gewünschte Erreichbarkeit oder Bearbeitungsgeschwindigkeit gewährleisten. Genauso kann die beste Prozessstruktur mäßige Leistungswerte erzielen, wenn zu wenige Mitarbeiter verfügbar sind.

Motivation

Um den Einfluss der Prozessstruktur bei der Analyse isolieren zu können, müssen deshalb vor der eigentlichen Analyse für alle Prozessmodelle die „optimalen" Mitarbeiterzahlen bestimmt werden. Folgendes Vorgehen soll hierbei eine „faire" *Initialisierung* der einzelnen Prozessdesigns gewährleisten:

Initialisierung

1. Festlegung von Effizienzvorgaben für alle Gestaltungsalternativen.

2. Bestimmung der minimalen Mitarbeiterkapazitäten k_i unter Einhaltung der Effizienzvorgaben für jede Alternative A_i. Die

---

201. Details zur Flexibilitätsanalyse werden im nächsten Abschnitt 3.3 ausführlich beschrieben.

Kapazität k_j ergibt sich dabei als Summe aller Mitarbeiter im Communication Center.

3. Bestimmung der Gesamtkapazität k als Maximum der Kapazitäten aus Schritt 2, wobei $k = max_j(k_j)$.

4. Verteilung der Gesamtkapazität k auf die einzelnen Mitarbeitergruppen für jede Alternative.

Schritt 1   Als *Effizienzvorgaben* wurden aus Spezialistenbefragungen akzeptable Werte für die Erreichbarkeit, Bearbeitungsgeschwindigkeit und Mitarbeiterauslastung ermittelt, die in Tabelle 8 aufgeführt sind. Durch die Einhaltung der Effizienzvorgaben wird eine realistische Ausgangssituation für jedes Design gewährleistet.

	Anfragetyp	Effizienzgröße	Vorgabewert
Erreichbarkeit	synchrone Anfragen	Verlorene Anfragen	< 10%
Bearbeitungsgeschwindigkeit	asynchrone Anfragen	Wartezeit	< 15 Minuten
Mitarbeiterauslastung	./.	Mitarbeiterauslastung	< 80%

Tabelle 8:   Effizienzvorgaben für die Modellinitialisierung

Schritt 2   Für die Bestimmung der minimalen Mitarbeiterkapazitäten, mit der die Einhaltung der Vorgaben noch gewährleistet werden kann, wird die Intervallhalbierungsmethode eingesetzt[202]. Vorausgesetzt wird für die Anwendbarkeit dieser iterativen Methode die allgemeine Eigenschaft von Wartesystemen, dass die Wartezeiten mit steigender Mitarbeiterzahl monoton fallen. Zunächst wird für jede Mitarbeitergruppe ein Startintervall $[a_1, b_1]$ bestimmt, wobei die Effizienzvorgaben mit b_1 Mitarbeitern erreicht werden, während sich bei a_1 Mitarbeitern die Vorgaben nicht einhalten lassen. Entsprechend der oben genannten Voraussetzung liegt somit die gesuchte Mitarbeiterkapazität innerhalb dieses Intervalls. Durch iterative Halbierung des Intervalls kann in n Schritten ein Teilintervall $[a_n, b_n] \subseteq [a_1, b_1]$, $a_n - b_n = 1$ bestimmt werden, bei dem mit a_n Mitarbeitern die Vorgaben nicht erfüllt werden können und bei b_n Mitarbeitern die Vorgaben erreicht werden. b_n ist somit die gesuchte

---

202. Vgl. Heuser, H. (1982), S. 158.

Kapazität. Hierbei muss beachtet werden, dass pro Mitarbeitergruppe nur die Anfragetypen berücksichtigt werden dürfen, die auch von dieser Gruppe bearbeitet werden[203].

Zur Verdeutlichung dieses Vorgehens wird beispielhaft die *Bestimmung der Anzahl von Generalisten im 2-Ebenen-Modell* betrachtet. Zunächst wird das Modell willkürlich mit 10 Generalisten initialisiert. Nach Durchführung eines Simulationslaufes wird überprüft, ob alle gemessenen Anteile verlorener Anfragen, Wartezeiten und Mitarbeiterauslastungen unterhalb der Vorgabewerte liegen. Da im 2-Ebenen-Modell alle eingehenden Anfragen von Generalisten entgegengenommen werden, müssen sowohl synchrone als auch asynchrone Anfragen bei dieser Überprüfung berücksichtigt werden. Falls mindestens ein Messwert über der Vorgabe liegt, wird die Mitarbeiterzahl auf 20 verdoppelt. Dann erfolgt der zweite Durchlauf. Dieses Vorgehen wird solange wiederholt, bis mit einer Mitarbeiterzahl b_1 alle Vorgabewerte eingehalten werden können. Nehmen wir an, dass sich auf diese Weise ein Startintervall von $[a_1 = 0, b_1 = 20]$ ergibt. Um die minimale benötigte Mitarbeiterzahl zu bestimmen, wird das Intervall halbiert und ein Simulationslauf mit $(b_1 - a_1)/2 = 10$ Generalisten durchgeführt. Da wiederum ein Vorgabewert nicht erreicht werden kann, bestimmt sich das nächste Intervall als $[a_2 = (b_1 - a_1)/2, b_2 = b_1] = [10, 20]$. Anschließend wird ein Simulationslauf mit 15 Mitarbeitern durchgeführt. Falls hierbei alle Grenzwert erreicht werden können, berechnet sich das nachfolgende Intervall als $[a_3 = a_2, b_3 = (b_2 - a_2)/2] = [10, 15]$. Bei einer möglichen weiteren Intervallfolge von $[13, 15]$ und $[14, 15]$, ergibt sich letztlich eine Mitarbeiterzahl von 15 Generalisten.

Für die Überprüfung der Effizienzvorgaben müssen in jedem Iterationsschritt die simulierten Effizienzwerte mit den Grenzwerten verglichen werden. Da die erzielten Simulationsergebnisse beträchtlichen Schwankungen unterliegen können, werden für diesen Ver-

Beispiel

Ergebnisgenauigkeit

---

203. Die Anwendung der Intervallhalbierungsmethode ist nur dann unproblematisch, wenn alle betrachteten Effizienzgrößen mit zunehmender Mitarbeiterkapazität monoton fallen oder steigen. Ansonsten kann die Einhaltung der Vorgabewerte durch eine Kapazitätserhöhung nicht garantiert werden. Zudem können Probleme auftreten, wenn Effizienzgrößen von mehreren Mitarbeitergruppen beeinflusst werden, weil die Initialisierung der einen Gruppe von der Größe der anderen Gruppe abhängt. Bei größeren Modellen und langen Simulationszeiten führt die Intervallhalbierungsmethode außerdem zu sehr langen Initialisierungsphasen.

gleich nicht die Erwartungswerte der Ergebnissgrößen, sondern die Obergrenzen des jeweiligen 95%-Konfidenzintervalls verwendet. Hiermit wird sichergestellt, das die Effizienzvorgaben zumindest für 95% aller Anfragen tatsächlich erreicht werden.

Schritt 3 und Schritt 4
Die Gesamtkapazität k_i ergibt sich für ein Design i durch Addition der einzelnen Mitarbeiterzahlen aus allen Mitarbeitergruppen. Die tatsächlich angesetzte Mitarbeiterkapazität k = max$_i$ (k_i) wird als Maximum aller Designs über alle k_i bestimmt. Im Einzelfall können dadurch für ein Design zusätzliche Mitarbeiter (k - k$_i$) zur Verfügung stehen, die auf die im zweiten Schritt festgelegten Mitarbeitergruppen aufgeteilt werden müssen. Die Zuteilung dieser Zusatzmitarbeiter erfolgt grundsätzlich so, dass die Erreichbarkeit für synchrone Anfragen erhöht wird.

Zusammenfassung
Dieses Vorgehen zur Modellinitialisierung stellt sicher, dass (1) für alle Designs jeweils gleich viele Mitarbeiter zur Verfügung stehen, (2) die Effizienzvorgaben von jedem Design erfüllt werden und (3) die maximale Mitarbeiterzahl vom schlechtesten Design bestimmt wird.

3.2.4.3 Verwendete Mitarbeiterkapazitäten

Ermittelte Kapazitäten
In Abbildung 19 sind alle Mitarbeiterkapazitäten aufgeführt, die für die jeweiligen Communication Center-Typen und Modelle im Rahmen der Modellinitialisierung ermittelt worden sind. Bei den integrierten Modellvarianten werden alle Mitarbeiter auf zwei Gruppen, Generalisten 1 und Spezialisten 1, aufgeteilt. Bei Trennung der Kommunikationskanäle entstehen bis zu vier verschiedene Mitarbeitergruppen, Generalisten 1 und 2 sowie Spezialisten 1 und 2[204].

Gesamtkapazität
Die *Gesamtzahl der Generalisten und Spezialisten* wurde jeweils für integrierte und getrennte Kommunikationskanäle gleich groß gewählt. Dem 1-Ebenen-Modell werden z.B. in der Domäne Auto sowohl bei der integrierten als auch bei der getrennten Modellvariante immer 15 Generalisten und 8 Spezialisten zugeordnet. Dadurch können beim Vergleich der unterschiedlichen Kommunikationsmischungen die Personalkosten vernachlässigt werden. Die Gesamtkapazitäten sind, wie bereits oben erläutert, für alle Pro-

---

204. Vgl. Abschnitt 2.2.2.

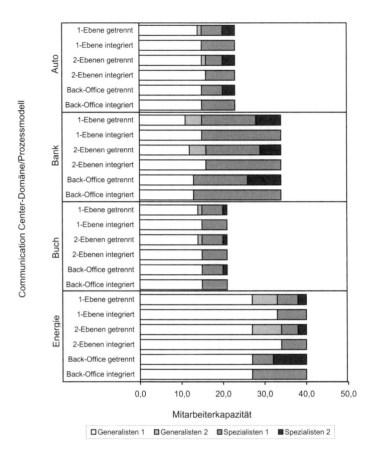

Abbildung 19: Ermittelte Mitarbeiterkapazitäten

zessmodelle pro Domäne gleich hoch. Die Aufteilung der Gesamt-kapazität auf Generalisten und Spezialisten ist im Buchbereich bei allen Modellen gleich, während im Auto- und Bankbereich für das 1-Ebenen-Modell geringfügig mehr Spezialisten benötigt werden als bei den anderen Designs. Im Energiebereich wird dagegen beim 1-Ebenen-Modell eine deutlich höhere Anzahl an Spezialisten einge-setzt als beim 2-Ebenen-Modell und beim Back-Office-Modell.

Tatsächli-
che Mitar-
beiterkapazit
äten

Abschließend sei noch darauf hingewiesen, dass die angegebenen Mitarbeiterzahlen in der Praxis nicht für den erfolgreichen Betrieb des Communication Centers ausreichen würden. Da bei der Kapazitätsbestimmung weder Pausen noch Krankheits-, Urlaubs-, Fortbildungs- und sonstige Abwesenheitszeiten berücksichtigt wurden, müssen die *tatsächlichen Mitarbeiterzahlen* höher als die angegebenen Werte gewählt werden. Aufgrund der geringen Unterschiede in den Kapazitätsverteilungen zwischen den einzelnen Prozessmodellen sind jedoch durch diese Vereinfachung keine wesentlichen Verzerrungen für die grundsätzliche Bewertung der Designs zu erwarten.

3.2.5 Statistische Ergebnisanalyse

Motivation

Im Rahmen der Versuchsreihen werden bei der Gestaltungsdimension Qualifikations-Mix die drei Alternativen 1-Ebenen-Modell, 2-Ebenen-Modell und Back-Office-Modell gegenübergestellt, bei der Dimension Kommunikations-Mix die zwei Varianten integrierter und getrennter Kommunikationskanäle[205]. Die Leistungsunterschiede, die sich im Rahmen der einzelnen Experimente zwischen den Gestaltungsoptionen ergeben, werden einer *statistischen Analyse* unterzogen. Hierbei soll ermittelt werden, ob es sich bei den gemessenen Werten um zufällige Schwankungen oder um signifikante Unterschiede handelt[206].

Hypothesen-
Test und
multipler
Vergleichs-
test

Für den statistischen Vergleich von unterschiedlichen Gestaltungsalternativen können die gemessenen mittleren Leistungswerte im Rahmen der *Varianzanalyse (ANOVA)* einem *Hypothesen-Test* unterzogen werden[207]. Die *Nullhypothese* H_0 besagt dabei, dass sich die gemessenen Mittelwerte nicht signifikant unterscheiden, während die *Prüfhypothese* H_1 einen signifikanten Unterschied zwischen den Mittelwerten unterstellt[208]. Falls bei der statistischen Überprüfung die Nullhypothese verworfen wird, ist ein signifikanter Unterschied zwischen den untersuchten Gestaltungsalternativen

---

205. Die Gestaltungsdimensionen und -optionen werden in Abschnitt 2.2.2 ausführlich erläutert.

206. Vgl. Law, A.M.; Kelton, W.D. (1991), S. 582 ff.

207. Eine Einführung in die Varianzanalyse (ANOVA) findet sich in einführenden Lehrbüchern zur Statistik, vgl. beispielsweise Rice, J.A. (1988),S. 396 ff.

208. Vgl. Kelton, W.D.; Sadowski, R.P.; Sadowski, D.A. (1998), S. 495 f.

vorhanden. Bei mehreren Alternativen lässt sich damit allerdings nicht bestimmen, welche Alternativen sich paarweise voneinander unterscheiden und wie stark die Unterschiede jeweils sind[209]. Für die Beantwortung dieser Frage, die sich insbesondere bei der Gestaltungsdimension Qualifikations-Mix stellt, bietet sich die Anwendung eines *multiplen Vergleichstests* an[210].

Der *Bonferroni-Test* ist ein *multipler Vergleichstest*, der in der Literatur häufig für diese Problemstellung vorgeschlagen wird[211]. In diesem Test werden alle Alternativen paarweise miteinander verglichen und für jeden Vergleich jeweils eigene *Konfidenzintervalle* berechnet, mit deren Hilfe die statistische Signifikanz ermittelt werden kann. Beim Vergleich der Qualifikationsmischungen 1-Ebenen-Modell und 2-Ebenen-Modell wird ein 95%-Konfidenzintervall [a, b] beispielsweise für die mittlerer Wartezeit asynchroner Anfragen bestimmt. Falls dieses Intervall [a, b] die Null beinhaltet, muß die Prüfhypothese H_1 verworfen werden und es wird kein signifikanter Unterschied zwischen den mittleren Wartezeiten festgestellt. Im anderen Fall muß die Nullhypothese H_0 verworfen werden und somit führen die beiden Modelle zu signifikant unterschiedlichen Wartezeiten. Mit Hilfe der Konfidenzintervalle können außerdem Aussagen über die Höhe der Unterschiede getroffen werden. Falls im vorliegenden Beispiel beide Intervallgrenzen größer als Null sind, führt das 1-Ebenen-Modell zu höheren Wartezeiten als das 2-Ebenen-Modell, während bei negativen Intervallgrenzen der umgekehrte Zusammenhang besteht. Je größer der Abstand zwischen dem Konfidenzintervall und der Null ist, umso stärker ist der Unterschied zwischen beiden Alternativen.

Bonferroni-Test

Außer der Bonferroni-Methode lassen sich für die gegebene Problemstellung noch weitere multiple Vergleichstests verwenden, wie beispielsweise der Test von Tuckey[212]. Im Vergleich zu diesen Verfahren liegen die Vorteile des Bonferroni-Tests in der einfachen

Weitere multiple Vergleichstests

---

209. Vgl. ebenda, S. 496.

210. Vgl. ebenda, S. 496, Rice, J.A. (1988), S. 404 ff. und Law, A.M.; Kelton, W.D. (1991), S. 582 ff.

211. Vgl. u.a. Rice, J.A. (1988), S. 404 ff. undKelton, W.D.; Sadowski, R.P.; Sadowski, D.A. (1998), S. 496.

212. Vgl. Rice, J.A. (1988), S. 404 ff. undKelton, W.D.; Sadowski, R.P.; Sadowski, D.A. (1998), S. 496. Weitere multiple Vergleichstest sind in Carmer, S.G.; Swanson, M.R. (1973), S. 67 f. aufgeführt.

Berechnung der Konfidenzintervalle und der Unabhängigkeit der Testergebnisse vom Stichprobenumfang. So können beim Bonferroni-Test, im Gegensatz zum Test nach Tuckey, die Stichprobenumfänge für die untersuchten Gestaltungsalternativen unterschiedlich groß sein[213]. Der Nachteil des Bonferroni-Tests besteht darin, dass die Berechnung der Konfidenzintervalle sehr grob erfolgt und deshalb bei einer großen Anzahl von Vergleichsalternativen Ungenauigkeiten auftreten können[214]. Da in unserem Fall maximal drei Alternativen miteinander verglichen werden, sind allerdings keine Einschränkungen bei der Genauigkeit zu erwarten.

Abgrenzung
zu multiplen
t-Tests

Zum Abschluß dieses Abschnitts sei noch kurz erwähnt, dass die Anwendung von paarweisen t-Tests als Alternative zu einem multiplen Vergleichstest zwar denkbar, aber aus statistischen Gründen nicht empfehlenswert ist. So kann bei paarweisen t-Tests zwar für jeden einzelnen Test die Wahrscheinlichkeit beschränkt werden, mit der die Nullhypothese H_0 irrtümlich abgelehnt wird, für den simultanen Vergleich aller Alternativen ist dies allerdings nicht möglich[215].

3.3   Flexibilitätsanalyse von Kundeninteraktionsprozessen

Überblick

In nachfolgenden Abschnitt wird nach einigen grundlegenden Überlegungen zur Flexibilität von Kundeninteraktionsprozessen ein eigener Ansatz zur modellgestützten Flexibilitätsanalyse stufenweise entwickelt. Hierbei wird auf der Basis grundlegender Instrumente der Entscheidungstheorie und theoretischer Ansätze zur Flexibilitätsmessung die Erstellung von Flexibilitätsmatrizen für den Vergleich von Gestaltungsalternativen eingeführt. Für die teilautomatisierte Durchführung von Flexibilitätsanalysen wird abschließend das im Rahmen der vorliegenden Arbeit entwickelte computergestützte Werkzeug SimControl vorgestellt.

---

213. Vgl. Rice, J.A. (1988), S. 406.

214. Vgl. ebenda.

215. Vgl. ebenda.

3.3.1 Grundlagen

3.3.1.1 Flexibilitätsbedarf und -potenziale

Flexible Prozesse sollen ein Unternehmen in die Lage versetzen, schnell und zielgerichtet auf äußere Umwelteinflüsse reagieren zu können[216]. Für Kundeninteraktionsprozesse ist das Verhalten der Kunden der wichtigste Umwelteinfluss, der starken stochastischen Schwankungen unterliegt und kaum direkt beeinflusst werden kann. Daraus ergibt sich ein Flexibilitätsbedarf, der bei der Gestaltung der Prozesse berücksichtigt werden sollte.

Flexibilitäts-bedarf

Bei Kundeninteraktionsprozessen im Communication Center entsteht der Flexibilitätsbedarf beispielsweise durch folgende typische intern bzw. extern induzierte Umweltänderungen:

Flexibilitäts-bedarf im Communica-tion Center

- Veränderung des Anfragevolumens (extern),

- Veränderung der Kundenbedürfnisse und der daraus resultierenden Verschiebung von Anfrageinhalten (extern),

- Veränderung der Gesprächs- und Nachbearbeitungszeiten (intern/extern),

- Veränderung der Kundenpräferenz für bestimmte Kommunikationsmedien (extern) und

- Veränderung der Mitarbeiterkapazität (intern).

Voraussetzung für die Deckung des Flexibilitätsbedarfs sind bislang ungenutzte Potentiale innerhalb der Organisation[217]. Bei Kundeninteraktionsprozessen sind hierbei vor allem die personellen Ressourcenüberschüsse relevant. Auf der einen Seite können zeitliche Überschüsse, die sich in einer geringen Mitarbeiterauslastung ausdrücken, zur Deckung von Anfragespitzen eingesetzt werden. Andererseits erlauben Qualifikationsüberschüsse, die durch eine bisherige Überqualifikation der Mitarbeiter entstanden sind, eine bessere Anpassung an geänderte Kundenanforderungen[218].

Flexibilitäts-potenziale

---

216. Vgl. Schneeweiß, C.; Kühn, M. (1990), S. 378 oder Schlüchtermann, J. (1996), S. 94. Diese Definition der Reaktionsfähigkeit einer Organisation ist in der Literatur auch häufig unter dem Begriff der (betrieblichen) Flexibilität oder Elastizität zu finden, vgl. Kaluza, B. (1993), S. 1174 ff.

217. Vgl. Meffert, H. (1985), S. 123 oder Knof, H.-L. (1992).

218. Vgl. Meffert, H. (1985), S. 123, Knof, H-L. (1992), S. 73ff. oder Stützle, G. (1987), S. 105.

Aktivierbar-
keit von Fle-
xibilitäts-
potenzialen
Somit ist sowohl die quantitative als auch qualitative Personalplanung von entscheidender Bedeutung für die Flexibilität von Kundeninteraktionsprozessen. Die Flexibilität hängt allerdings nicht ausschließlich von der absoluten Höhe der Ressourcenüberschüsse
ab, wie etwa der ungenutzten zeitlichen Mitarbeiterkapazität, sondern vor allem von deren Aktivierbarkeit[219]. Ressourcenüberschüsse, die sich bei Umweltänderungen nicht zielgerichtet aktivie-
ren lassen, tragen demnach nicht zur Bildung eines Flexibilitätspo-
tenzials bei[220].

3.3.1.2 Flexibilitätsdimensionen

Überblick

Der Flexibilitätsbegriff wird in der Literatur facettenreich verwendet
und diskutiert[221]. Aus diesem Grund soll im folgenden Teilabschnitt
das *Begriffsverständnis*, das der vorliegenden Arbeit zugrunde
liegt, konkretisiert werden.

Reaktionsfä-
higkeit ver-
sus
Aktionsfä-
higkeit

Die im vorherigen Teilabschnitt genannte Definition des Flexibilitätsbegriffes betont die *Reaktionsfähigkeit* eines Unternehmens.
Hierbei wird davon ausgegangen, dass Umweltänderungen vom
Unternehmen nicht direkt beeinflusst werden können und als gegeben hingenommen werden müssen. Die Herausforderung für das
Unternehmen besteht darin, ein geeignetes Flexibilitätspotenzial
aufzubauen und vorzuhalten, um auf die Änderungen adäquat reagieren zu können. Ergänzend dazu wird in einigen neueren Arbeiten der aktive Aspekt der Flexibilität hervorgehoben, der auf die
aktive Beeinflussung der Umwelt durch das Unternehmen
abzielt[222]. Bei dieser *Aktionsfähigkeit* geht es darum, die Umwelt
zu beeinflussen und nicht nur auf gegebene Änderungen zu reagie-

219. Vgl. Knof, H.-L. (1992), S. 69-70 oder Schneeweiß, C.; Kühn, M. (1990), S.
     379.

220. Vgl. Bünting, H.F. (1995), S. 39 f.

221. Vgl. Duncan, N. (1995), Jacob, H. (1974 a), Jacob, H. (1974 b), Jacob, H.
     (1974 c), Kickert, W.J.M. (1985), Kieser, A. (1969), Marschal, T.; Nelson, R.
     (1962), Meffert, H. (1969), Meffert, H. (1985), Schneeweiß, C. (1989),
     Schneeweiß, C.; Kühn, M. (1990), Schlüchtermann, J. (1996). Für die spezi-
     elle Betrachtung der Flexibilität im Produktionsbereich vgl. Browne, J. et al.
     (1984), Choi, S.-H.; Kim, J.-S. (1998), Dankert, U. (1995), Falkner, C.H.
     (1986), Gupta, Y.P.; Goyal, S. (1992), Gupta, D. (1993), Gaitanides, M.
     (1980), Kühn, M. (1988), Slack, N. (1987), Sethi, A.K.; Sethi, S.P. (1990),
     Shewchuk, J.P.; Moodie, C.L. (1998), Stecke, K.E.; Raman, N. (1995),
     Stockton, D.; Bateman, N. (1995).

222. Vgl. Schlüchtermann, J. (1996), S. 94.

ren. Da die direkte Beeinflussung des Interaktionsverhaltens der Kunden für die meisten Unternehmen nicht möglich ist, wird im Weiteren auf die reaktive Komponente des Flexibilitätsbegriffes fokussiert.

Für eine Operationalisierung des Flexibilitätsbegriffes ist die *Zeitdimension* der Umweltänderungen von Bedeutung. *Langfristige* Umweltänderungen erfordern häufig Veränderungen der Prozessstruktur, um neue Flexibilitätspotenziale aufzubauen. Die Anpassungsfähigkeit der Prozessstruktur steht somit im Mittelpunkt der langfristigen Flexibilitätsanalyse. Bei der Betrachtung von *kurzfristigen* Änderungen liegt der Analyseschwerpunkt auf der bestehenden Anordnung der Ressourcen, weil eine Änderung der Prozessstruktur in der Regel nicht sofort möglich ist. Aufgrund der extremen Dynamik des Umfelds von Kundeninteraktionsprozessen[223] spielt die Form der kurzfristigen Reaktionsfähigkeit eine herausragende Rolle für die Leistungsfähigkeit von Unternehmen und wird deshalb in der vorliegenden Arbeit betrachtet.

Zeithorizont

3.3.1.3 Ansatzpunkte für die Flexibilitätsmessung

Im folgenden Teilabschnitt werden Ansatzpunkte zur Flexibilitätsmessung aus der Literatur vorgestellt, die als Grundlage für die Bewertung von Kundeninteraktionsprozessen verwendet werden können. Obwohl sich zahlreiche Ansätze mit der Messung unterschiedlicher Flexibilitätsdimensionen im Unternehmen beschäftigen[224], wurde bislang noch keine Technik für die Messung der Flexibilität von Geschäftsprozessen oder Kundeninteraktionsprozessen entwickelt bzw. angewendet.

Überblick

Grundsätzlich kann bei der Flexibilitätsmessung zwischen Indikator- und Wirkungsmessung unterschieden werden[225]. Bei der *Indikatormessung* werden die Flexibilitätspotenziale eines Systems

Indikatormessung

---

223. Vgl. beispielsweise die besonderen Herausforderungen für die Gestaltung von Kundeninteraktionsprozessen im Communication Center, die in Abschnitt 2.2.1.3 ausführlich diskutiert werden.

224. Schlüchtermann, J. (1996) gibt eine ausführliche Übersicht über unterschiedliche Konzepte zur Flexibilitätsmessung. Für den Produktionsbereich finden sich Systematisierungen von Flexibilitätsmaße u.a. bei Sethi, A.K.; Sethi, S.P. (1990); Gupta, D. (1993)und Shewchuk, J.P.; Moodie, C.L. (1998).

225. Vgl. Schlüchtermann, J. (1996), S. 107 ff.

unabhängig von konkreten Umweltänderungen bestimmt. Dabei wird ein direkter Wirkungszusammenhang zwischen statischen Indikatoren und der Reaktionsfähigkeit auf beliebige Umweltänderungen unterstellt. Mit dieser Vorgehensweise lassen sich im besten Fall Flexibilitätspotenziale identifizieren, deren Aktivierbarkeit in konkreten Umweltsituationen kann jedoch nicht nachgewiesen werden.

Wirkungs-
messung

Die *Wirkungsmessung* betrachtet demgegenüber die Auswirkungen von möglichen Umweltänderungen. Dabei steht weniger die Identifikation von Flexibilitätspotenzialen im Vordergrund, als mehr die Bewertung der Aktivierbarkeit dieser Potenziale. Tatsächlich realisierbare Leistungswerte bilden somit die Grundlage der Messung. Dieses Vorgehen verspricht eine aussagekräftige Bewertungsgrundlage und kommt deshalb in dieser Arbeit zum Einsatz.

Ansätze von
Jacob,
Hanss-
mann,
Schnee-
weiß und
Kühn

Ein interessante Grundidee zur Wirkungsmessung findet sich in unterschiedlichen Ausprägungen in den Arbeiten von Jacob, Hanssmann, Schneeweiß und Kühn[226]. Für die Darstellung dieser Grundidee wird angenommen, dass der Gewinn die entscheidende Zielgröße bei der Beurteilung der Leistungsfähigkeit des Unternehmens ist und deshalb maximiert werden soll. Falls sich das Unternehmen flexibel an eine Umweltsituation anpassen kann, wäre maximal ein Gewinn von G^* erreichbar. Der minimal mögliche Gewinn bei völliger Unflexibilität wird mit U bezeichnet. Tatsächlich erreicht das Unternehmen in der Umweltsituation den Gewinn G. Die realisierte Flexibilität in der Umweltsituation lässt sich mit einem Flexibilitätswert F wie folgt messen:

$$F = \frac{G - U}{G^* - U}$$

Der Flexibilitätswert F ist normiert und liegt immer im Intervall $[0,1]$. Ein Flexibilitätswert von 0 wird beim minimale Gewinn $G = U$ erreicht, während im besten Fall $G = G^*$ der Flexibilitätswert 1 beträgt. Bei der praktischen Anwendung des Ansatzes stellt sich allerdings die Schwierigkeit, wie die Werte G^* und U bestimmt wer-

---

226. Vgl. Jacob, H. (1974 a), S. 322 ff., Jacob, H. (1989), S. 27, Hanssmann, F. (1987), S. 227 ff., Kühn, M. (1989), S. 77ff. und Kühn, M.; Schneeweiß, C. (1990).

den sollen[227]. Ein Lösungsvorschlag für dieses Problem wird in Abschnitt 3.3.2.4 vorgestellt. Bei der Betrachtung von n verschiedenen Umweltänderungen kann das Flexibilitätsmaß nach Jacob[228] wie folgt erweitert werden:

$$F = \frac{\sum_{i=1...n}(G_i - U_i)}{\sum_{i=1...n}(G_i^* - U_i)}$$

Falls Wahrscheinlichkeiten w_i über das Eintreten der Umweltzustände bekannt sind, lassen sich die Summanden im Zähler und Nenner jeweils mit den w_i gewichten.

Diese allgemeinen Ansatzpunkte zur Bestimmung der Flexibilität eines Systems werden im Weiteren als Grundlage zur Flexibilitätsmessung bei Kundeninteraktionsprozessen verwendet. Im nächsten Kapitel wird ausführlich das Vorgehen zur modellgestützten Flexibilitätsanalyse vorgestellt und die notwendigen Anpassungen des allgemeinen Messinstrumentariums an die Domäne der Kundeninteraktionsprozesse erläutert.

Zusammen-fassung

3.3.2 Modellgestützte Flexibilitätsanalyse

In der Literatur sind bislang keine spezifischen Ansätze zur Flexibilitätsanalyse von Kundeninteraktionsprozessen oder zumindest für die Flexibilitätsanalyse beliebiger Geschäftsprozesse zu finden. Dieses Defizit stellte den Ansatzpunkt für die im Folgenden dargestellten Untersuchungen dar, in denen ein *neues Instrumentarium zur Flexibilitätsanalyse von Kundeninteraktionsprozessen* entwickelt wird. Dieses Instrumentarium erlaubt eine Bewertung der Flexibilität von Kundeninteraktionsprozessen und stellt somit ein wichtiges Werkzeug für die Gestaltung von Prozessen dar. Bei der Flexibilitätsanalyse werden mögliche Umweltänderungen bereits in der Planungsphase und nicht erst nach der Implementierung neuer (oder verbesserter) Prozessstrukturen berücksichtigt. Somit können frühzeitig Anhaltspunkte über die mittel- und langfristige Vorteilhaftigkeit der relevanten Gestaltungsalternativen gewonnen

Ausgangs-punkt

---

227. Vgl. Schlüchtermann, J. (1996), S. 117.

228. Jacob verwendet diese Idee zur Berücksichtigung mehrerer Umweltänderungen bei seinem Flexibilitätsmaß, vgl. Jacob, H. (1974 a), S. 324. Allerdings ist das von ihm vorgeschlagene Flexibilitätsmaß nicht normiert.

werden. Beispielsweise kann der Communication Center-Leiter einer großen Versicherungsgesellschaft mit Hilfe der Flexibilitätsanalyse herausfinden, ob eine Integration der Kommunikationskanäle E-Mail und Telefon auch bei tagelangen Überlastsituationen und starken tageszeitlichen Schwankungen des Anfragevolumens zu einer besseren Effizienz als die bisher realisierte getrennte Bearbeitung der Anfragen führt.

Modellge-
stütztes Vor-
gehen

Diese Analyse kann offensichtlich nicht durch Ausprobieren am realen System vorgenommen werden. Da von der Prozessgestaltung meist viele Mitarbeiter und organisatorische Einheiten betroffen sind, wäre die Realisierung aller entscheidungsrelevanter Gestaltungsalternativen in der Praxis zu aufwendig oder überhaupt nicht möglich. Aus diesem Grund bietet sich als einzig denkbare Analyseform die experimentelle modellgestützte Evaluation an.

3.3.2.1 Systematisierung des Analysefelds

Analyseziel

Die Flexibilitätsanalyse liefert eine Entscheidungsgrundlage für die Gestaltung von Geschäftsprozessen. Es handelt sich um ein Werkzeug zur Entscheidungsunterstützung, das Antworten für folgende konkrete Fragen liefern soll:

• Wie stark wirken sich vorgegebene Umweltänderungen auf die Leistungsfähigkeit einer Gestaltungsalternative aus?

• Welche Gestaltungsalternative zeigt die beste Reaktionsfähigkeit auf vorgegebene Umweltänderungen?

• Wie hoch sind die Unterschiede in der Reaktionsfähigkeit zwischen den Gestaltungsalternativen?

Grundlagen

Das verwendete Analyseinstrumentarium zeichnet sich dadurch aus, dass eine Reihe ausgereifter Techniken und Ansätze miteinander verknüpft, auf die vorliegende Problemstellung angepasst und mit neuen Ideen kombiniert werden. Als Grundlagen sind hierfür vor allem die Entscheidungstheorie[229], allgemeine Ansätze zur Flexibilitätsmessung[230] und die Sensitivitätsanalyse[231] zu nennen.

---

229. Vgl. Bamberg, G.; Coenenberg, A.G. (1996), Eisenführ, F.; Weber, M. (1999) und Schneeweiß, C. (1991).

230. Vgl. Abschnitt 3.3.1.3.

231. Vgl. Dinkelbach, W. (1969), Bitz, M. (1993) und Funck, F. (1998), S. 74ff.

Unter dem *Analysefeld* wird im Folgenden der Analysegegenstand   Analysefeld
und die Rahmenbedingungen für die Flexibilitätsanalyse von Kundeninteraktionsprozessen verstanden. Abbildung 20 stellt die einzelnen Komponenten des Analysefeldes in einer Übersicht dar.

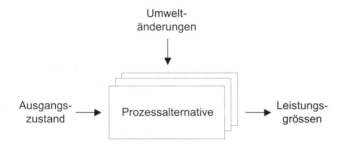

Abbildung 20: Analysefeld für die modellgestützte Flexibilitätsanalyse

Den *Analysegegenstand* bildet eine Prozessalternative, d.h. eine   Analysege-
Gestaltungsmöglichkeit für einen beliebigen Kundeninteraktions-   genstand
prozess. Dem Kundeninteraktionsprozess ist ein vorgegebenes
Prozessziel, wie etwa die Beantwortung von Supportanfragen für
ein Softwareprodukt, zugeordnet. Um eine direkte Vergleichbarkeit
der Alternativen gewährleisten zu können wird davon ausgegangen, dass alle betrachteten Gestaltungsalternativen das Prozessziel erfüllen, sich aber möglicherweise in der Effizienz der Zielerfül-
lung unterscheiden.

Für die weitere Analyse ist zunächst festzulegen, ob der Analysefo-   Absolute
kus auf einer *absoluten* oder *relativen Prozessbewertung* liegt. Die   Bewertung
absolute Bewertung liefert Aussagen darüber, ob sich eine gegebenes Prozessdesign flexibel verhält oder nicht. Hierfür wird ein gene-
reller Maßstab benötigt, der die Bewertung der Flexibilität eines
beliebigen Prozessmodells erlaubt. Wenn für jede Alternative ein
absoluter Bewertungswert vorliegt, können diese Werte miteinander verglichen werden, um eine Auswahlentscheidung zwischen
verschiedenen Alternativen zu unterstützen. Der Vorteil in dieser
Vorgehensweise liegt darin, dass sich die Bewertung nicht verändert, wenn zu einem späteren Zeitpunkt zusätzliche Alternativen
berücksichtigt werden müssen. Der Nachteil der absoluten Bewertung liegt in der Operationalisierung des generellen Bewertungsmaßstabes. Da hierfür „ideale" Flexibilitätswerte angegeben wer-

den müssen, kommt diese Bewertungsform für den praktischen Einsatz nicht in Frage.

Relative
Bewertung

Bei einer *relativen Bewertung* werden mehrere Prozessalternativen und deren Reaktionsfähigkeit auf Umweltänderungen miteinander verglichen. Es soll herausgefunden werden, ob eine Alternative flexibler ist als eine andere. Aussagen über die absolute Flexibilität einer Alternative stehen dabei nicht im Mittelpunkt der Betrachtungen. Von Nachteil ist hierbei, dass die Bewertungsgrößen nur in Abhängigkeit von anderen Gestaltungsalternativen ermittelt werden können und sich bei Änderungen in der Anzahl von Gestaltungsalternativen ebenfalls ändern. Der Vorteil einer relativen Bewertung liegt darin, dass der Bewertungsmaßstab automatisch mit der Auswahl der relevanten Gestaltungsalternativen mitgeliefert wird und sich somit sehr einfach und intuitiv ergibt. Aufgrund dieser Praktikabilitätsüberlegungen, wird für die Flexibilitätsanalyse im Weiteren von einer *relative Prozessbewertung* ausgegangen.

Ausgangs-
zustand

Die Effizienz einer Gestaltungsalternative hängt zunächst von dem *Ausgangszustand* ab, in dem sie sich befindet. Dieser Ausgangszustand kann entweder einen real existierenden Zustand beschreiben, der im Rahmen einer Ist-Analyse für einen bereits implementierten Prozess erhoben wurde, oder einen fiktiven Soll-Zustand darstellen, der als Planungsgrundlage für eine Prozessverbesserung oder völlige Neuentwicklung ermittelt wurde. In einem Ausgangszustand werden die Werte zweier unterschiedlicher Variablentypen zusammengefasst. Auf der einen Seite werden *Umweltvariablen* verwendet, in denen alle relevanten Umweltbedingungen für den Prozess beschrieben werden, die nicht vom Unternehmen beeinflusst werden können und für alle Gestaltungsalternativen gleiche Ausprägungen besitzen. Auf der anderen Seite besitzen *Gestaltungsparameter* die Eigenschaft, dass sie verändert werden können und in der Regel bei den betrachteten Gestaltungsalternativen unterschiedliche Ausprägungen besitzen.

Leistungs-
größen

Die Effizienzbewertung der Gestaltungsalternativen wird mit Hilfe von *Leistungsgrößen* durchgeführt[232]. Dabei werden zwei Dimensionen unterschieden, das Bewertungsobjekt und das Zielsystem.

---

232. In Abschnitt 2.2.1.4 wurden beispielsweise unterschiedliche Leistungsgrößen für Prozesse im Communication Center vorgestellt und erläutert.

Das *Bewertungsobjekt* gibt an, auf welchen Typ von Prozessobjekt sich die gemessenen Leistungsgrößen bezieht. Beispielsweise werden bei einer Direktbank in der Regel unterschiedlich lange Durchlaufzeiten für einfache Überweisungen (Standardanfrage) und schwierige Anlageberatungen (Spezialanfrage) zu beobachten sein. Hier kann es sinnvoll sein, für die Bewertungsobjekte Standard- und Spezialanfragen die Durchlaufzeiten getrennt zu messen und zu analysieren. Mehrere Bewertungsobjekte führen somit automatisch zu einer Bewertungssituation mit mehreren Zielsetzungen[233]. Das *Zielsystem* gibt dabei an, welche Zielgrößen für die Bewertung der Bewertungsobjekte herangezogen werden. In unserem Fall wird die Durchlaufzeit als Zielgröße eingesetzt. In der Literatur wird grundsätzlich zwischen der Verwendung einer Zielsetzung und mehrerer Zielsetzungen unterschieden[234]. Bei der praktischen Anwendung der Flexibilitätsanalyse ist in der Regel von mehreren Bewertungsobjekten und einem Zielsystem mit mehreren Zielsetzungen auszugehen.

Die Bewertung eines Prozesses für einen festgelegten Ausgangszustand ermöglicht noch keine weitergehenden Aussagen darüber, wie flexibel dieser Prozess auf Änderungen des Ausgangszustandes in Form von Umweltänderungen reagieren wird. Ein Kernpunkt des vorliegenden Ansatzes besteht deshalb darin, gezielt im voraus *Umweltänderungen* zu simulieren und deren Auswirkungen auf die Effizienz der Prozessalternativen zu untersuchen. Hierbei sind in Anlehnung an die Sensitivitätsanalyse zwei Formen von Umweltänderungen möglich, singuläre und multiple Änderungen[235]. Die gezielte Variation eines Umweltparameters wird dabei als *singuläre Umweltänderung*, die gleichzeitige Variation mehrerer Parameter als *multiple Umweltänderung* bezeichnet.

(Randnotiz: Umweltänderungen)

Je nach Kenntnisstand über die Eintrittswahrscheinlichkeit der betrachteten Umweltänderungen wird analog zur Entscheidungstheorie zwischen Analysen unter *Sicherheit*, *Risiko* und *Ungewißheit* differenziert[236]. Die *Sicherheitssituation* ist dann gegeben,

(Randnotiz: Bestimmtheitsgrad)

---

233. Vgl. u.a. Bamberg, G.; Coenenberg, A.G. (1996), S. 43ff.

234. Vgl. ebenda, S. 40ff. und Schneeweiß, C. (1991), S.93.

235. Vgl. Bitz, M. (1993), S. 1967-1968.

236. Vgl. Schneeweiß, C. (1991), S. 93.

wenn absolute Gewissheit über Umweltänderungen herrscht[237]. Da dieser Zustand in der Praxis kaum vorherrschen dürfte, werden im Weiteren ausschließlich die beiden anderen *Bestimmtheitsgrade* betrachtet. Bei der *Risikosituation* sind Eintrittswahrscheinlichkeiten für die einzelnen Umweltänderungen bekannt, während bei *Ungewißheit* keine Informationen über die Wahrscheinlichkeit der Änderungen zur Verfügung stehen[238].

3.3.2.2 Einführungsbeispiel

Vorgehen

Im folgenden Abschnitt wird das grundlegende Instrumentarium vorgestellt, das im Rahmen der modellgestützten Flexibilitätsanalyse zum Einsatz kommt. Zum besseren Verständnis werden alle Definitionen anhand eines durchgehenden Beispiels veranschaulicht. Hierfür wird auf das bereits bekannte Communication Center-Beispiel aus Abschnitt 3.1 zuruckgegriffen und das dort elngeführte Grundmodell leicht modifiziert.

Beispiel

Das betrachtete Communication Center muss pro Stunde im Durchschnitt λ Anrufe bewältigen. Für die Beantwortung der Anrufe werden n Mitarbeiter beschäftigt. Ein Mitarbeiter kann in einer Stunde $\beta\mu$ Anrufe bearbeiten. Dieser Ausdruck umfasst die bereits bekannte Bearbeitungsrate μ (= bearbeitete Anfragen pro Stunde) und den neu eingeführten Spezialisierungsfaktor β. Ein Spezialisierungsfaktor von Eins bewirkt keine Veränderung in der Bearbeitungsgeschwindigkeit, während mit einem hohen Spezialisierungsfaktor eine schnellere Bearbeitung modelliert wird. Es wird angenommen, dass der Spezialisierungsfaktor durch Mitarbeiterqualifikation direkt vom Unternehmen beeinflussbar ist, und wird deshalb als Entscheidungsvariable betrachtet. Somit ergeben sich die Entscheidungsvariablen $X = (n, \beta)$ und die unveränderten Umweltvariablen $Y = (\lambda, \mu)$.

Als primäre Zielgröße wird die durchschnittliche Verweildauer analysiert. Sie ergibt sich mit Hilfe der Warteschlangentheorie als[239]

$$E = f(X;Y) = f(n, \beta, \lambda, \mu) = \frac{1}{\beta\mu - \lambda/n}$$

---

237. Vgl. Schneeweiß, C. (1991), S. 35.

238. Vgl. ebenda, S. 35-36.

239. Vgl. Abschnitt 3.1.2.

Aus diesem allgemeinen Modell werden zwei konkrete Gestaltungsalternativen abgeleitet und miteinander verglichen. In der ersten Alternative sollen 20 Mitarbeiter mit normaler Qualifikation (Generalisten) zum Einsatz kommen, d.h. $X_1 = (n_1, \beta_1) = (20, 1)$. Bei Alternative zwei werden nur 10 Mitarbeiter (Spezialisten) beschäftigt, die allerdings in der Lage sind, Kunden schneller zu bedienen: $X_2 = (n_2, \beta_2) = \left(10, \dfrac{5}{4}\right)$.

3.3.2.3 Ergebnismatrix

Für die Darstellung der Leistungswerte eines Prozessdesigns wird das aus der Entscheidungstheorie bekannte Instrument der Ergebnismatrix verwendet[240]. Die Grundstruktur dieser Matrix wird in Tabelle 9 dargestellt. Die Zeilen enthalten die Leistungswerte für jeweils eine Gestaltungsalternative ($A_1 \dots A_m$). Es können hierbei unterschiedliche Zielgrössen ($z_1 \dots z_k$) berücksichtigt und Werte für verschiedene Umweltzustände ($U_1 \dots U_n$) erfasst werden. Falls Eintrittswahrscheinlichkeiten ($w_1 \dots w_n$) für die Zustände bekannt sind, werden diese ebenfalls in der Matrix vermerkt und können somit einfach in die Bewertung einfliessen.

Struktur einer Ergebnismatrix

Zielgröße	z_1	...	z_k
Umweltzustand	$U_1 \dots U_n$	...	$U_1 \dots U_n$
Eintrittswahrscheinlichkeit (falls gegeben)	$w_1 \dots w_n$	...	$w_1 \dots w_n$
Gestaltungsalternative A_1	$\begin{bmatrix} x_{11}^1 & \dots & x_{1n}^1 \end{bmatrix}$	...	$\begin{bmatrix} x_{11}^k & \dots & x_{1n}^k \end{bmatrix}$
...	...	...	...
Gestaltungsalternative A_m	$\begin{bmatrix} x_{m1}^1 & \dots & x_{mn}^1 \end{bmatrix}$	...	$\begin{bmatrix} x_{m1}^k & \dots & x_{mn}^k \end{bmatrix}$

Tabelle 9:　Struktur einer Ergebnismatrix
Quelle: In Anlehnung an Bamberg; Coenenberg (1996), S. 25.

Im Beispiel soll zunächst nur eine Zielgröße z, die mittlere Verweildauer eines Kunden im Communication Center, betrachtet werden.

Beispiel

---

240. Vgl. Bamberg, G.; Coenenberg, A.G. (1996), S. 25.

Für drei unterschiedliche Umweltzustände U_i mit unterschiedlichen Umweltparametern Y_i ergibt sich somit die Ergebnismatrix in Tabelle 10.

Zielgröße	z: Mittlere Verweildauer in Minuten		
Umweltzustand	U_1	U_2	U_3
	$Y_1 = (100, 20)$	$Y_2 = (150, 20)$	$Y_3 = (100, 40)$
A_1: Generalisten	4,0	4,8	1,7
A_2: Spezialisten	4,0	6,0	1,5

Tabelle 10: Beispiel-Ergebnismatrix

Beide Gestaltungsalternativen sind im Umweltzustand U_1 gleich effizient bei einer mittleren Verweildauer von 4,0 Minuten. Die Generalistenalternative ist bei erhöhtem Anfragevolumen im Zustand U_2 leistungsfähiger als die Spezialistenvariante. Im Zustand U_3, bei erhöhter Bearbeitungsrate, besitzt allerdings die Spezialistenvariante leichte Vorteile. Keine der beiden Alternative ist der anderen in allen Zuständen überlegen, d.h. keine der Alternativen ist *dominant*. Ohne zusätzliche Informationen oder Annahmen über die Umweltzustände kann somit keine eindeutige Auswahlentscheidung getroffen werden.

3.3.2.4   Partielle Flexibilitätswerte

Notwendig-
keit der
Datenver-
dichtung

Mit Hilfe von Ergebnismatrizen können alle entscheidungsrelevanten Leistungswerte betrachtet werden. Allerdings gestaltet sich die manuelle Analyse einer Ergebnismatrix mit wachsender Anzahl an Umweltzuständen, Gestaltungsalternativen und Zielgrössen zunehmend problematisch, wenn nicht gar unmöglich. Aus diesem Grund sind geeignete Kenngrößen zu entwickeln, die alle wesentlichen Daten der Ergebnismatrix in geeigneter Weise verdichten und einen schnellen Zugriff auf die entscheidungsrelevanten Informationen erlauben.

Schadens-
werte

Für die Messung der Leistungsgeschwindigkeit von Kundeninteraktionsprozessen im Communication Center wurden in Abschnitt 2.2.1.4 der Anteil an verlorenen Anfragen und die Wartezeit als geeignete Zielgrößen identifiziert. Bei beiden Größen handelt es

sich um *Schadenswerte*[241], da sich sowohl ein hoher Anteil an verlorenen Anfragen als auch eine lange durchschnittliche Wartezeiten negativ auf die Beziehung zum Kunden auswirken. Somit ist
eine Gestaltungsalternative umso effizienter, je niedriger die zugehörigen Leistungswerte ausfallen[242]. Diese charakteristische
Eigenschaft der betrachteten Zielgrößen bildet die Grundlage der
Definition des Flexibilitätsmaßes für Kundeninteraktionsprozesse,
die im Folgenden ausführlich hergeleitet wird[243].

Da die Flexibilitätsanalyse auf einer relativen Bewertung der
Gestaltungsalternativen aufbaut, nimmt der Vergleich von Leistungswerten eine zentrale Rolle bei der Verdichtung der Daten ein.
Folgende Möglichkeiten für die Bildung von Vergleichswerten sollen kurz diskutiert werden:

Bildung von Vergleichswerten

- Differenzbildung,

- Quotientenbildung,

- Normierung auf vorgegebene Zielintervalle,

- Relative Normierung und

- Relative Normierung mit Hilfe von Schwellenwerten.

Die Bildung der Differenz der Zielwerte ist eine einfache Möglichkeit, Vergleichswerte zu bestimmen. Es bietet sich an, als Vergleichsbasis die jeweils beste Gestaltungsalternative pro Umweltzustand zu verwenden. Auf der Basis dieser Vergleichswerte wird
eine Opportunitätskostenmatrix[244] aufgestellt, die folgende allgemeine Struktur besitzt:

Differenzbildung

$$\dot{f}_{ij}^{k} = x_{ij}^{k} - \min_{l} (x_{lj}^{k})$$.

241. Vgl. Bamberg, G.; Coenenberg, A.G. (1996), S. 34.

242. In einer konkreten Entscheidungssituation ist die Vorgabe des angestrebten
Zielwertes von der subjektiven Präferenz des Entscheiders abhängig, vgl.
Laux, H. (1998), S. 26.

243. Bei den in Abschnitt 3.3.1.3 vorgestellten Flexibilitätsmaßen werden demgegenüber nur solche Zielgrößen unterstellt, bei denen die Attraktivität der untersuchten Gestaltungsalternative mit zunehmendem Zielwert wächst. Als
Beispiel hierfür wird etwa der Gewinn verwendet. Aus diesem Grund können
die Flexibilitätsmaße aus der Literatur nicht direkt bei der Bewertung von Kundeninteraktionsprozessen angewendet werden, sondern müssen auf diesen
Einsatzbereich angepasst werden.

244. Vgl. Bamberg, G.; Coenenberg, A.G. (1996), S. 34-35.

In Tabelle 11 ist die Opportunitätskostenmatrix für das Einführungs-
beispiel dargestellt. Die besten Alternativen sind dadurch zu erkennen, dass sie den Vergleichswert 0,0 besitzen. Im Zustand U_1
haben beide Alternativen den Vergleichswert 0,0, sind also gleich-
wertig.

Zielgröße	z: Mittlere Verweildauer in Minuten		
Umweltzustand	U_1	U_2	U_3
	$Y_1 = (100, 20)$	$Y_2 = (150, 20)$	$Y_3 = (100, 40)$
A_1: Generalisten	4,0 - 4,0 = 0,0	4,8 - 4,8 = 0,0	1,7 - 1,5 = 0,2
A_2: Spezialisten	4,0 - 4,0 = 0,0	6,0 - 4,8 = 1,2	1,5 - 1,5 = 0,0

Tabelle 11:   Beispiel-Opportunitätskostenmatrix

Der Vorteil dieser Vergleichstechnik ist in der einfachen Berechnung und anschaulichen Interpretation der Vergleichswerte zu
sehen. Problematisch an der Opportunitätskostenmatrix ist die Tatsache, dass die Information über die Höhe der Vergleichsniveaus
verloren geht. Es kann beispielsweise nicht aus Tabelle 11 ersehen
werden, ob der Vergleichswert von 1,2 für das Spezialistendesign
in Zustand U_2 als wesentlicher oder vernachlässigbarer Leistungsunterschied eingestuft werden kann. Wenn das Generalistendesign
eine Verweildauer von 50 Minuten aufweisen würde, würde ein
Unterschied von 1,2 Minuten in der Regel nicht ins Gewicht fallen.
In unserem Fall liefert das beste Design allerdings einen Leistungswert von 4,8 Minuten und ist somit um 20% besser als das Spezialistendesign.

Quotienten-
bildung

Eine naheliegende Änderung der Opportunitätskostenmatrix
besteht in der Verwendung der Division anstelle der Subtraktion bei
der Ermittlung der Matrizenwerte. Allgemein formuliert ergibt sich
die auf diese Weise veränderte Opportunitätskostenmatrix als[245]

$$\tilde{f}_{ij}^k = \frac{x_{ij}^k}{\min_l (x_{lj}^k)} \ .$$

---

245. Dieser Wert wird im Falle von positiven Zähler und Nenner von Schneeweiß,
     C.; Kühn, M. (1990), S. 391 als Flexibilitätsmaß vorgeschlagen.

Problematisch ist bei diesem Vorgehen, dass der Nenner bei einem optimalen Leistungswert von 0,0 nicht mehr definiert ist. Wie bereits oben angesprochen, sind allerdings bei der Prozessgestaltung möglichst niedrige Leistungswerte bzw. Schadenswerte erstrebenswert und müssen demnach bei der Messung berücksichtigt werden können.

Für das Beispiel ergibt sich die veränderte Opportunitätskostenmatrix, aus Tabelle 12. Die besten Alternativen mit dem niedrigsten Schadenswert erhalten immer den Wert 1,0. Durch die direkte Berücksichtigung des Leistungswertes der besten Alternative ermöglichen die Vergleichswerte eine bessere Einschätzung der aufgetretenen Abweichungen als im Falle der auf Differenzwerten basierenden Opportunitätskostenmatrix.

Zielgröße	z: Mittlere Verweildauer in Minuten		
Umweltzustand	U_1	U_2	U_3
	$Y_1 = (100, 20)$	$Y_2 = (150, 20)$	$Y_3 = (100, 40)$
A_1: Generalisten	4,0 / 4,0 = 1,0	4,8 / 4,8 = 1,0	1,7 / 1,5 = 1,13
A_2: Spezialisten	4,0 / 4,0 = 1,0	6,0 / 4,8 = 1,25	1,5 / 1,5 = 1,0

Tabelle 12: Opportunitätskostenmatrix auf der Basis von Quotientenbildung

Probleme gibt es bei dieser veränderten Opportunitätskostenmatrix immer dann, wenn die beste Alternative einen sehr kleinen Leistungswert aufweist. Dadurch werden alle Vergleichswerte in diesem Umweltzustand überproportional erhöht.

Eine Möglichkeit zur Beseitigung dieses Effektes besteht in der Normierung auf vorgegebene Zielintervalle. Hierbei werden allgemeine Ober- und Untergrenzen für die Zielwerte in jedem Umweltzustand angegeben. Für jede Zielgröße k und jeden Umweltzustand j wird jeweils ein theoretisch bestmöglicher Zielwert $x^k_{j\,min}$ und ein theoretisch schlechtestmöglicher Zielwert $x^k_{j\,max}$ unabhängig von den untersuchten Gestaltungsalternativen bestimmt und für die Normierung verwendet[246]:

Normierung auf vorgegebene Zielintervalle

---

246. Dieses Vorgehen findet sich bei einigen Ansätzen aus der Literatur, die in Abschnitt 3.3.1.3 vorgestellt worden sind.

$$f_{ij}^k = \frac{x_{ij}^k - x_{j\,min}^k}{x_{j\,max}^k - x_{j\,min}^k}$$

Zu Demonstrationszwecken werden für das Beispiel bei jedem Umweltzustand unterschiedliche Zielintervalle gewählt, direkt in die Bewertungsmatrix eingetragen und für die Berechnung der entsprechenden Matrixwerte verwendet (vgl. Tabelle 13). Falls eine Gestaltungsalternative den bestmöglichen Zielwert tatsächlich erreicht, erhält sie den Vergleichswert 0,0. Bei Erreichen des schlechtestmöglichen Zielwertes wird der Vergleichswert 1,0 vergeben, wie etwa bei der Spezialistenalternative in Zustand U_2. Durch diese Normierung wird eine absolute Einordnung der Leistungsfähigkeit einer Gestaltungsalternative ermöglicht. Darauf aufbauend kann ebenfalls eine relative Bewertung der Alternativen erfolgen.

Zielgröße	z: Mittlere Verweildauer in Minuten		
Umwelt-zustand	U_1	U_2	U_3
	$Y_1 = (100, 20)$	$Y_2 = (150, 20)$	$Y_3 = (100, 40)$
$x_{j\,min}^k$	3,0	3,0	1,4
$x_{j\,max}^k$	5,0	6,0	4,0
A_1: Generalisten	$\frac{4,0-3,0}{5,0-3,0} = 0,5$	$\frac{4,8-3,0}{6,0-3,0} = 0,6$	$\frac{1,7-1,4}{4,0-1,4} = 0,1$
A_2: Spezialisten	$\frac{4,0-3,0}{5,0-3,0} = 0,5$	$\frac{6,0-3,0}{6,0-3,0} = 1,0$	$\frac{1,5-1,4}{4,0-1,4} = 0,03$

Tabelle 13: Normierung auf vorgegebene Zielintervalle

Dieses Vorgehen erlaubt eine Bewertung, die unabhängig von den anderen Gestaltungsalternativen gültig ist und stellt somit eine ideale Vergleichsbasis zur Verfügung. Allerdings besteht das große Problem dieses Vorgehens, wie bereits oben erläutert, in der Operationalisierung der Extremwerte. Wie sollen die Extremwerte bestimmt werden, wenn nicht alle möglichen Lösungen bekannt sind oder es zu aufwendig wäre, diese zu bestimmen? Für die minimalen Leistungswerte könnten bei bestimmten Zielgrößen noch relativ einfach plausible Annahmen getroffen werden. So kann etwa grundsätzlich eine minimale Wartezeit von 0,0 Minuten oder ein minimaler Anteil verlorener Anfragen von 0% angenommen werden. Bei den Maximalwerten ist die Bestimmung eher problematisch[247].

Diese Überlegung führt zu der Idee, die unteren Normierungsrenzen global zu wählen und für die oberen Grenzen die jeweiligen Maxima pro Umweltzustand zu verwenden. Somit werden die Grundideen der Quotientenbildung und der Normierung auf Zielintervalle kombiniert. Die Matrix ergibt sich dann als

Relative Normierung

$$\hat{f}_{ij}^{k} = \frac{x_{ij}^{k} - x_{j\,min}^{k}}{max_{l}\,(x_{lj}^{k}) - x_{j\,min}^{k}} \; .$$

Im Beispiel verändert sich die Vergleichsmatrix wie in Tabelle 14 dargestellt. Es wird deutlich, dass auf dieser Basis eine relative Alternativenbewertung ermöglicht wird. Alle Vergleichswerte sind normiert und liegen im Intervall [0, 1]. Die schlechtesten Alternativen erhalten den Wert 1,0. Falls eine Alternative den bestmöglichen Zielwert erreicht, wird der Wert 0,0 vergeben.

Zielgröße	z: Mittlere Verweildauer in Minuten		
Umwelt- zustand	U_1 $Y_1 = (100, 20)$	U_2 $Y_2 = (150, 20)$	U_3 $Y_3 = (100, 40)$
$x_{j\,min}^{k}$	3,0	3,0	1,4
A_1: Generalisten	$\frac{4,0-3,0}{4,0-3,0} = 1,0$	$\frac{4,8-3,0}{6,0-3,0} = 0,6$	$\frac{1,7-1,4}{1,7-1,4} = 1,0$
A_2: Spezialisten	$\frac{4,0-3,0}{4,0-3,0} = 1,0$	$\frac{6,0-3,0}{6,0-3,0} = 1,0$	$\frac{1,5-1,4}{1,7-1,4} = 0,33$

Tabelle 14: Relative Normierung

Problematisch bleibt allerdings immer noch die Bewertung, wenn alle Gestaltungsalternativen sehr gute Leistungswerte besitzen. Dies führt zu einem kleinen Wert im Nenner und zu überproportionalen Hervorhebung der Unterschiede zwischen den Alternativen.

---

247. Vgl. Laux, H. (1998), S. 55.

In Zustand U_3 beträgt beispielsweise der absolute Unterschied zwischen den Designs nur 0,2 Minuten. Der Bewertungswert von 0,33 für das Spezialistendesign deutet allerdings auf einen wesentlich größeren Unterschied zwischen den Alternativen hin.

Relative

Normierung

mit Schwel-

lenwerten

Um auch noch dieses Problem bei kleinen Spaltenmaxima zu beseitigen, wird eine weitere Modifikation vorgenommen, die zu der relativen Normierung mit Schwellenwerten führt[248]. Die Schwellenwerte s_j^k werden hierbei für eine Zielgröße z_k in einem Umweltzustand U_j eingeführt. Ein Schwellenwert tritt dann in Aktion, wenn bei einer Umweltsituation alle Gestaltungsalternativen sehr gute Werte erreichen, d.h. wenn das Spaltenmaximum sehr klein ist. In diesem Fall würden bei der relativen Normierung die minimalen Unterschiede zwischen den Gestaltungsalternativen überproportional hervorgehoben. Durch die Verwendung von Schwellenwerten anstelle der kleinen Spaltenmaxima wird diese Verzerrung vermieden:

$$f_{ij}^k = \frac{x_{ij}^k - x_{j\,min}^k}{max(max_l\,(x_{lj}^k), s_j^k) - x_{j\,min}^k} \quad .$$

Die Bestimmung der Schwellenwerte muss situationsbedingt erfolgen und kann nicht pauschal durchgeführt werden. Allerdings lassen sich bei Kundeninteraktionsprozessen relativ einfach Schwellenwerte für Wartezeiten oder Anteile verlorener Kundenkontakte angeben.

Für das Beispiel ist die endgültige Bewertungsmatrix in Tabelle 15 dargestellt. Die Bewertungen für die Zustände U_1 und U_2 bleiben gleich, während die Bewertung der Alternativen in U_3 geändert wird. Da beim Schwellenwert eine Abweichung vom Minimum in Höhe von 0,6 Minuten akzeptiert wird, sind die Unterschiede zwischen den Gestaltungsalternativen nicht mehr so hoch wie bei der relativen Normierung ohne Schwellenwerte. Durch die Normierung liegen weiterhin alle Matrixwerte im Intervall [0,1], allerdings wird der Wert 1,0 nicht mehr in allen Umweltzuständen tatsächlich angenommen.

---

248. Vgl. hierzu die Verwendung von Anspruchsniveaus bei Laux, H. (1998), S.388 ff.

Zielgröße	z: Mittlere Verweildauer in Minuten		
Umwelt-zustand	U_1 $Y_1 = (100, 20)$	U_2 $Y_2 = (150, 20)$	U_3 $Y_3 = (100, 40)$
$x^k_{j\,min}$	3,0	3,0	1,4
s^k_j	4,0	4,0	2,0
A_1: Generalisten	$\dfrac{4,0-3,0}{4,0-3,0} = 1,0$	$\dfrac{4,8-3,0}{6,0-3,0} = 0,6$	$\dfrac{1,71-1,4}{2,0-1,4} = 0,52$
A_2: Spezialisten	$\dfrac{4,0-3,0}{4,0-3,0} = 1,0$	$\dfrac{6,0-3,0}{6,0-3,0} = 1,0$	$\dfrac{1,5-1,4}{2,0-1,4} = 0,17$

Tabelle 15: Relative Normierung mit Schwellenwerten

Eine letzte Modifikation dient der anschaulicheren Interpretation des Flexibilitätsmaßes. Durch Subtraktion von 1 wird sichergestellt, dass die flexiblere Gestaltungsalternative einen höheren Wert erhält als die unflexible Alternative. Insgesamt ergibt sich somit der *partielle Flexibilitätswert* f^k_{ij} einer Gestaltungsalternative *i* im Umweltzustand *j* bzgl. der Zielgröße *k* als

Definition partieller Flexibilitäts-wert

$$f^k_{ij} = 1 - \frac{x^k_{ij} - x^k_{j\,min}}{max(max_l\,(x^k_{lj}), s^k_j) - x^k_{j\,min}} \quad .$$

3.3.2.5 Flexibilitätsmatrix

Im vorangegangenen Abschnitt wurde die *Ergebnismatrix* für die Darstellung der Leistungswerte eines Prozessdesigns eingeführt und die Bildung von *partiellen Flexibilitätswerten* zur Bewertung der Designs vorgestellt. Mit Hilfe partieller Flexibilitätswerte lassen sich mehrere Gestaltungsalternativen in einem Umweltzustand miteinander vergleichen. In dem vorangegangenen Communication Center-Beispiel wurden etwa beide Gestaltungsalternativen in einem Umweltzustand mit einer unvorhergesehenen Erhöhung des Anfragevolumens um 50% konfrontiert (Umweltzustand U_2). Die dadurch induzierte Verlängerung der Wartezeiten lag beim Generalisten-Design um 40% niedriger als bei der theoretisch schlechtestmöglichen Variante, was sich in einem partiellen Flexibilitätswert von 0,4 ausdrückte. Das Spezialisten-Design erreichte demgegenüber die

Partielle Flexibilitäts-werte

schlechtestmögliche Wartezeit und wurde dehalb mit einem partiellen Flexibilitätswert von 0,0 als völlig inflexibel bewertet[249].

Flexibilitäts-
matrix

Da in einer Flexibilitätsanalyse nicht nur eine Umweltänderung betrachtet werden soll, wird in diesem Abschnitt die *Flexibilitätsmatrix* als Hilfsmittel zur Berücksichtigung vieler Umweltänderungen vorgestellt. In dieser Matrix werden die einzelnen partiellen Flexibilitätswerte aufgeführt und zusätzlich eine Aggregation über alle Umweltänderungen hinweg vorgenommen. Dadurch kann das Design ermittelt werden, das auf der Basis des gewählten Aggregationsmechanismus über alle Änderungen hinweg am flexibelsten reagiert.

Weiteres
Vorgehen

Für die Einführung der Flexibilitätsmatrix werden unterschiedliche Möglichkeiten zur Leistungsbewertung bei mehreren Umweltänderungen vorgestellt. Hierbei wird zunächst für eine Zielgröße zwischen Bewertungsmöglichkeiten unter Ungewissheit und unter Risiko differenziert. Anschließend werden unterschiedliche Ansätze zur Berücksichtigung relevanter Umweltänderungen vorgestellt. Die Erweiterungsmög-lichkeiten der Analyse auf mehrere Zielgrößen wird im letzten Teilabschnitt diskutiert.

Bewertung unter Ungewissheit

Ungewiss-
heitssitua-
tion

In der Ungewissheitssituation sind keine Wahrscheinlichkeiten für das Eintreten der Umweltzustände bekannt[250]. Eine einfache Bewertung ergibt sich in dieser Situation nur dann, wenn eine Gestaltungsvariante alle anderen dominiert, d.h. in allen Umweltsituationen die besten Leistungswerte erreicht. Falls dies nicht der Fall ist, muss bei der Alternativenbewertung eine Entscheidungsregel als Aggregationsmechanismus angewendet werden. Bei Ungewissheit kann von keinem Umweltzustand angenommen werden, dass er wahrscheinlicher als ein anderer eintritt. Aus diesem Grund werden alle Zustände als gleichwahrscheinlich angenommen und es kommt deshalb die Laplace-Regel zum Einsatz[251].

---

249. Vgl. Abschnitt 3.3.2.4.

250. Vgl. Bamberg, G.; Coenenberg, A.G. (1996), S.105 ff.

251. Eine Übersicht und Bewertung unterschiedlicher Entscheidungsregeln findet sich in Bamberg, G.; Coenenberg, A.G. (1996), S.108 ff.

Für jede Gestaltungsalternative A_i wird somit ein Flexibilitätswert F_i mit gleich gewichteten Differenzwerten bestimmt[252]:

Flexibilitäts-werte

$$F_i = 1 - \frac{\sum_{j=1}^{n} (x_{ij} - x_{j\,min})}{\sum_{j=1}^{n} (\max(\max_l (x_{lj}), s_j) - x_{j\,min})}$$

Dieses Vorgehen bewirkt, dass ein Flexibilitätswert analog zu den Vergleichswerten immer im Intervall [0,1] liegt. Große Flexibilitätswerte zeugen von einer hohen Flexibilität des Designs, Werte nahe bei 0 von einer schlechte Reaktionsfähigkeit auf Umweltänderungen.

Die gesamte Struktur der Flexibilitätsmatrix für eine Zielgröße wird in Tabelle 16 gezeigt. Sie ergibt sich aus den Vergleichswerten für jeden Umweltzustand und den Flexibilitätswerten.

Flexibilitäts-matrix

	Partielle Flexibilitätswerte	Flexibilitäts-werte
Umweltzustand	$U_1 \dots U_n$	
Minimalwerte	$x_{1\,min} \dots x_{n\,min}$	
Schwellenwerte	$s_1 \dots s_n$	
Gestaltungsalternative A_1	$\begin{bmatrix} f_{11} & \dots & f_{1n} \end{bmatrix}$	F_1
...	...	...
Gestaltungsalternative A_m	$\begin{bmatrix} f_{m1} & \dots & f_{mn} \end{bmatrix}$	F_m

Tabelle 16: Flexibilitätsmatrix für die Bewertung unter Ungewissheit

Wie im vorherigen Abschnitt soll auch dieses Instrument kurz mit Hilfe des Communication Center-Beispiels verdeutlicht werden. Für die beiden Designs ergeben sich die Flexibilitätswerte aus den absoluten Zielwerten, Minimalwerten und Schwellenwerten wie folgt:

Beispiel

---

252. Vgl. Abschnitt 3.3.2.4.

$$F_1 = 1 - \frac{(4-3)+(4,8-3)+(1,71-1,4)}{(4-3)+(6-3)+(2-1,4)} = 0,32$$

$$F_2 = 1 - \frac{(4-3)+(6-3)+(1,5-1,4)}{(4-3)+(6-3)+(2-1,4)} = 0,11$$

In Tabelle 17 wird die zugehörige Flexibilitätsmatrix dargestellt[253]. Die Betrachtung der partiellen Flexibilitätswerte ergibt ein uneinheitliches Bild über die unterschiedlichen Umweltzustände hinweg. Während im Zustand U_1 beide Alternativen gleich gut abschneiden, liegt bei Zustand U_2 das Generalistendesign vor der Spezialistenalternative. Im Umweltzustand U_3 reagiert das Spezialistendesign am flexibelsten. Somit müssen für eine Gesamtbewertung die Flexibilitätswerte der Gestaltungsalternativen verglichen werden. Hierbei zeigt sich, dass die Generalistenalternative mit 0,32 einen deutlich höheren Flexibilitätswert als das Spezialistendesign mit 0,11 erreicht und somit als flexiblere Alternative eingestuft wird. Es wird deutlich, dass die Leistungsunterschiede in Zustand U_2 höher ausfallen als die Unterschiede in Zustand U_3 und deshalb bei der Gesamtbewertung stärker berücksichtigt werden.

Flexibilitäts-matrix für die mittlere Verweildauer in Minuten	Partielle Flexibilitätswerte			Flexi-bilitäts-werte
	U_1 $Y_1 = (100, 20)$	U_2 $Y_2 = (150, 20)$	U_3 $Y_2 = (100, 40)$	F_i
Minimalwerte	3,0	3,0	1,4	
Schwellen-werte	4,0	4,0	2,0	
A_1: Generalisten	0,0	0,4	0,48	0,32
A_2: Spezialisten	0,0	0,0	0,83	0,11

Tabelle 17: Beispiel-Flexibilitätsmatrix für die Bewertung unter Ungewissheit

253. Die Wahl der Schwellen- und Minimalwerte erfolgt analog zu Tabelle 15, Abschnitt 3.3.2.4. Bei der Bildung der partiellen Flexibilitätswerte wurde zusätzlich die Subtraktion von 1 (s. Seite 107) berücksichtigt.

Bewertung unter Risiko

Die Risikosituation zeichnet sich dadurch aus, dass dem Entschei-   Risikositua-
der Eintrittswahrscheinlichkeiten w_j für alle Umweltzustände U_j tion
bekannt sind[254]. Diese zusätzlichen Informationen fliessen in die
Flexibilitätsmatrix ein und werden bei der Berechnung der Flexibilitätswerte direkt berücksichtigt. Für eine Gestaltungsalternative A_i
ergibt sich somit der Flexibilitätswert F_i als

$$F_i = 1 - \frac{\sum_{j=1}^{n} w_j \cdot (x_{ij} - x_{j\,min})}{\sum_{j=1}^{n} w_j \cdot (max(max_l\ (x_{lj}), s_j) - x_{j\,min})} \ .$$

Bei dem Communciation Center-Beispiel werden $w_1 = w_2 = 0,1$ und   Beispiel
$W_3 = 0,80$ als Eintrittswahrscheinlichkeiten für die drei Umweltzustände angenommen. Damit ergeben sich folgende Flexibilitätswerte für die Gestaltungsalternativen:

$$F_1 = 1 - \frac{0,1 \cdot (4-3) + 0,1 \cdot (4,8-3) + 0,8 \cdot (1,71-1,4)}{0,1 \cdot (4-3) + 0,1 \cdot (6-3) + 0,8 \cdot (2-1,4)} = 0,40$$

$$F_2 = 1 - \frac{0,1 \cdot (4-3) + 0,1 \cdot (6-3) + 0,8 \cdot (1,5-1,4)}{0,1 \cdot (4-3) + 0,1 \cdot (6-3) + 0,8 \cdot (2-1,4)} = 0,45$$

Die gesamte Flexibilitätsmatrix ist in Tabelle 18 dargestellt. Durch
die Berücksichtigung der hohen Eintrittswahrscheinlichkeit von
Zustand U_3 verändert sich die Alternativenbewertung gegenüber
der Bewertung unter Ungewissheit. Es erhöhen sich zwar beide
Flexibilitätswerte, aber im direkten Vergleich fällt die Generalistenalternative hinter das Spezialistendesign zurück. Dadurch wird
deutlich, dass die Wahrscheinlichkeiten der Umweltzustände einen
deutlichen Einfluss auf die Flexibilitätsbewertung haben. Falls Informationen über Eintrittswahrscheinlichkeiten bestimmter Umweltzustände bekannt sind oder mit vertretbarem Aufwand beschafft werden können, sollten sie somit unbedingt in der Analyse berücksichtigt werden.

---

254. Vgl. Bamberg, G.; Coenenberg, A.G. (1996), S. 66.

Flexibilitäts-matrix für die mittlere Verweildauer in Minuten	Partielle Flexibilitätswerte			Flexi-bilitäts-werte
	U_1 $Y_1 = (100, 20)$	U_2 $Y_2 = (150, 20)$	U_3 $Y_2 = (100, 40)$	F_i
Eintritts-wahrschein-lichkeiten	0,1	0,1	0,8	
Minimalwerte	3,0	3,0	1,4	
Schwellen-werte	4,0	4,0	2,0	
A_1: Generalis-ten	0,0	0,4	0,48	0,40
A_2: Spezialis-ten	0,0	0,0	0,83	0,45

Tabelle 18:   Beispiel-Flexibilitätsmatrix für die Bewertung unter Risiko

Generierung von Umweltänderungen

Umfang der Analyse

In der Flexibilitätsanalyse können *alle relevanten quantitativen Einflussgrößen* für ein Prozessszenario abgebildet und die sich ergebenden Leistungswerte mit Hilfe von Simulationsexperimenten ermittelt werden[255]. Somit lassen sich prinzipiell alle möglichen Umweltsituationen simulieren und analysieren. Aufgrund des erheblichen Aufwandes bei der Durchführung von Simulationsexperimenten (Modellierungs-, Rechen- und Analysezeit), ist es häufig aus Zeitgründen nicht möglich oder ökonomisch nicht sinnvoll, alle möglichen Varianten zu untersuchen. Deshalb müssen die untersuchten Umweltänderungen und damit die Anzahl der durchzuführenden Experimente auf ein sinnvolles Maß reduziert werden.

Ermittlung relevanter Umweltfaktoren

Hierfür werden zunächst *alle relevanten Umweltfaktoren ermittelt*, deren Einfluss auf die Leistungsfähigkeit der Prozessdesigns untersucht werden soll. Diese Auswahl orientiert sich an der konkreten Situation des bestehenden oder zu realisierenden Communication Centers und kann nicht generell für alle möglichen Kundeninteraktionsprozesse in einem beliebigen Unternehmen getroffen werden.

---

255. Vgl. Heinzl, A.; Brandt, A. (1999).

Beispielsweise hängt der Nutzungsgrad des asynchronen Kommunikationsmediums „E-Mail" stark von dem Geschäftsfeld und der Kundenstruktur des Unternehmens ab. Für eine Direktbank, die ihre Leistungen ausschließlich über das Internet anbietet, sind Schwankungen im E-Mail-Aufkommen von wesentlich höherer Bedeutung als für einen Automobilvermieter, dessen Kunden hauptsächlich per Telefon mit dem Unternehmen kommunizieren.

Nachdem die Auswahl der wichtigen Umweltfaktoren erfolgt ist, können deren Einflüsse auf die Leistungsfähigkeit des Organisationsdesigns untersucht werden. Hierfür sind zwei Formen von Sensitivitätsanalysen[256] denkbar:

Singuläre versus multiple Analyse

1. Durchführung von singulären Sensitivitätsanalysen für jeden relevanten Umweltfaktor und jede Gestaltungsalternative.

2. Durchführung von multiplen Sensitivitätsanalysen für ausgewählte Kombinationen aller Umweltfaktoren und jede Gestaltungsalternative.

Singuläre Flexibilitätsanalyse

Bei der *singulären Flexibilitätsanalyse* wird jeweils ausgehend von einer Ausgangssituation ein einzelner Umweltparameter gezielt über mehrere Stufen variiert. Die anderen Parameter bleiben dabei unverändert. Dadurch lässt sich der Einfluss des variierten Parameters auf die Leistungswerte isoliert analysieren. Dieses Vorgehen kann für mehrere Parameter wiederholt werden. Dabei ist zu entscheiden, welche Parameter einzeln variiert und welche Parameterwerte untersucht werden sollen.

Überblick

Die *Auswahl der Parameter* ist, wie bereits oben angesprochen, situationsbedingt und soll an dieser Stelle nur kurz diskutiert werden. In der vorliegenden Arbeit werden so viele Umweltparameter wie möglich in die Analyse einbezogen, um ein umfassendes Bild über die typischen Prozessdesigns zu erhalten und möglichst viele Ansatzpunkte für eine Hypothesengenerierung zu erhalten. In der Praxis muss der Parameterauswahl eine Aufwandsschätzung zugrunde gelegt werden, wieviele Parameter bei den gegebenen Projektbedingungen und Zeitbudgets analysiert werden können.

Auswahl der Parameter

---

256. Vgl. Bitz, M. (1993), S.1965-1966.

Parameter-
stufen

Für die Wahl der *Parameterstufen* bietet sich ein mehrstufiges Vorgehen an. In der ersten Stufe wird eine worst-case-Betrachtung vorgenommen und für jeden Umweltparameter werden die Ausprägungen mit den voraussichtlich schlechtesten Auswirkungen für das Unternehmen untersucht. Es wird somit für jeden Parameter neben dem Ausgangswert genau eine Parameterstufe berücksichtigt. Hierbei können die Parameter ermittelt werden, deren Änderung den größten Einfluss auf die Leistungsfähigkeit der Gestaltungsalternativen besitzt. Diese kritischen Parameter lassen sich in einer zweiten Stufe detaillierter untersuchen. Hierfür werden weitere Parameterstufen analysiert, die zwischen dem Ausgangswert und dem Extremwert liegen. Dieses Vorgehen kann iterativ solange fortgesetzt werden, bis die gewünschte Transparenz über den Einfluss der Parameter hergestellt ist.

Beispiel

In dem *Call Center-Beispiel* sind die Ankunftsrate λ und die Bearbeitungsrate μ als Umweltparameter $Y = (\lambda, \mu)$ zu berücksichtigen. Ausgehend vom Ausgangszustand mit $Y_1 = (100, 20)$ werden beide Umweltparameter unabhängig voneinander variiert, so dass sich die neuen Umweltzustände mit $Y_2 = (150, 20)$ und $Y_3 = (100, 15)$ ergeben. Tabelle 19 zeigt die entsprechende Flexibilitätsmatrix. Hierbei wird deutlich, dass das Generalistendesign die Änderungen wesentlich besser verkraftet als das Spezialistendesign und deshalb folgerichtig den höheren Flexibilitätswert erhält. Auf eine detaillierte Analyse wird in diesem Beispiel aufgrund der eindeutigen Dominanz der Generalistenalternative verzichtet.

Singuläre Flexibilitäts- analyse	Normal- werte	Singuläre Änderungen		Flexibilitäts- werte
	U_1 $\lambda = 100$ $\mu = 20$	U_2 $\lambda = 150$ $\mu = 20$	U_3 $\lambda = 100$ $\mu = 15$	F_i
Minimalwerte	3,0	3,0	3,0	
Schwellenwerte	4,0	4,0	4,0	
A_1: Generalisten	0,0	0,4	0,22	0,26
A_2: Spezialisten	0,0	0,0	0,0	0,0

Tabelle 19: Beispiel für eine singuläre Flexibilitätsanalyse

Multiple Flexibilitätsanalyse

Der Nachteil einer singulären Analyse besteht darin, dass keine gleichzeitigen Änderungen in mehreren Parametern betrachtet werden können. Dies ist der Ansatzpunkt für die *multiple Flexibilitätsanalyse*, bei der alle möglichen Kombinationen von Umweltänderungen berücksichtigt werden.

Überblick

Eine worst-case-Betrachtung für (n - 1) verschiedene Umweltparameter führt somit zu 2^n Umweltzuständen. Dadurch ergibt sich auf der einen Seite ein umfassendes Bild über die Flexibilität der Designs, auf der anderen Seite steigt der Analyseaufwand mit wachsender Anzahl von Umweltparametern exponentiell an. Bei „zu vielen" Umweltparametern ist es deshalb sinnvoll, zunächst singuläre Sensitivitätsanalysen durchzuführen, um die kritischen Parameter zu identifizieren. Diese (hoffentlich) reduzierte Parametermenge kann dann anschließend als Grundlage für die multiple Sensitivitätsanalyse herangezogen werden.

Analyseaufwand

Da in dem *Beispiel* lediglich zwei Umweltparameter berücksichtigt werden müssen, ist nur ein zusätzlicher Umweltzustand zu untersuchen, in dem beide Umweltparameter den ungünstigsten Extremwert annehmen. Die Flexibilitätsmatrix wird um eine Spalte erweitert (vgl. Tabelle 20) und zeigt weiterhin die deutliche Dominanz des Generalistendesigns.

Beispiel

Singuläre Flexibilitätsanalyse	Normalwerte	Multiple Änderungen			Flexibilitätswerte
	U_1 100,20	U_2 150,20	U_3 100,15	U_4 150,15	F_i
Minimalwerte	3,0	3,0	3,0	3,0	
Schwellenwerte	4,0	4,0	4,0	4,0	
A_1: Generalist	0,0	0,4	0,22	0,62	0,48
A_2: Spezialist	0,0	0,0	0,0	0,0	0,0

Tabelle 20: Beispiel für eine multiple Flexibilitätsanalyse

Berücksichtigung mehrerer Zielgrößen

Zielgewich-
tung

Wie bereits in Abschnitt 3.3 ausgeführt, ist bei der Prozessbewertung in der Regel von einem Zielsystem mit mehreren Zielgrößen auszugehen. Im Rahmen der Flexibilitätsanalyse soll zur Berücksichtigung mehrerer Ziele die häufig angewendete *Zielgewichtung* vorgenommen werden[257]. Hierbei wird für jedes Ziel z_l ein Gewichtungsfaktor g_l bestimmt, der die subjektive Einschätzung des Entscheiders über die relative Bedeutung der Zielgröße wiedergibt. Die Summe aller Zielgewichte ergibt immer Eins. Die Flexibilitätskennzahl bei mehreren Zielgrössen ergibt dann sich aus den einzelnen Flexibilitätswerten F_i^l als gewichteter Durchschnitt:

$$F_i = \sum\nolimits_{l=1}^{k} F_i^l \cdot g_l$$

Flexibilitätsprofile

Motivation

Aus der Flexibilitätsmatrix können (a) Vergleichswerte für einzelne Umweltzustände und (b) aggregierte Flexibilitätswerte über alle Umweltzustände hinweg entnommen werden. Mit den aggregierten Flexibilitätswerten, die in Form von Erwartungswerten angegeben werden, kann eine erste Bewertung der Alternativen erfolgen. Bei einer großen Anzahl von Umweltzuständen und starken Leistungsunterschieden zwischen den einzelnen Zuständen ist die Aussagekraft dieser Größen jedoch begrenzt. In diesem Fall ist es hilfreich, ein *Flexibilitätsprofil* zu erstellen. Das Flexibilitätsprofil lehnt sich an die bereits verbreiteten Risikoprofile[258] an und wurde auf die speziellen Bedingungen der Flexibilitätsanalyse angepasst.

Erstellung

Ein Flexibilitätsprofil ist eine graphische Darstellungsform der partiellen Flexibilitätswerte für eine Gestaltungsalternative und eine Zielgröße. Die Vergleichswerte werden nach ihrer Größe geordnet und unter Berücksichtigung ihrer relativen Häufigkeit in einer Verteilungsfunktion dargestellt. Eine hohe (relative) Flexibilität drückt sich durch eine große Fläche unter der Verteilungsfunktion aus.

---

257. Vgl. Bamberg, G.; Coenenberg, A.G. (1996), S. 49 ff.

258. Zum Begriff des Risikoprofils vgl. beispielsweise Perridon, L.; Steiner, M. (1999), S.126, Schierenbeck, H. (1995), S. 374 oder Bitz, M. (1993), S.1968.

Verfeinerte multiple Flexibilitätsanalyse	Partielle Flexibilitätswerte											
	U_1	U_2	U_3	U_4	U_5	U_6	U_7	U_8	U_9	U_{10}	U_{11}	U_{12}
Ankunfts-rate	100	125	150	100	125	150	100	125	150	100	125	150
Bearbei-tungsrate	20	20	20	18	18	18	16	16	16	14	14	14
Minimal-werte	3	3	3	3	3	3	3	3	3	3	3	3
Schwellen-werte	4	4	4	4	4	4	4	4	4	4	4	4
A_1: Generalist	0	0,2	0,4	0,1	0,3	0,5	0,2	0,4	0,6	0,3	0,5	0,7
A_2: Spezialist	0	0	0	0	0	0	0	0	0	0	0	0

Tabelle 21: Partielle Flexibilitätswerte für ein Beispiel-Flexibilitätsprofil

Zur Erstellung des Flexibilitätsprofils für das *Beispiel* wird die voran- Beispiel
gegangene multiple Analyse weiter verfeinert. Die Ankunftsrate
wird in drei Stufen variiert: 100, 125 und 150 Anfragen pro Stunde.
Bei der Bearbeitungsrate werden 14, 16, 18 und 20 Anfragen pro
Stunde unterschieden. Somit sind 12 Umweltzustände zu analysieren und entsprechend 12 partielle Flexibilitätswerte pro Gestaltungsalternative zu berechnen (vgl. Tabelle 21).

Da in diesem Beispiel die partiellen Flexibilitätswerte für das *Spezialistendesign* durchgehend 0 betragen, ergibt sich ein Spezialfall
in dem das zugehörige Flexibilitätsprofil konstant auf der Abszisse
verläuft[259]. Für das *Generalistendesigns* liegen dagegen die Flexibilitätswerte zwischen 0 und 0,7. Sortiert man diese aufsteigend, so
erhält man das zugehörige Flexibilitätsprofil, das in Abbildung 21
dargestellt wird.

---

259. Auf die Darstellung dieses trivialen Profils wird aus Platzgründen verzichtet.

Flexibilitätsprofil für das Generalistendesign

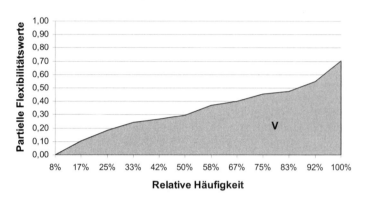

Abbildung 21: Beispiel-Flexibilitätsprofil

3.3.3 Werkzeug zur automatisierten Flexibilitätsanalyse

3.3.3.1 Motivation

Überblick

Für die *Durchführung der modellgestützten Flexibilitätsanalyse* müssen zahlreiche Simulationsexperimente durchgeführt werden, um die Leistungswerte der unterschiedlichen Gestaltungsalternativen in den einzelnen Umweltsituationen zu ermitteln. Dies wird erst durch Computerunterstützung und entsprechende Softwarewerkzeuge realisierbar.

Simulations-
werkzeug

Zum einen wird ein *Simulationswerkzeug* benötigt, das die Berechnung der Effizienzwerte für ein Prozessdesign unter gegebenen Umweltparametern erlaubt. Hierfür sind seit einigen Jahren Programme am Markt verfügbar. Für die vorliegende Arbeit wurde das Simulationswerkzeug ARENA[260] ausgewählt, weil es zum einen bei Testexperimenten bessere Simulationsgeschwindigkeiten als andere Werkzeuge erzielte und zum anderen über eine Visual Basic-Schnittstelle verfügt, die eine Integration von ARENA in das eigenentwickelte Programm zur Simulationssteuerung möglich macht.

---

260. Vgl. Kelton, W.D.; Sadowski, R.P.; Sadowski, D.A. (1998).

Bei der modellgestützten Flexibilitätsanalyse wird allerdings nicht nur ein einzelnes Experiment durchgeführt, sondern das Verhalten von mehreren Gestaltungsalternativen in vielen Umweltsituationen untersucht. Bei n verschiedenen Gestaltungsalternativen und m untersuchten Umweltänderungen ergeben sich somit $n \cdot m$ verschiedene Experimente. Für jedes Experiment müssen die Simulationsmodelle mit den jeweiligen Parametern initialisiert, die Experimente durchgeführt und die Ergebnisse ausgewertet werden. Durch die bislang verfügbaren Simulationspakete lassen sich zwar einzelne dieser Schritte unterstützen, viele Teilschritte müssen jedoch manuell durchgeführt bzw. angestossen werden. Dies bringt einen enormen Verwaltungsaufwand für die Durchführung der Flexibilitätsanalyse mit sich.

Simulations-
steuerung

Da sich eine solch aufwendige Analyse nicht ohne Werkzeugunterstützung durchführen lässt, wurde im Rahmen der vorliegenden Arbeit das Programm *SimControl* zur Steuerung von Simulationsexperimenten konzipiert, realisiert und praktisch eingesetzt. Sim-Control unterstützt den Anwender bei der Versuchsplanung, der Durchführung der Experimente und deren Auswertung. Durch den Einsatz von SimControl lassen sich

SimControl

- Simulationsmodelle und zugehörige Modellparameter einheitlich und übersichtlich verwalten,

- Experimente einfach planen und automatisch durchführen,

- Fehler bei manuellen Datenübertragungen vermeiden,

- Experimente an mehreren Computern parallel durchführen,

- Ergebnisse übersichtlich und redundanzfrei verwalten und

- Ergebnisse graphisch und numerisch auswerten.

3.3.3.2 Systemarchitektur

Die *Architektur* von SimControl ist in Abbildung 22 dargestellt. Vier funktionale Komponenten stellen die unterschiedlichen Systemfunktionen für Versuchsplanung, Modellinitialisierung, Simulationssteuerung und Ergebnisauswertung zur Verfügung. Eine Integration der benötigten Daten erfolgt über das interne Simulationsrepository. Für die Durchführung der einzelnen Experimente wird auf ein

Architektur

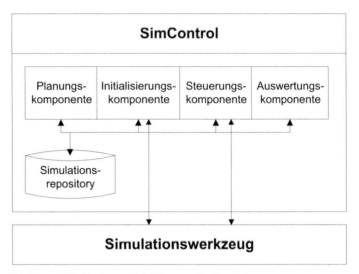

Abbildung 22: Systemarchitektur von SimControl

externes Simulationswerkzeug zurückgegriffen, das ohne direkte Benutzerinteraktion automatisch von SimControl angesteuert wird.

Realisierung Das Simulationsrepository wurde als relationale Datenbank mit Microsoft Access erstellt. Für die *Realisierung* der einzelnen Komponenten wurden Access-Formulare und -Diagramme erstellt sowie umfangreiche Routinen in Visual Basic für Applikationen programmiert. Die Programmierung war vor allem für die Steuerung des externen Simulationswerkzeuges notwendig.

3.3.3.3 Simulationsrepository

Überblick Das *Simulationsrepository* ermöglicht eine einheitliche Verwaltung aller Modellparameter für die Simulationsexperimente. Um die vorgenommene Strukturierung der dabei benötigten Parameter zu veranschaulichen, wird in Abbildung 23 ein aggregierter Ausschnitt des Datenmodells für das Simulationsrepository dargestellt[261]. In einem *Experiment* wird jeweils ein *Prozessmodell* in einer spezifischen *Umweltsituation* untersucht. Die Umweltsituation wird durch

---

261. Zur Darstellung wird die Entity Relationship-Notation nach Chen benutzt, vgl. hierzu Chen, P.P.-S. (1976) oder Balzert, H. (1996).

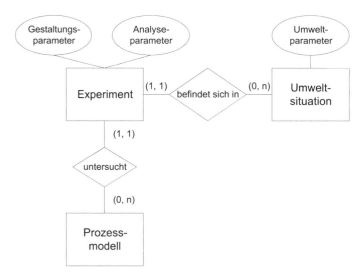

Abbildung 23: Datenmodell von SimControl

eine Menge von Umweltparametern festgelegt, wie beispielsweise das Anfragevolumen und die Gesprächszeiten in einem Call Center. Die Gestaltungsparameter, die zusätzlich zur Prozessstruktur relevant sind, werden direkt dem Experiment zugeordnet. Hierbei handelt es sich etwa um die verfügbaren Mitarbeiterkapazitäten. Zusätzlich finden sich beim Experiment die Analyseparameter, die für die Durchführung der Analyse benötigt werden, wie etwa der zeitliche Analysehorizont oder die Anzahl von Versuchswiederholungen.

Für die Durchführung einer *Flexibilitätsanalyse* reicht diese Grundstruktur nur bedingt aus. So müsste etwa für die Variation eines einzelnen Umweltparameters eine komplett neue Umweltsituation angelegt werden, wobei auch alle unveränderten Parameterwerte dupliziert werden müssten. Um diese unnötigen Redundanzen zu vermeiden, wird zusätzlich die *Umweltänderung* als eigener Entitytyp in das Datenmodell aufgenommen (vgl. Abbildung 24). Einer Umweltänderung werden dabei als Änderungsparameter der Name des geänderten Umweltparameters und der neue Wert zugewiesen. Um nicht nur singuläre, sondern auch multiple Analysen

Erweiterungen für die Flexibilitätsanalyse

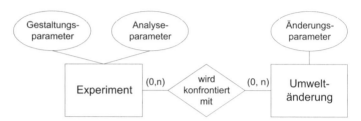

Abbildung 24: Erweiterung des Datenmodells von SimControl

durchführen zu können, wird die Beziehung zwischen Experiment und Umweltänderung als (m:n)-Beziehung modelliert.

3.3.3.4 Planungskomponente

Teilmodule

Die Planungskomponente umfasst vier unterschiedliche Module für die strukturierte Erfassung der Simulationsparameter:

- Eingabe von Modellparametern und Umweltparametern,

- Eingabe von Experimenten (Gestaltungs- und Analysepara-meter) und

- Eingabe von Änderungsparametern.

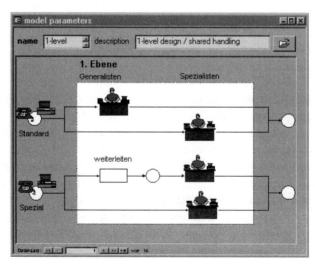

Abbildung 25: Eingabe von Modellparametern in SimControl

Als *Modellparameter* können der Name des Prozessmodells, eine kurze Beschreibung und eine graphische Modelldarstellung hinterlegt werden (s. Abbildung 25). Zudem lässt sich das vorab erstellte Prozessmodell über die Schaltfläche [🖆] direkt mit dem externen Simulationswerkzeug bearbeiten.

Eingabe von Modellparametern

Bei der Eingabe von *Umweltparametern* werden unterschiedliche Parameter zu einer Umweltkonstellation zusammengefasst. Jede Konstellation erhält einen identifizierenden Namen (ID) und eine kurze Beschreibung (s. Abbildung 26). In einer Umweltkonstellation können Angaben zum Anfragevolumen (call volume, call pattern), zur Anfragebearbeitung (processing time, talk time, aftertalk time), zum Warteverhalten der Kunden (wait tolerance, call back percentage, call back time) und zur Anfrageklassifikation (classification) erfasst werden. Außerdem lassen sich verschiedene Kostenarten (costs), die gewünschte Servicelevelreferenz (service level reference) und die Öffnungszeiten des Communication Centers (opening hours) hinterlegen.

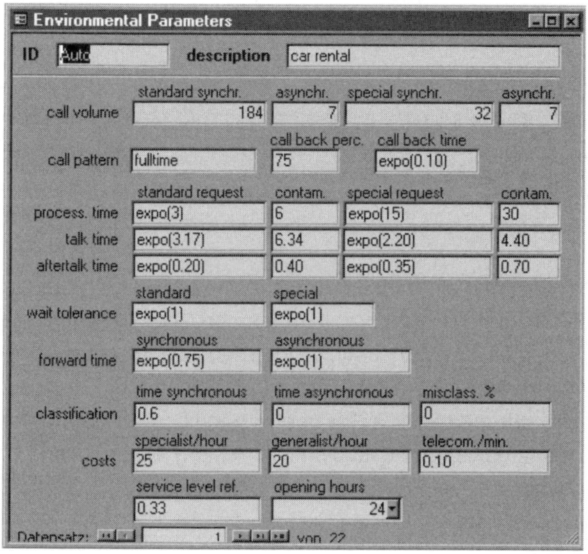

Eingabe von Umweltparametern

Abbildung 26: Eingabe von Umweltparametern in SimControl

Eingabe von
Experimen-
ten

Bei der Eingabe eines einzelnen *Experiments* muss zunächst eine identifizierende Bezeichnung (ID) vergeben werden (s. Abbildung 27). Für die bessere Auswertung kann das Experiment einer Versuchsreihe (series) zugeordnet und mit einer kurzen Beschreibung (description) versehen werden. Jedem Experiment wird eine Umweltkonstellation (environment) und ein Prozessmodell (model) zugeordnet. Außerdem werden die Anzahl der Spezialgebiete (# specialties) und die Mitarbeiterzahlen (# generalists A, # generalists B, # specialists A, # specialists B) hinterlegt. Für die Durchführung der Simulation werden der Planungshorizont (planning horizon) und die Anzahl der Versuchswiederholungen (# runs) festgelegt. Über zwei zusätzliche Attribute kann gesteuert werden, ob das Experiment durchgeführt (perform?) und/oder initialisiert (initialize?) werden soll. Falls das Experiment Teil einer Flexibilitätsanalyse ist, kann über zusätzliche Parameter die gezielte Variation von Umweltparametern eingestellt werden (modify parameter, expression, type, value, modify id, contamination %).

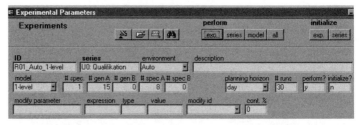

Abbildung 27: Eingabe von Experimenten in SimControl

Eingabe von
Änderungs-
parametern

Falls im Rahmen einer Flexibilitätsanalyse gezielt mehrere Umweltparameter variiert werden sollen, können *Umweltänderungen* mit einem Identifikator (ID) definiert werden, die eine oder mehrere Parameteränderungen umfassen (s. Abbildung 28). Für jede Änderung wird der modifizierte Parameter (modification parameter) und der Änderungswert (modification expression) angegeben[262].

---

262. Abhängig vom geänderten Parameter können als Änderungswerte entweder gültige ARENA-Ausdrücke, vgl. Kelton, W.D.; Sadowski, R.P.; Sadowski, D.A. (1998), oder gültige Visual Basic-Konstanten angegeben werden.

modification id	modification parameter	modification expression
► V9B9M9W9	y_volume	1,5
V9B9M9W9	a_contamination	0.5
V9B9M9W9	x_staff	0,8
V9B9M9W9	y_wait_tolerance	expo(0.1)
V9B9M9W1	y_volume	1,5
V9B9M9W1	a_contamination	0.5
V9B9M9W1	x_staff	0,8
V9B9M9W1	y_wait_tolerance	expo(1.0)
V9B9M1W9	y_volume	1,5
V9B9M1W9	a_contamination	0.5
V9B9M1W9	x_staff	1,0
V9B9M1W9	y_wait_tolerance	expo(0.1)

Abbildung 28: Eingabe von Änderungsparametern in SimControl

3.3.3.5 Initialisierungskomponente

Die *Initialisierungskomponente* ermöglicht die Bestimmung der   Zielsetzung
optimalen Mitarbeiterzahl für ein Prozessmodell zu einer vorgegebenen Umweltsituation. Hierfür wird anhand vorgegebener Effizienzwerte die minimale Mitarbeiterzahl bestimmt, bei der die Erreichung der Effizienzvorgaben noch gewährleistet werden kann. Das
genaue Vorgehen wird in Abschnitt 3.2.4.2 ausführlich erläutert. Die
Initialisierung gewährleistet den fairen Vergleich der Gestaltungsalternativen, da dadurch jede Alternative mit der jeweils besten Verteilung der Mitarbeiter ausgestattet werden kann. Da die Initialisierung ausschließlich auf der Ausgangssituation beruht, können
dabei allerdings noch keine Aussagen über das Verhalten der
Designs bei Umweltänderungen getroffen werden. Diese Informationen lassen sich erst nach Durchführung der eigentlichen Flexibilitätsanalyse gewinnen.

Vor dem Starten des *Initialisierungsvorgangs* muss ein Experiment   Initialisie-
angelegt sowie die zugehörigen Analyseparameter, Umweltpara-   rungsvor-
meter und das zu untersuchende Prozessmodell in der Planungs-   gang
komponente eingegeben werden. Beim Attribut „initialize?" muss
außerdem der Wert „y" (yes) eingetragen werden, um das Experid-
ment für die Initialisierung zu markieren (vgl. Abbildung 29). Die
Effizienzvorgaben für die Initialisierung werden dagegen nicht beim

Abbildung 29: Starten des Initialisierungsvorgangs mit SimControl

einzelnen Experiment sondern einheitlich für alle Experimente im Initialisierungsmodul hinterlegt.

Die Initialisierung kann für das ausgewählte Experiment (exp.) oder alle Experimente der Versuchsreihe (series) über folgende Schaltflächen gestartet werden:

Während der *Initialisierungsphase* werden iterativ mehrere Simulationsläufe mit unterschiedlichen Mitarbeiterkapazitäten automatisch vom System durchgeführt. Manuelle Eingriffe vom Benutzer sind dabei nicht notwendig. Am Ende der Initialisierungsphase werden die ermittelten Kapazitäten pro Mitarbeitergruppe zurückgegeben und automatisch beim Experiment eingetragen (vgl. Abbildung 30). Die damit realisierten Effizienzwerte werden in Form des Servicelevels (service level), des Anteils an verlorenen Anfragen (lost calls), der Durchlaufzeit (flow time) und der Mitarbeiterauslastung (utilization) in dem Datenblatt initialization ausgegeben. Zudem finden sich dort unter der Rubrik simulation einige Angaben über den Initialisierungsvorgang, wie beispielsweise die Dauer des letzten Simulationslaufes (time) sowie die Anzahl der Initialisierungsschritte (# inititalization runs).

3.3.3.6 Steuerungskomponente

Zielsetzung
Da ein Simulationsexperiment in der Regel mehrere Minuten oder im Extremfall sogar mehrere Stunden dauern kann, ist eine manuelle Abwicklung mehrerer Experimente in der Praxis nicht praktikabel. Deshalb wurde die Steuerungskomponente zur automatischen Abwicklung mehrerer Experimente konzipiert.

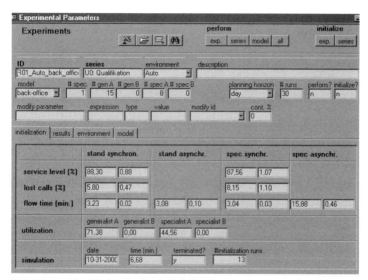

Abbildung 30: Rückgabe der Initialisierungsergebnisse in SimControl

Bei der Simulationssteuerung werden folgende Steuerungsmodi unterschieden:

- Einzelexperiment: Ein ausgewähltes Experiment wird durchgeführt.

- Versuchsreihe: Alle markierten Experimente einer Versuchsreihe werden durchgeführt.

- Prozessmodell: Alle markierten Experimente eines Prozessmodells werden durchgeführt.

- Alle Experimente: Alle markierten Experimente werden durchgeführt.

Das *Starten der Simulationssteuerung* mit einem gewünschten Steuerungsmodi erfolgt über die vier Befehlsschaltflächen (exp., series, model, all) in der Eingabemaske für Experimente (vgl. Abbildung 31). Es wird dabei automatisch das ausgewählte Experiment (exp.), die gewählte Versuchsreihe (series) oder das aktuelle Prozessmodell (model) als Steuerungsparameter übernommen. Außerdem muss bei den einzelnen Experimenten das Attribut perform? den Wert „y" (yes) enthalten.

Steuerungsmodi

Start der Simulationssteuerung

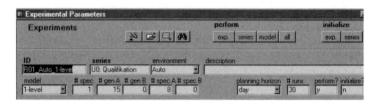

Abbildung 31: Simulationssteuerung in SimControl

Interner
Ablauf

Bei der *Durchführung eines einzelnen Experiments* werden von SimControl zunächst alle zugehörigen Parameter aus dem Prozessrepository in das Simulationsmodell des externen Simulationsprogramms eingetragen. Anschließend wird das Experiment automatisch gestartet. Nach Beendigung aller Simulationsläufe werden die erzielten Ergebniswerte vom externen Simulationsprogramm in das interne Simulationsrepository für die Ergebnisauswertung übernommen. Alle genannten Arbeitsschritte werden dabei automatisch von der Steuerungskomponente durchgeführt. Dadurch kann die Simulationsgeschwindigkeit gesteigert und Datenübertragungsfehler vermieden werden.

3.3.3.7 Auswertungskomponente

Zielsetzung

Die Auswertungskomponente dient der schnellen Analyse der Simulationsergebnisse. Aus den Leistungswerten können automatisch Auswertungen in Form von Grafiken und Ergebnismatrizen erstellt und Prozessmodelle verglichen werden. Im einzelnen stehen hierfür Polardiagramme, Liniendiagramme und Flexibilitätsmatrizen[263] zur Verfügung.

Polardia-
gramme

Mit *Polardiagrammen* werden relative Unterschiede zwischen Prozessmodellen in einer Umweltsituation bezüglich mehrerer Zielgrössen dargestellt. Abbildung 32 zeigt ein Beispieldiagramm, in dem drei Prozessmodelle (1-level, 2-level und back-office) bezüglich des Anteils an verlorenen Standardanfragen (lost stand_syn), der verlorenen Spezialanfragen (lost spec_syn), der Wartezeit für asynchrone Standardanfragen (delay stand_asyn) und der Wartezeit für asynchrone Spezialanfragen (delay spec_asyn) miteinander verglichen werden. Die zugehörigen Experimente werden hier-

---

263. Vgl. Abschnitt 3.3.2.5.

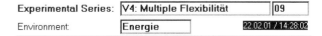

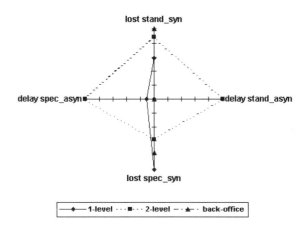

Abbildung 32: Versuchsauswertung mit Polardiagrammen in SimControl

für bezüglich der Versuchsreihe (V4: Multiple Flexibilität/09) und der Umweltkonstellation (Energie) zusammengefasst.

Mit *Liniendiagrammen* lassen sich absolute Unterschiede zwischen Prozessmodellen in unterschiedlichen Umweltsituationen bezüglich einer Zielgröße visualisieren. Abbildung 33 zeigt ein Beispiel für den Vergleich dreier Prozessmodelle (1-level, 2-level und back-office) anhand des Anteils an verlorenen Standardanfragen (lost calls stand_syn). Bei diesem Vergleich werden vier unterschiedliche Umweltsituationen berücksichtigt (Auto, Bank, Buch, Energie). *Liniendiagramme*

Mit *Flexibilitätsmatrizen* können die Unterschiede zwischen Prozessmodellen in unterschiedlichen Umweltsituationen bezüglich einer Zielgröße berechnet werden. Eine Beispiel-Flexibilitätsmatrix für verlorene Standardanfragen ist in Abbildung 34 dargestellt. Ausgehend von einer Umweltkonstellation (Auto) werden drei Prozessmodelle (1-level, 2-level, back-office) bei acht unterschiedlichen Umweltänderungen (U0 bis U7) untersucht und die zugehörigen partiellen Flexibilitätswerte[264] berechnet. *Flexibilitätsmatrizen*

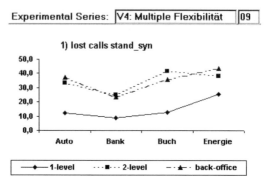

Abbildung 33: Versuchsauswertung mit Liniendiagrammen in SimControl

Weitere
Auswertun-
gen

Zusätzlich zu diesen drei Standardauswertungen können jederzeit individuelle *Auswertungen* in Form von Microsoft Access-Berichten und -Diagrammen eingefügt werden.

initial situation	model	U0:	U1:	U2:	U3:	U4:	U5:	U6:	U7:
Auto	1-level	1,00	0,67	0,65	0,95	0,85	0,93	0,97	0,97
Auto	2-level	1,00	0,11	0,12	0,41	0,22	0,16	0,57	0,62
Auto	back-office	1,00	0,00	0,00	0,23	0,00	0,00	0,35	0,47

flexibility matrix lost stand_syn : Kreuztabellenabfrage

Abbildung 34: Versuchsauswertung mit Flexibilitätsmatrizen in Sim-Control

---

264. Zur Berechnung von partiellen Flexibilitätswerten vergleiche Abschnitt 3.3.2.4.

4 Experimentelle Bewertung typischer Kundeninteraktionsprozesse

Das folgende Hauptkapitel umfasst die Ergebnisse der Simulationsstudie zur Bewertung typischer Kundeninteraktionsprozesse im Communication Center[265]. Hierbei werden die erzielten Resultate systematisch präsentiert und die wesentlichen Unterschiede zwischen den Gestaltungsmöglichkeiten herausgearbeitet. Der Aufbau des Kapitels ist in Abbildung 35 dargestellt. Um eine möglichst umfassende Interpretation der Ergebnisse zu gewährleisten, wird diese nicht bei der Ergebnisdarstellung in den einzelnen Abschnitten dieses Kapitels eingefügt, sondern separat im nächsten Kapitel vorgenommen.

Übersicht über das Kapitel

Die *Basisuntersuchung* erfolgt zunächst bezüglich der beiden Gestaltungsdimensionen Qualifikations-Mix (s. Abschnitt 4.1) und Kommunikations-Mix (s. Abschnitt 4.2). Hierbei wird für jede Dimension die Leistungsfähigkeit der ermittelten Gestaltungsoptionen bestimmt[266]. Beim Qualifikations-Mix werden die Gestaltungsvarianten 1-Ebenen-Modell, 2-Ebenen-Modell und Back-Office-Modell unterschieden, die jeweils für integrierte und getrennte Kommunikationskanäle getestet werden. Für die Dimension Kommunikations-Mix werden bei gegebener Qualifikations-Mischung die Auswirkungen von integrierten und getrennten Kommunikationskanälen gegenübergestellt. Durch dieses Vorgehen lassen sich alle möglichen Kombinationen der betrachteten Gestaltungsoptionen untersuchen.

Basisuntersuchung

Bei der Basisuntersuchung hat sich die Integration von Kommunikationskanälen als leistungsfähige Gestaltungsoption erwiesen. Deshalb werden für diese Form des Kommunikations-Mixes *Detailuntersuchungen* durchgeführt. Hierbei wird zunächst mit singulären

Detailuntersuchungen

---

265. Eine Übersicht über die Versuchsreihen findet sich in Abschnitt 3.2.4. Die Ergebnisse sind in diesem Abschnitt aus Gründen der Übersichtlichkeit meist grafisch dargestellt. Interessierte Leser können die numerischen Ergebnisse und statistischen Auswertungen direkt beim Autor anfordern.

266. Die einzelnen Gestaltungsdimensionen werden ausführlich in Abschnitt 2.2.2 be-schrieben.

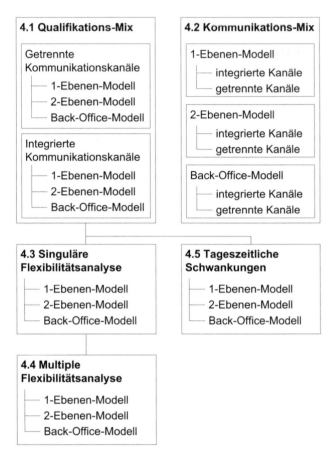

Abbildung 35: Aufbau von Kapitel 4: Experimentelle Bewertung typischer Kundeninteraktionsprozesse

Flexibilitätsanalysen (s. Abschnitt 4.3) der isolierte Einfluss von Umweltfaktoren auf die Leistungsfähigkeit der Gestaltungsvarianten ermittelt. Diejenigen Umweltfaktoren mit dem größten Einfluss werden anschließend im Rahmen einer multiplen Flexibilitätsanalyse genauer untersucht (s. Abschnitt 4.4). Aufgrund der großen Bedeutung von tageszeitlichen Schwankungen im Communication Center, wird abschließend der Einfluss dieses Umweltfaktors einer besonderen Analyse unterzogen (s. Abschnitt 4.5)[267].

4.1 Qualifikations-Mix

Die erste Versuchsreihe beschäftigt sich mit der Analyse unterschiedlicher *Qualifikationsmischungen* bei vorgegebenen Umweltsituationen. Es werden hierbei die empirisch erhobenen Daten für die Communication Center-Beispiele Automobilvermietung, Bank, Buchhandel und Energieversorger als unterschiedliche Umweltsituationen verwendet[268]. Die Untersuchung wird zunächst für integrierte und anschließend für getrennte Kommunikationskanäle durchgeführt.

Überblick

4.1.1 Integrierte Kommunikationskanäle

Bei *integrierten Kommunikationskanälen* bearbeiten die Mitarbeiter sowohl synchrone als auch asynchrone Anfragen, wobei grundsätzlich synchronen Anfragen eine höhere Priorität eingeräumt wird[269]. Da deutliche Leistungsunterschiede zwischen den Qualifikationsmischungen bezüglich unterschiedlicher Anfragetypen zu beobachten sind, werden die Ergebnisse getrennt nach Anfragetyp vorgestellt. Die Bearbeitungseffizienz von synchronen Anfragen wird in Form des prozentualen Anteils an verlorenen Anfragen gemessen, während asynchrone Anfragen mit Hilfe der durchschnittlichen Wartezeit pro Anfrage bewertet werden[270].

Grundlegende Hinweise

In Abbildung 36 sind die Ergebnisse der ersten Versuchsreihe für *synchrone Anfragen* dargestellt[271]. In allen Domänen erweist sich hierbei das 1-Ebenen-Modell für die Entgegennahme von Standar-

Synchrone Anfragen

---

267. Zur Bedeutung tageszeitlicher Schwankungen vgl. beispielsweise Cleveland, B. et al. (1998), S. 66 ff. oder Efthimiou, A. (1998), S. 458 f.

268. Die Datengrundlage der Studie wird ausführlich in Abschnitt 3.2.2 vorgestellt.

269. In Abschnitt 2.2.2 werden die untersuchten Modellen ausführlich erläutert.

270. Die Darstellung möglicher Effizienzkriterien und die Motivation der getroffenen Auswahl von Messgrößen findet sich in Abschnitt 2.2.1.4. Da asynchrone Anfragen nicht „verloren gehen", wird für diesen Anfragetyp ausschließlich die Wartezeit angegeben. Synchrone Anfragen werden anhand des Anteils an verlorenen Anfragen bewertet, weil sich bei den durchgeführten Versuchen nur sehr geringe Abweichungen in den Wartezeiten gezeigt haben.

271. Bei der Darstellung der Ergebnisse werden diejenigen Leistungswerte gesondert markiert, bei denen sich *keine* signifikanten Unterschiede im Rahmen der statistischen Untersuchung herausgestellt haben. Alle Unterschiede zwischen nicht-markierten Leistungswerten von gleichen Messgrößen haben sich als statistisch signifikant erwiesen. In Abschnitt 3.2.5 findet sich eine ausführliche Darstellung der statistischen Analyse.

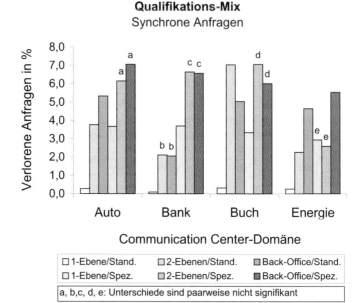

Abbildung 36: Verlorene synchrone Anfragen für unterschiedliche Qualifikationsmischungen und Anfragetypen bei integrierten Kommunikationskanälen

danfragen (1-Ebene/Stand.) als die eindeutig beste Lösung. Bei den Spezialanfragen ist dieses Modell (1-Ebene/Spez.) in drei von vier Bereichen besser als alle anderen Alternativen. Lediglich im Energiebereich schneidet das 2-Ebenen-Modell (2-Ebenen/Spez.) vergleichbar gut ab. Dort sind zwischen den beiden besten Alternativen, dem 1-Ebenen-Modell und dem 2-Ebenen-Modell, keine signifikanten Unterschiede festzustellen. Der Vergleich von 2-Ebenen-Modell und Back-Office-Modell ergibt ein differenziertes Bild. Bei der Entgegennahme von Standardanfragen schneidet das 2-Ebenen-Modell (2-Ebenen/Stand.) in den Domänen Auto und Energie besser ab als das Back-Office-Modell (Back-Office/Stand.). Im Bankbereich sind dagegen keine signifikanten Unterschiede festzustellen, während das Back-Office-Modell im Buchbereich deutliche Vorteile gegenüber dem 2-Ebenen-Modell aufweist. Bezüglich der Spezialanfragen sind lediglich im Energiebereich sichtbare Vorteile des 2-Ebenen-Modells zu verzeichnen, in den anderen drei Berei-

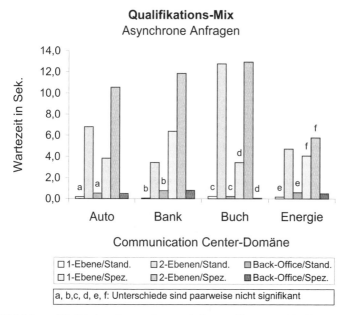

Abbildung 37: Wartezeit asynchroner Anfragen für unterschiedliche Qualifikationsmischungen und Anfragetypen bei integrierten Kommunikationskanälen

chen konnten keine signifikanten Unterschiede zwischen dem 2-Ebenen-Modell und dem Back-Office-Modell ermittelt werden.

Wie bereits oben erwähnt, wird die Leistungsfähigkeit der Designs bei der Bearbeitung von *asynchronen Anfragen* in Form durchschnittlicher Wartezeiten pro Anfrage gemessen (vgl. Abbildung 37). Obwohl die beobachteten Zeiten durchgehend weniger als 13 Sekunden betragen und somit sehr niedrig ausfallen, lassen sich bereits einige signifikante Unterschiede zwischen den Designs feststellen. Das 2-Ebenen-Modell liegt sowohl bei den Standardanfragen als auch bei den Spezialanfragen in allen Domänen auf dem letzten Platz. Lediglich im Energiebereich schneidet das 1-Ebenen-Modell bei den Spezialanfragen ähnlich schlecht ab, so dass hier keine signifikanten Unterschiede zwischen diesen beiden Modellen bestehen. Bei den Standardanfragen nehmen in allen Domänen das 1-Ebenen-Modell und das Back-Office-Modell gemeinsam den ersten Platz ein. Dies gilt bei den Spezialanfragen ebenfalls in der

Asynchrone Anfragen

Domäne Buch, in der die beobachteten Unterschiede zwischen den beiden letztgenannten Modellen nicht als signifikant eingestuft werden können. In den Domänen Auto, Bank und Energie ist allerdings das Back-Office-Modell eindeutig die beste Alternative.

4.1.2 Getrennte Kommunikationskanäle

Grundle-
gende Hin-
weise

Das Vorgehen zur Analyse der Qualifikationsmischungen bei getrennten Kommunikationskanälen erfolgt analog zu den integrierten Kommunikationskanälen im vorherigen Abschnitt. Die Bildung getrennter Kommunikationskanäle bedeutet hierbei, dass für synchrone und asynchrone jeweils unterschiedliche Mitarbeitergruppen gebildet werden[272]. Es entstehen demnach bei getrennten Kommunikationskanälen kleinere Gruppengrößen als bei den integrierten Kanälen. Die gesamte Mitarbeiterzahl wurde allerdings gegenüber dem vorherigen Abschnitt nicht verändert[273].

Synchrone
Standardan-
fragen

Die Betrachtung der *verlorenen Standardanfragen* ergibt wie bei den integrierten Kommunikationskanälen eine durchgehende Überlegenheit des 1-Ebenen-Modells in allen Domänen (vgl. Abbildung 38). Zwischen 2-Ebenen-Modell und Back-Office-Modell sind hier im Auto- und Energiebereich keine signifikanten Unterschiede festzustellen, während das Back-Office-Modell im Bank- und Buchbereich deutlich besser abschneidet als das 2-Ebenen-Modell. Bei den *synchronen Spezialanfragen* liegt das 1-Ebenen-Modell und das Back-Office-Modell durchgehend auf dem ersten Platz, während die beobachteten Schwächen des 2-Ebenen-Modells in allen Domänen bis auf den Bankbereich als signifikant eingestuft werden können.

Asynchrone
Anfragen

Die Wartezeiten für *asynchrone Anfragen* sind in Abbildung 39 dargestellt. Das 1-Ebenen-Modell liefert hier bei den *Standardanfragen* in den Bereichen Auto, Bank und Buch die besten Leistungswerte. Das 2-Ebenen-Modell nimmt den zweiten Platz ein, während beim Back-Office-Modell die längsten Wartezeiten zu beobachten sind. Lediglich im Energiebereich liegt das Back-Office-Modell

---

272. In Abschnitt 2.2.2 werden die unterschiedlichen Modelle zum Kommunikations-Mix ausführlich erläutert.

273. Detaillierte Angaben zur Bestimmung der Mitarbeiterkapazitäten und eine tabellarische Übersicht über die Stärke der Mitarbeitergruppen ist Abschnitt 3.2.4.2 zu entnehmen.

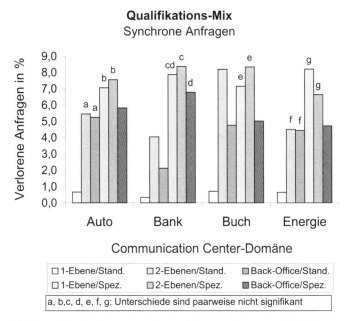

Abbildung 38: Verlorene synchrone Anfragen für unterschiedliche
Qualifikationsmischungen und Anfragetypen bei
getrennten Kommunikationskanälen

gleichauf mit dem 1-Ebenen-Modell auf dem ersten Platz. Bei den
Spezialanfragen ergibt sich ein uneinheitliches Bild: Im Auto-,
Bank- und Buchbereich erreicht das 1-Ebenen-Modell zwar wie-
derum die kürzesten Wartezeiten, belegt aber im Energiebereich
nur den letzten Platz. Das Back-Office-Modell erreicht im Bank- und
Energiebereich zusammen mit anderen Designs die besten, im
Autobereich die zweitbesten und im Buchbereich die schlechtesten
Leistungswerte. Das 2-Ebenen-Modell liegt im Energiebereich auf
dem ersten, im Auto- und Buchbereich auf dem zweiten und im
Bankbereich auf dem letzten Platz.

4.1.3 Zusammenfassung

In den beiden vorangegangenen Abschnitten wurde die Leistungs-
fähigkeit der untersuchten Prozessdesigns für vier Communication
Center-Domänen mit Hilfe absoluter Leistungsgrößen bewertet.
Um die Unterschiede zwischen den Gestaltungsalternativen besser

Grundlegen-
der Hinweis

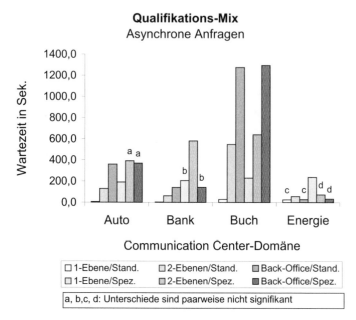

Qualifikations-Mix
Asynchrone Anfragen

Communication Center-Domäne

| ☐ 1-Ebene/Stand. | ☐ 2-Ebenen/Stand. | ☒ Back-Office/Stand. |
| ☐ 1-Ebene/Spez. | ☒ 2-Ebenen/Spez. | ■ Back-Office/Spez. |

a, b,c, d: Unterschiede sind paarweise nicht signifikant

Abbildung 39: Durchlaufzeit asynchroner Anfragen bei unterschiedlichen Qualifikationsmischungen und getrennten Kommunikationskanälen

zu verdeutlichen, erfolgt die zusammenfassende Bewertung mit Hilfe von Opportunitätskostenmatrizen[274].

4.1.3.1   Vergleich bei integrierten Kommunikationskanälen

Überblick

Tabelle 22 gibt eine Übersicht über die *Vergleichsergebnisse bei integrierten Kommunikationskanälen*. In dieser Opportunitätskostenmatrix wird für jede Qualifikationsmischung pro Anfragetyp die absolute Differenz zu der besten Gestaltungsalternative angegeben. Die vorteilhafteste Lösung erhält somit immer den Wert 0, hohe Werte zeugen von vergleichsweise schlechten Lösungen.

1-Ebenen-Modell

In allen Domänen und bei allen Leistungsgrößen liefert das *1-Ebenen-Modell* die besten oder zumindest gute Werte. Es zahlt sich insbesondere bei den synchronen Anfragen aus, dass auch Spezi-

---

274. Der Begriff der Opportunitätskostenmatrix wird im Abschnitt 3.3.2.4 über die Bildung partieller Flexibilitätswerte eingeführt.

Anfragetyp	1-Ebene	2-Ebenen	Back-Office
Auto Verlorene synchrone Standardanfragen in %	0,00	3,49	5,06
Wartezeit asynchroner Standardanfragen in Sek.	0,00	6,62	0,34*
Verlorene synchrone Spezialanfragen in %	0,00	2,48**	3,38**
Wartezeit asynchroner Spezialanfragen in Sek.	3,34	10,07	0,00
Bank Verlorene synchrone Standardanfragen in %	0,00	2,02**	1,97**
Wartezeit asynchroner Standardanfragen in Sek.	0,00	3,37	0,72*
Verlorene synchrone Spezialanfragen in %	0,00	2,95**	2,87**
Wartezeit asynchroner Spezialanfragen in Sek.	5,58	11,06	0,00
Buch Verlorene synchrone Standardanfragen in %	0,00	6,71	4,72
Wartezeit asynchroner Standardanfragen in Sek.	0,00	12,53	0,00
Verlorene synchrone Spezialanfragen in %	0,00	3,72**	2,68**
Wartezeit asynchroner Spezialanfragen in Sek.	3,37*	12,88	0,00
Energie Verlorene synchrone Standardanfragen in %	0,00	2,00	4,38
Wartezeit asynchroner Standardanfragen in Sek.	0,00	4,54	2,95*
Verlorene synchrone Spezialanfragen in %	0,35*	0,00	2,95
Wartezeit asynchroner Spezialanfragen in Sek.	3,56**	5,27**	0,00

Tabelle 22: Opportunitätskostenmatrix für unterschiedliche Qualifikationsmischungen und Anfragetypen bei integrierten Kommunikationskanälen[a]

a. Falls bei einer Gestaltungsalternative der Abstand zur besten Lösung nicht statistisch nachgewiesen werden konnte, wird der entsprechende Eintrag mit einem Stern * markiert. Zwei Gestaltungsalternativen ohne signifikanten Leistungsunterschied, die sich aber jeweils signifikant vom besten Design unterscheiden, werden mit zwei Sternen ** gekennzeichnet.

alisten Anfragen direkt entgegennehmen können, falls kein Generalist verfügbar ist. Durch diese erhöhte Flexibilität des Mitarbeitereinsatzes können Lastspitzen besser abgefangen werden, was sich im geringen Anteil von verlorenen Anfragen ausdrückt. Erkauft wird dieser Vorteil allerdings durch leicht erhöhte Wartezeiten bei den asynchronen Spezialanfragen.

2-Ebenen-Modell

Die Verwendung des *2-Ebenen-Modells* führt zu Nachteilen bei der Entgegennahme synchroner Anfragen. Bis auf den Energiebereich, bei dem sich ein sehr guter Wert für die Spezialanfragen ergibt, verzeichnet das 2-Ebenen-Modell ähnliche oder schlechtere Werte als das Back-Office-Modell. Bei den Wartezeiten asynchroner Anfragen belegt das 2-Ebenen-Modell durchgehend den letzten Platz.

Back-Office-Modell

Das *Back-Office-Modell* zeigt ebenfalls signifikante Schwächen bei der Entgegennahme von synchronen Anfragen. Im Autobereich sind etwa durchschnittlich 8,44% mehr verlorene Anfragen als beim 1-Ebenen-Modell zu verzeichnen. Dieses Verhalten ist durch die geringe Mitarbeiterkapazität für die Entgegennahme von synchronen Anfragen zu erklären. Entsprechend effizient ist allerdings die Bearbeitung von asynchronen Anfragen, was sich vor allem bei den Spezialanfragen deutlich bemerkbar macht.

4.1.3.2　Vergleich bei getrennten Kommunikationskanälen

Übersicht

Die Opportunitätskostenmatrix für die Analyse der Qualifikationsmischungen bei *getrennten Kommunikationsmedien* wird in Tabelle 23 angegeben.

1-Ebenen-Modell

Bei getrennten Kommunikationskanälen liefert das *1-Ebenen-Modell* für Standardanfragen wiederum durchgehend die besten Leistungswerte. Wie bereits oben erläutert, wird dies durch den zusätzlichen Einsatz von Spezialisten bei der Entgegennahme von Standardanfragen erreicht. Im Gegensatz zu den integrierten Kommunikationskanälen wird dieser Vorteil allerdings mit Effizienzeinbußen bei den synchronen Spezialanfragen erkauft. Der Anteil an verlorenen Anfragen ist hier in allen Domänen signifikant höher als beim besten Design. Durch die verstärkte Belastung der Spezialisten mit der Abwicklung von Standardanfragen stehen weniger Kapazitäten für die Bearbeitung von Spezialanfragen zur Verfü-

Anfragetyp	1-Ebene	2-Ebenen	Back-Office
Auto Verlorene synchrone Standardanfragen in %	0,00	4,97**	4,58**
Wartezeit asynchroner Standardanfragen in Sek.	0,00	124,79	354,08
Verlorene synchrone Spezialanfragen in %	1,23**	1,72**	0,00
Wartezeit asynchroner Spezialanfragen in Sek.	0,00	201,58**	179,24**
Bank Verlorene synchrone Standardanfragen in %	0,00	3,71	1,78
Wartezeit asynchroner Standardanfragen in Sek.	0,00	58,54	137,83
Verlorene synchrone Spezialanfragen in %	1,07**	1,58**	0,00**
Wartezeit asynchroner Spezialanfragen in Sek.	63,52*	438,43	0,00
Buch Verlorene synchrone Standardanfragen in %	0,00	7,46	4,05
Wartezeit asynchroner Standardanfragen in Sek.	0,00	519,49	1247,80
Verlorene synchrone Spezialanfragen in %	2,13**	3,31**	0,00
Wartezeit asynchroner Spezialanfragen in Sek.	0,00	410,62	1065,99
Energie Verlorene synchrone Standardanfragen in %	0,00	3,87**	3,80**
Wartezeit asynchroner Standardanfragen in Sek.	0,00	31,92	3,91*
Verlorene synchrone Spezialanfragen in %	3,48**	1,92**	0,00
Wartezeit asynchroner Spezialanfragen in Sek.	203,92	39,53*	0,00

Tabelle 23: Opportunitätskostenmatrix für unterschiedliche Qualifikationsmischungen und Anfragetypen bei getrennten Kommunikationskanälen[a]

a. Falls bei einem Modell der Abstand zur besten Lösung nicht statistisch nachgewiesen werden konnte, wird der entsprechende Eintrag mit einem Stern * markiert. Zwei Modelle ohne signifikanten Leistungsunterschied, die sich aber jeweils signifikant vom besten Design unterscheiden, werden mit zwei Sternen ** gekennzeichnet.

gung. Im Energiebereich schlägt sich diese Tatsache außerdem in sehr hohen Wartezeiten für asynchrone Spezialanfragen nieder.

2-Ebenen-
Modell

Wie bereits in der vorigen Versuchsreihe schneidet das *2-Ebenen-Modell* durchgehend schlecht ab. Es liefert in keiner untersuchten Konstellation Bestwerte und zeigt Schwächen für alle Anfragetypen.

Back-Office-
Modell

Das *Back-Office-Modell* erweist sich in allen Domänen als die beste Alternativen für die Entgegennahme synchroner Spezialanfragen. Die hohe Mitarbeiterkapazität bei den Spezialisten führt hier dazu, dass nur sehr wenige Spezialanfragen verloren gehen. Die Abarbeitung asynchroner Spezialanfragen erfolgt mit Ausnahme des Buchbereichs ebenfalls sehr effizient. Die in dieser Domäne erzielte Bewertung ist allerdings aufgrund des Einsatzes von nur einem Spezialisten für die Anfragebearbeitung von geringer Aussagekraft. Bei der Abwicklung von Standardanfragen sind beim Back-Office-Modell fast durchgehend schlechtere Leistungswerte als beim 1-Ebenen-Modell zu verzeichnen.

4.1.3.3 Fazit

Integrierte
Kommunika-
tionskanäle

Bei integrierten Kommunikationskanälen stellt sich für alle Domänen das 1-Ebenen-Modell als die beste Alternative dar. Falls die Bearbeitung asynchroner Anfragen priorisiert und Einbußen bei der Entgegennahme von synchronen Anfragen in Kauf genommen werden, kann auch das Back-Office-Modell zum Einsatz kommen. Das 2-Ebenen-Modell erscheint dagegen bei integrierten Kommunikationskanälen nicht empfehlenswert.

Getrennte
Kommunika-
tionskanäle

Das 1-Ebenen-Modell ist auch bei getrennten Kommunikationskanälen eine sehr gute Lösung, allerdings müssen Schwächen bei der Entgegennahme von Spezialanfragen in Kauf genommen werden. Die Bearbeitung von Standardanfragen ist beim Back-Office-Modell problematisch, während das Design für die Entgegennahme synchroner Spezialanfragen die beste Wahl darstellt. Das 2-Ebenen-Modell kann auch bei getrennten Kommunikationskanälen nicht empfohlen werden.

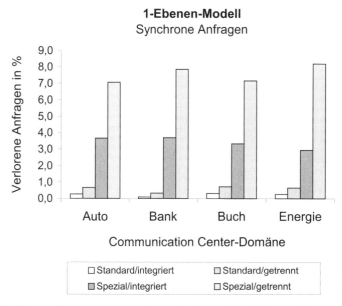

1-Ebenen-Modell
Synchrone Anfragen

| □ Standard/integriert | □ Standard/getrennt |
| □ Spezial/integriert | □ Spezial/getrennt |

Abbildung 40: Verlorene synchrone Anfragen beim 1-Ebenen-Modell
und unterschiedlichen Kommunikationsmischungen

4.2 Kommunikations-Mix

Im folgenden Abschnitt werden die Auswirkungen unterschiedlicher   Überblick
Kommunikationsmischungen bei gegebenem Qualifikations-Mix
betrachtet. Hierfür werden die Leistungsgrößen für integrierte und
getrennte Kommunikationskanäle bei den unterschiedlichen Qualifikationsmischungen gegenübergestellt. Für diese Analyse können
die Ergebnisse des vorangegangenen Abschnitts verwendet werden. Die Durchführung zusätzlicher Experimente ist nicht nötig.

4.2.1 1-Ebenen-Modell

Beim *1-Ebenen-Modell* führt eine Trennung der Kommunikations-   Grundle-
kanäle sowohl für synchrone als auch für asynchrone Anfragen zu   gende Hin-
Effizienzverlusten (vgl. Abbildung 40 und Abbildung 41). Dieser   weise
Effekt ist dadurch zu erklären, dass eine Trennung der Kommunikationskanäle nur durch eine Aufspaltung der Mitarbeitergruppen
erreicht werden kann. Bei integrierten Kommunikationskanälen gibt
es eine große Mitarbeitergruppe, die für die Bearbeitung von syn-

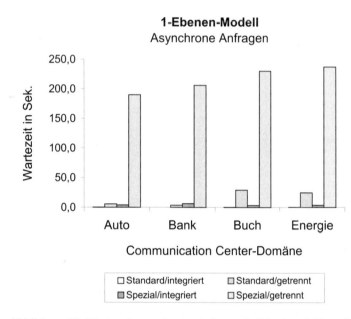

1-Ebenen-Modell
Asynchrone Anfragen

Communication Center-Domäne

☐ Standard/integriert   ☐ Standard/getrennt
■ Spezial/integriert   ☐ Spezial/getrennt

Abbildung 41: Wartezeit asynchroner Anfragen bei Design „1-Ebene"
und unterschiedlichen Kommunikationsmischungen

chronen und asynchronen Anfragen zuständig sind. Bei getrennten
Kommunikationskanälen wird diese Gruppe in zwei Teile aufge-
spalten. Ein Teil der Mitarbeiter bearbeitet ausschließlich synchrone Anfragen, während sich der andere Teil um die asynchronen Anfragen kümmert[275]. Aus der Warteschlangentheorie ist
bekannt, dass eine Verringerung der Gruppengröße zu überproportional längeren Wartezeiten und somit zu einer Erhöhung der verlorenen Anfragen führt[276].

Synchrone   Im Bereich der synchronen Standardanfragen sind die Verluste
Anfragen   gering, da die Verkleinerung der Generalistengruppe durch den
               zusätzlichen Einsatz von Spezialisten größtenteils kompensiert
               wird. Die Bearbeitung synchroner Spezialanfragen wird dagegen

---

275. Die exakte Bestimmung der Mitarbeiterzahlen wird in Abschnitt 3.2.4.2 erläutert.

276. Eine anschauliche Erklärung dieses Phänomens findet sich z.B. bei
Cleveland, B. et al. (1998), S. 136 ff. Für die mathematische Herleitung wird
auf Kleinrock, L. (1976), S. 270 ff. verwiesen.

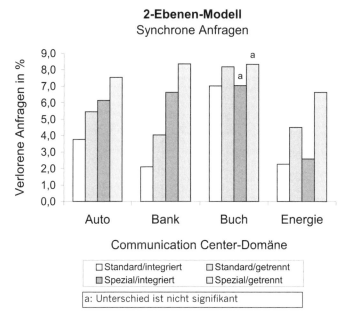

Abbildung 42: Verlorene synchrone Anfragen beim 2-Ebenen-Modell und unterschiedlichen Kommunikationsmischungen

durch die Aufspaltung der Spezialistengruppe stark beeinträchtigt. Der Anteil an verlorenen Anfragen steigt teilweise um mehr als 100%.

Für asynchrone Anfragen ergibt sich ein ähnliches Bild wie für synchrone Anfragen (vgl. Abbildung 41). Die Trennung der Kommunikationskanäle führt zu Verschlechterungen der Bearbeitungseffizienz, die bei den Standardanfragen gering sind, während sie bei den Spezialanfragen deutlich zu Buche schlagen.

Asynchrone
Anfragen

4.2.2 2-Ebenen-Modell

Abbildung 42 zeigt die verlorenen Standard- und Spezialanfragen beim *2-Ebenen-Modell*. Wie beim 1-Ebenen-Modell führt die Trennung der Kommunikationskanäle zu einer signifikanten Zunahme verlorener Anfragen. Lediglich im Buchbereich kann der Unterschied nicht statistisch nachgewiesen werden. Im direkten Vergleich zum 1-Ebenen-Modell fallen die Leistungsverluste gering

Synchrone
Anfragen

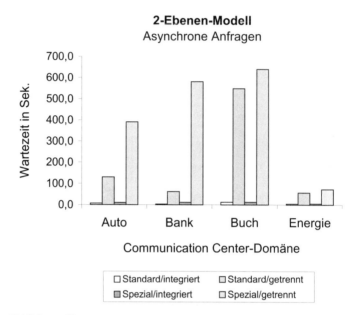

2-Ebenen-Modell
Asynchrone Anfragen

Communication Center-Domäne

☐ Standard/integriert   ☐ Standard/getrennt
■ Spezial/integriert   ☐ Spezial/getrennt

Abbildung 43: Wartezeit asynchroner Anfragen beim 2-Ebenen-Modell und unterschiedlichen Kommunikationsmischungen

aus, da im 2-Ebenen-Modell bereits bei integrierten Kommunikationskanälen relativ viele Anfragen verloren gehen [277].

Asynchrone
Anfragen

Die Betrachtung der Leistungsgrößen für asynchrone Anfragen zeigt ebenfalls eine durchgehende Verschlechterung durch die Trennung der Kommunikationskanäle (vgl. Abbildung 43). Sowohl bei Standard- als auch bei Spezialanfragen sind signifikant längere Wartezeiten zu beobachten, die auch deutlich höher als beim 1-Ebenen-Modell ausfallen (vgl. Abbildung 41).

4.2.3 Back-Office-Modell

Synchrone
Anfragen

Die Analyse der Kommunikationsmischungen beim *Back-Office-Modell* führt zu einigen überraschenden Ergebnissen. Abbildung 44 zeigt, dass hier die Trennung der Kommunikationskanäle im Gegensatz zum 1-Ebenen-Modell und 2-Ebenen-Modell eine effizienteren Entgegennahme von synchronen Spezialanfragen ermög-

---

277. Vgl. Abschnitt 4.2.4.

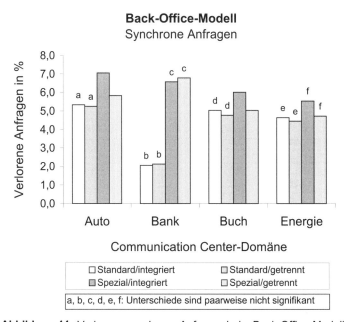

Abbildung 44: Verlorene synchrone Anfragen beim Back-Office-Modell und unterschiedlichen Kommunikationsmischungen

licht. Diese Leistungsverbesserung kann im Auto- und Buchbereich als statistisch signifikant nachgewiesen werden. Durch die Etablierung einer Spezialistengruppe, die ausschließlich synchrone Anfragen bearbeitet, kann den Kunden somit eine bessere Erreichbarkeit für diesen Anfragetyp zur Verfügung gestellt werden. Bei den Standardanfragen stellen sich erwartungsgemäß keine signifikanten Unterschiede zwischen den Kommunikationsmischungen heraus, da die Generalistengruppe, die für die Bearbeitung von synchronen Standardanfragen zuständig sind, nicht verändert wird.

Die Verbesserung bei den synchronen Spezialanfragen wird beim Back-Office-Modell mit massiven Verschlechterungen bei den asynchronen Anfragen erkauft (vgl. Abbildung 45). Die Wartezeiten steigen zum Teil beträchtlich, wie etwa im Buchbereich um über 20 Minuten. Da alle asynchronen Anfragen im Back-Office bearbeitet werden, sind die Verschlechterungen bei den Standardanfragen ähnlich hoch wie bei den Spezialanfragen.

Asynchrone
Anfragen

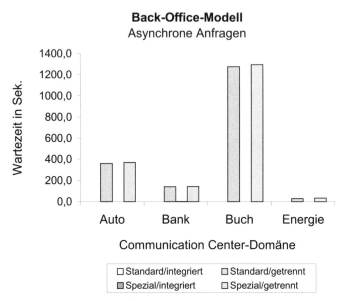

Back-Office-Modell
Asynchrone Anfragen

Communication Center-Domäne

☐ Standard/integriert   ☐ Standard/getrennt
▨ Spezial/integriert   ☐ Spezial/getrennt

Abbildung 45: Wartezeit asynchroner Anfragen beim Back-Office-Modell und unterschiedlichen Kommunikationsmischungen

4.2.4 Zusammenfassung

Überblick

Die Differenzen zwischen den Leistungswerten bei getrennten und integrierten Kommunikationskanälen werden in Tabelle 24 zusammengefasst. Ein positiver Wert bedeutet hierbei, dass bei getrennten Kanälen ein höherer Leistungswert erzielt wurde als bei integrierten Kanälen. Ein negativer Wert verdeutlicht den umgekehrten Zusammenhang.

1-Ebenen und 2-Ebenen-Modell

Die Trennung der Kommunikationskanäle führt beim *1-Ebenen*- und beim *2-Ebenen-Modell* durchgehend zur ineffizienteren Bearbeitung der Anfragen. Dies gilt sowohl für synchrone als auch für asynchrone Anfragen. Eine Erklärung dieses Phänomens ist die mit der Trennung verbundene Verkleinerung der Mitarbeitergruppen. Dadurch können Schwankungen im Anfrageaufkommen schlechter kompensiert werden als mit größeren Mitarbeitergruppen. Für Standardanfragen sind die Leistungsverluste beim 2-Ebenen-Modell durchgehend stärker ausgeprägt als beim 1-Ebenen-

Anfragetyp (Domäne)	1-Ebene getrennt versus integriert	2-Ebenen getrennt versus integriert	Back-Office getrennt versus integriert
Auto Verlorene synchrone Standardanfragen in %	0,40	1,70	-0,08*
Wartezeit asynchroner Standardanfragen in Sek.	5,58	123,75	359,33
Verlorene synchrone Spezialanfragen in %	3,39	1,40	-1,22
Wartezeit asynchroner Spezialanfragen in Sek.	186,08	380,92	368,66
Bank Verlorene synchrone Standardanfragen in %	0,25	1,94	0,07*
Wartezeit asynchroner Standardanfragen in Sek.	3,74	58,89	140,85
Verlorene synchrone Spezialanfragen in %	4,16	1,72	0,21*
Wartezeit asynchroner Spezialanfragen in Sek.	199,70	380,92	141,76
Buch Verlorene synchrone Standardanfragen in %	0,40	1,16	-0,27*
Wartezeit asynchroner Standardanfragen in Sek.	28,80	535,75	1276,60
Verlorene synchrone Spezialanfragen in %	3,82	1,28*	-0,99
Wartezeit asynchroner Spezialanfragen in Sek.	226,48	627,59	1295,84
Energie Verlorene synchrone Standardanfragen in %	0,38	2,25	-0,19*
Wartezeit asynchroner Standardanfragen in Sek.	24,81	52,19	28,30
Verlorene synchrone Spezialanfragen in %	5,26	4,05	-0,82*
Wartezeit asynchroner Spezialanfragen in Sek.	233,36	67,26	33,00

Tabelle 24: Leistungsunterschiede bei integrierten und getrennten Kommunikationskanälen für unterschiedliche Qualifikationsmischungen und Anfragetypen[a]

a. Diejenigen Unterschiede, die sich im Rahmen der statistischen Analyse als nicht signifikant herausgestellt haben, werden mit einem Stern (*) markiert.

Modell, während bei synchronen Spezialanfragen der umgekehrte Zusammenhang beobachtet werden kann. Für asynchrone Anfragen ergibt sich kein einheitliches Bild über die untersuchten Domänen.

Back-Office-
Modell

Überraschende Ergebnisse liefert die Analyse des *Back-Office-Modells*. Hier stellt sich durch die Trennung der Kommunikationskanäle eine verbesserte Entgegennahme von synchronen Spezialanfragen ein. Die Leistungswerte für synchrone Standardanfragen bleiben unverändert, während durchgehend mit verlängerten Wartezeiten bei asynchronen Anfragen gerechnet werden muss. Eine Teilung der Mitarbeitergruppen führt somit nicht unbedingt zu Verschlechterungen bei alle Anfragetypen, sondern kann auch Verbesserungen für bestimmte Anfragen bewirken.

Fazit

Zusammenfassend lassen sich bei der Analyse der Kommunikationsmischungen zwei Effekte beobachten: (1) Zum einen führt eine Partitionierung der Anfragen hinsichtlich des eingesetzten Kommunikationsmediums zur Aufteilung der Mitarbeiter in unterschiedliche Gruppen und somit zu längeren Wartezeiten für die Kunden. Dieser Effekt wirkt sich aufgrund der begrenzten Wartetoleranz des Kunden besonders stark auf synchrone Anfragen aus. (2) Zum anderen kann eine Prozesspartitionierung bezüglich des Kommunikationskanals zu einer Effizienzsteigerung für bestimmte Anfragetypen, in unserem Fall für synchrone Spezialanfragen beim Back-Office-Modell, beitragen. Diese Effizienzsteigerung ergibt sich aufgrund einer geringeren Auslastung der betroffenen Mitarbeiter und ist nur bei gleichzeitiger Verschlechterung für andere Anfragetypen zu erreichen.

4.3 Singuläre Flexibilitätsanalyse

Zielsetzung

Im Rahmen der singulären Flexibilitätsanalyse[278] wird analysiert, wie flexibel die einzelnen Prozessdesigns auf Veränderungen einzelner Umweltparameter reagieren. Es wird untersucht, (1) welches Design auf Umweltänderungen mit den geringsten Effizienzeinbußen bzw. den größten Effizienzsteigerungen reagiert und (2) welche Umweltänderungen die größten Auswirkungen besitzen.

---

278. Der Begriff der singulären Flexibilitätsanalyse wird in Abschnitt 3.3.2.5 eingeführt.

Wie bereits zu Beginn des Kapitels erläutert, werden die Analysen   Rahmenbe-
für alle Qualifikationsmischungen bei *integrierten Kommunikations-*   dingungen
kanälen vorgenommen, da sich dieser Kommunikations-Mix bei
den vorangegangenen Untersuchungen in den meisten Fällen als
beste Alternative herausgestellt hat[279].

Alle Untersuchungen werden in Form von *singulären Flexibilitäts-*   Methodik
analysen durchgeführt[280]. Die Gestaltungsparameter (Prozessstruktur und Mitarbeiterkapazität) werden hierbei konstant gehal-
ten, während entweder ein einzelner Umweltparameter oder eine
Parametergruppe gezielt variiert wird. Für die Erstellung der Flexibilitätsmatrizen werden als Schwellenwerte die Effizienzvorgaben
verwendet, die in Expertenbefragungen erhoben wurden und
bereits bei der Modellinitialisierung zum Einsatz kamen[281].

4.3.1 Analysierte Umweltänderungen

Eine Übersicht über die analysierten Umweltänderungen gibt   Übersicht
Tabelle 25, in der alle Änderungen kurz charakterisiert werden.
Zusätzlich zu einer kurzen Beschreibung wird der Änderungstyp
und die Änderungsstärke angegeben. Beim *Änderungstyp* wird
unterschieden, ob ein einzelner Umweltparameter von der Änderung betroffen ist oder ob es sich um die Änderung einer Parametergruppe handelt. Die *Änderungsstärke* wird in der Regel als Änderungsfaktor angegeben. Der Faktor von 2 bei der Umweltänderung
U_1 bewirkt beispielsweise eine Verdoppelung des gesamten Anfragevolumens.

Bei Parametergruppen wirkt der Änderungsfaktor auf alle Einzelpa-   Parameter-
rameter gleich. Da sich hierbei keine Aussagen über die Zusam-   gruppen
menhänge der Einzelparameter ableiten lassen, wird diese Form
der Parameteränderung unter die singuläre Flexibilitätsanalyse eingeordnet. Die Aggregation der Einzelparameter dient lediglich
dazu, den Analyseaufwand zu verringern. Beispielsweise wird das
Anfragevolumen aus den Volumina von synchronen Standardan-

---

279. In Abschnitt 4.2 werden die Auswirkungen von getrennten und integrierten
  Kommunikationskanälen ausführlich diskutiert.

280. Die Methodik der singulären Flexibilitätsanalyse wird Abschnitt 3.3.2.5 ausführlich vorgestellt.

281. Die Effizienzvorgaben sind in Abschnitt 3.2.4.2, Tabelle 8 aufgeführt.

Änderung	Kurzbeschreibung	Typ	Stärke
U_1 Volumen	Erhöhung des Anfragevolumens	Parameter-gruppe	x 2
U_2 Bearbeitung	Verlängerung der Bearbeitungszeiten	Parameter-gruppe	100% Kontamination
U_3 Weiterleitung	Verlängerung der Weiterleitungszeit	einzelner Parameter	x 2
U_4 Mitarbeiter	Verringerung der Mitarbeiterkapazität	Parameter-gruppe	x 0,8
U_5 Wartetoleranz	Verringerung der Wartetoleranz	einzelner Parameter	x 0,1
U_6 Wiederholer	Erhöhung des Anteils an Wahlwie-derholern	einzelner Parameter	x 1,133
U_7 Wiederholzeit	Verkürzung der Wahlwiederholzeit	einzelner Parameter	x 0,01

Tabelle 25: Analysierte Umweltänderungen

fragen, asynchronen Standardanfragen, synchronen Spezialanfra-gen und asynchronen Spezialanfragen zusammengesetzt. Um sich die aufwendige Analyse der einzelnen Volumina im ersten Analyse-schritt zu ersparen, werden die Einzelparameter in der Gruppe Anfragevolumen zusammengefasst und der Änderungsfaktor wird auf alle Einzelparameter angewendet.

Wirkung des Änderungs-faktors

Bereits in den vorangegangenen Experimenten wurden „normale" Schwankungen der Umweltparameter durch den Einsatz von sto-chastischen Verteilungen berücksichtigt. Wie bereits in Abschnitt 3.2.2 erläutert, wurde für die Anzahl eingehender Anfragen pro Stunde die Poisson-Verteilung gewählt. Damit ergibt sich, dass die Zeit zwischen der Ankunft zweier Anfragen exponentialverteilt ist[282]:

$$\text{expo}(\beta, x) = \begin{cases} \dfrac{1}{\beta} e^{-x/\beta} & \text{für } x > 0 \\ 0 & \text{sonst} \end{cases}$$

---

282. Vgl. Kelton, W.D.; Sadowski, R.P.; Sadowski, D.A. (1998), S. 511.

Zu einem gegebenen mittleren Volumen von $\frac{60}{\beta}$ Anfragen pro Stunde lassen sich damit die Schwankungen im Anfragevolumen approximieren. Die Exponentialverteilung sorgt dafür, dass kurze Abstände zwischen den Anfragen sehr häufig und lange Abstände zwischen zwei Anfragen nur sehr selten auftreten. Bei der Flexibilitätsanalyse sollen aber auch Änderungen untersucht werden, die über „normale" Parameterschwankungen hinausgehen, um unvorhergesehene und länger anhaltende Änderungen prüfen zu können. Hierfür wird ein Verteilungs-parameter, in unserem Beispiel das mittlere Anfragevolumen $60/\beta$, in zwei Stufen variiert. Zusätzlich zu einer Ausgangsstufe $60/\bar{\beta}$ wird eine 50%-ige Erhöhung mit einem mittleren Volumen von $60/(1,5 \cdot \bar{\beta})$ untersucht[283]:

· Umweltzustand U_0 (Normal)[284]: $expo(60/\bar{\beta}, x)$

· Umweltzustand U_1 (Volumen): $expo(60/(1,5 \cdot \bar{\beta}), x)$.

Die vorgestellte Variation eines Verteilungsparameters ist einfach anzuwenden, liefert aber nur einen bestimmten Typ von Umweltänderung. Es wird unterstellt, dass die Grundform der verwendeten stochastischen Verteilung die Realität wiedergibt und ausschließlich Änderungen in dem variierten Verteilungsparameter zu betrachten sind. Die Gesprächszeiten werden beispielsweise mit Hilfe der Exponentialverteilung approximiert[285], die den Mittelwert als einzigen Verteilungsparameter besitzt. Durch die Variation des Mittelwertes von 3 Minuten auf 4 Minuten kann etwa eine Verlängerung der Gesprächszeiten um eine Minute erreicht werden. Die linksschiefe Form der Exponentialverteilung bleibt dabei aber erhalten. Dies führt dazu, dass weiterhin die meisten Gespräche sehr kurz sind, während lange Gespräche die Ausnahme bleiben. Falls allerdings gerade die Zunahme des Anteils langer Gesprächen untersucht werden soll, ist eine Variation des Mittelwertes ungeeignet und es muss die Verteilungsform geändert werden. Hierfür bietet sich die *Kontamination* der stochastischen Verteilung an[286].

Kontamination

---

283. Die Paramteränderungen bei U_3 bis U_7 werden analog durchgeführt.

284. Als Wert für $\bar{\beta}$ werden die empirisch erhobenen Parameterwerte verwendet, vgl. Abschnitt 3.2.2.

285. Vgl. Abschnitt 3.2.2.3.

286. Vgl. Huber, P.J. (1981), S. 2 ff. und Hampel, F.R.; Ronchetti, E.M.; Rousseeuw, P.J.; Stahel, W.A. (1986), S.29.

Eine Kontamination entsteht durch Störung einer stochastische Verteilung f mit Hilfe einer Kontaminationsverteilung g. Seien x_i Realisierungen von f und y_i Realisierungen von g mit $0 < i \leq n, n \in \aleph$. Die Realisierungen z_i der kontaminierten Verteilung f^* werden dadurch bestimmt, dass $k\%$ der x_i durch Realisierungen y_i ersetzt werden. Dabei wird k als Kontaminationsradius bezeichnet, $0 \leq k \leq 1$. Es gilt also

$$z_i = \begin{cases} x_i & \textit{falls} \quad u_i = 0 \\ y_i & \textit{falls} \quad u_i = 1 \end{cases}$$

wobei $u \in \{0, 1\}$ $\textit{mit}$ $p(u_i = 1) = k$ $\textit{und}$ $p(u_i = 0) = 1 - k$.

Bei Änderung einer Parametergruppe werden die Verteilungen aller Einzelparameter kontaminiert. Als Kontaminationsverteilungen werden in unserem Fall konstante Werte mit extremen Gesprächs-, Bearbeitungs- und Nachbearbeitungszeiten gewählt. Eine Kontamination von 50% bedeutet somit, dass für ca. die Hälfte aller Bearbeitungszeiten die Extremwerte angenommen werden. Für die weitere Analyse wurden die Extremwerte durch Verdoppelung der erhobenen Durchschnittswerte gewonnen[287].

4.3.2 Ergebnisse

4.3.2.1 Synchrone Standardanfragen

1-Ebenen-Modell

Bei der Analyse der *verlorenen Standardanfragen* erweist sich das *1-Ebenen-Modell* als beste Alternative (vgl. Tabelle 26). Die Dominanz des Modells ist durchgehend bei allen Domänen und allen Umweltänderungen zu beobachten. Hohe Flexibilitätswerte, die mit 0,61 und 0,81 nahe am optimalen Wert von 1 liegen, dokumentieren eine gute Absorption von Umweltänderungen im Vergleich zu den anderen Alternativen.

2-Ebenen- und Back-Office-Modell

Das *2-Ebenen-Modell* erreicht bei den Domänen unterschiedliche Flexibilitätswerte. Im Auto- und Energiebereich liegt es auf Platz zwei mit deutlichen Vorteilen gegenüber dem *Back-Office-Modell*. Im Bankbereich erreicht es mit 0,27 den niedrigsten Flexibilitätswert, knapp unter dem Wert vom Back-Office-Modell (0,35). Diese Unterschiede sind durchgehend bei allen Umweltänderungen zu beobachten. Die Schwächen des 2-Ebenen-Modells sind am deut-

---

287. Die empirisch erhobenen Werte sind in Tabelle 7, Abschnitt 3.2.2, aufgeführt.

Verlorene Standardanfragen	U_0 Normal	U_1 Volumen	U_2 Bearbeitung	U_3 Weiterleitung	U_4 Mitarbeiter	U_5 Wartetoleranz	U_6 Wiederholer	U_7 Wiederholzeit	Flexibilitätswert
Auto									
1-Ebene	0,97	0,67	0,65	0,95	0,85	0,93	0,97	0,97	**0,79**
2-Ebenen	0,62	0,11	0,12	0,41	0,22	0,16	0,57	0,62	**0,25**
Back-Office	0,47	0,00	0,00	0,23	0,00	0,00	0,35	0,47	**0,10**
Bank									
1-Ebene	0,99	0,65	0,61	0,97	0,83	0,96	0,98	0,99	**0,81**
2-Ebenen	0,79	0,00	0,00	0,36	0,00	0,30	0,78	0,79	**0,27**
Back-Office	0,79	0,06	0,14	0,38	0,25	0,40	0,78	0,79	**0,35**
Buch									
1-Ebene	0,97	0,70	0,69	0,96	0,85	0,93	0,96	0,97	**0,80**
2-Ebenen	0,30	0,00	0,00	0,21	0,00	0,00	0,21	0,30	**0,06**
Back-Office	0,50	0,15	0,14	0,45	0,20	0,27	0,42	0,50	**0,24**
Energie									
1-Ebene	0,97	0,41	0,36	0,96	0,76	0,93	0,97	0,97	**0,61**
2-Ebenen	0,77	0,12	0,07	0,76	0,29	0,43	0,73	0,77	**0,30**
Back-Office	0,54	0,00	0,00	0,50	0,00	0,12	0,46	0,54	**0,13**

Tabelle 26: Flexibilitätsmatrix für die singuläre Flexibilitätsanalyse von verlorenen Standardanfragen (Flexibilitätswerte dimensionslos, zwischen 0 und 1)

lichsten beim Buchhandel zu sehen. Ein Flexibilitätswert von 0,06 macht die Nachteile des Modells in allen Umweltsituationen deutlich. Das Back-Office-Modell erreicht mit 0,24 einen deutlich höheren Flexibilitätswert, der allerdings deutlich unter dem besten Wert des 1-Ebenen-Modells liegt.

4.3.2.2 Synchrone Spezialanfragen

In den ersten drei Bereichen Auto, Bank und Buch erreicht das *1-Ebenen-Modell* auch bei den Spezialanfragen die besten Flexibilitätswerte (vgl. Tabelle 27). Allerdings deutet bereits die Höhe der Werte zwischen 0,21 und 0,25 an, dass die Unterschiede nicht so deutlich ausfallen wie bei den Standardanfragen. Bei erhöhtem Anfragevolumen (U_1) und verlängerten Bearbeitungszeiten (U_2) ist das 1-Ebenen-Modell im Auto- und Buchbereich sogar die schlechteste Alternative, während es in den anderen Umweltzuständen die besten Werte erreicht. Im Energiebereich stellt das 1-Ebenen-

1-Ebenen-Modell

Verlorene Spezial- anfragen	U_0 Normal	U_1 Volumen	U_2 Bearbeitung	U_3 Weiterleitung	U_4 Mitarbeiter	U_5 Wartetoleranz	U_6 Wiederholer	U_7 Wiederholzeit	Flexibilitätswert
Auto									
1-Ebene	0,63	0,00	0,00	0,53	0,25	0,50	0,59	0,63	**0,21**
2-Ebenen	0,39	0,13	0,14	0,20	0,16	0,00	0,28	0,39	**0,17**
Back-Office	0,29	0,11	0,10	0,07	0,00	0,06	0,10	0,29	**0,11**
Bank									
1-Ebene	0,63	0,07	0,06	0,52	0,34	0,40	0,48	0,63	**0,24**
2-Ebenen	0,34	0,12	0,11	0,07	0,17	0,00	0,36	0,34	**0,15**
Back-Office	0,34	0,00	0,00	0,00	0,00	0,04	0,23	0,34	**0,05**
Buch									
1-Ebene	0,67	0,00	0,00	0,63	0,26	0,58	0,66	0,67	**0,25**
2-Ebenen	0,30	0,04	0,03	0,19	0,00	0,00	0,22	0,30	**0,08**
Back-Office	0,40	0,12	0,12	0,35	0,10	0,21	0,28	0,40	**0,18**
Energie									
1-Ebene	0,71	0,00	0,00	0,57	0,00	0,41	0,53	0,71	**0,13**
2-Ebenen	0,74	0,43	0,38	0,73	0,44	0,35	0,71	0,74	**0,46**
Back-Office	0,45	0,24	0,23	0,38	0,10	0,00	0,35	0,45	**0,24**

Tabelle 27: Flexibilitätsmatrix für die singuläre Flexibilitätsanalyse von verlorenen Spezialanfragen (Flexibilitätswerte dimensionslos, zwischen 0 und 1)

Modell die schlechteste Alternative dar. Es weist fast durchgehend deutlich schlechtere Werte auf als das 2-Ebenen-Modell und zeigt sich bei den Umweltänderungen U_1 (erhöhtes Anfragevolumen), U_2 (verlängerte Bearbeitungszeiten) und U_4 (Mitarbeiterausfall) ebenfalls schlechter als das Back-Office-Modell.

Back-Office-
Modell

Das *Back-Office-Modell* nimmt im Auto-, und Bankbereich den letzten Platz ein. Die Flexibilitätswerte von 0,11 und 0,05 zeigen die Schwächen des Designs deutlich auf. Bei einigen Umweltänderungen, wie z.B. bei U_1 (erhöhtes Anfragevolumen) und U_2 (verlängerte Bearbeitungszeiten) im Buchbereich, gibt es noch schlechtere Alternativen. Allerdings drücken die einzelnen partiellen Flexibilitätswerte des Back-Office-Modells, die meist unter 0,1 liegen, den geringen Abstand zur jeweils schlechtesten Alternative aus. Das Back-Office-Modell belegt im Buchbereich mit einem Flexibilitätswert von 0,18 und durchgehend höheren partiellen Flexibilitätswerten den zweiten Platz vor dem 2-Ebenen-Modell. Im Energiebereich wird insgesamt ebenfalls der zweite Platz, diesmal vor dem 2-Ebenen-Modell, erreicht. Die Bewertung über die einzelnen Umweltänderungen hinweg zeigt ein unheinheitliches Bild. In den Umweltzuständen U_0 (Ausgangszustand), U_3 (verlängerte Weiterleitungszeit), U_5 (niedrigere Wartetoleranz), U_6 (mehr Wahlwiederholer) und U_7 (kürzere zeit zwischen den Wiederholungen) liegt das 1-Ebenen-Modell vorne, in den anderen Zuständen hat das Back-Office-Modell Vorteile. Mit einem Flexibilitätswert von 0,24 gegenüber 0,13 zu Gunsten des Back-Office-Modells fällt die Gesamtbewertung allerdings relativ deutlich aus. Die Umweltänderungen U_1 (erhöhtes Anfragevolumen), U_2 (verlängerte Bearbeitungszeiten) und U_4 (Ausfall von Mitarbeitern) haben somit größere Auswirkungen auf den Flexibilitätswert als die anderen Änderungen. Dadurch wird deutlich, dass der Flexibilitätswert die Unterschiede in der Höhe der erreichten Zielwerte pro Umweltänderung berücksichtigt. Änderungen, die höhere Zielwerte hervorrufen, haben größeren Einfluss auf den Flexibilitätswert als Änderungen mit geringeren Zielwerten.

Das *2-Ebenen-Modell* ist für den Energiebereich das beste Design. Bei allen Umweltänderungen, bis auf die Verringerung der Wartetoleranz (U_5), werden hier die besten Vergleichswerte erzielt und insgesamt ergibt sich mit 0,46 der höchste Flexibilitätswert für synchrone Spezialanfragen. Im Buchbereich schneidet das Modell dagegen aufgrund der schlechtesten partiellen Flexibilitätswerte bei sechs von acht Umweltänderungen sehr schlecht ab. Im Auto- und im Bankbereich wird mit 0,15 und 0,17 jeweils der zweithöchsten Flexibilitätswert erreicht.

2-Ebenen-Modell

4.3.2.3 Asynchrone Standardanfragen

Die Analyse der asynchronen Standardanfragen ergibt für das *Back-Office-Modell* und das *1-Ebenen-Modell* keine nennenswerten Effizienzverluste durch die Umweltänderungen (vgl. Tabelle 28). Die Flexibilitätswerte nehmen bei allen untersuchten Domänen den Maximalwert von 1,0 an.

Back-Office- und 1-Ebenen-Modell

Das *2-Ebenen-Modell* zeigt bei der Steigerung des Anfragevolumens (U_1), der Verlängerung der Bearbeitungszeiten (U_2) und dem Ausfall von Mitarbeitern (U_4) deutliche Effizienzverluste in allen untersuchten Bereichen. Besonders stark sind die Verluste im

2-Ebenen-Modell

Wartezeit asynchr. Standardanfragen	U_0 Normal	U_1 Volumen	U_2 Bearbeitung	U_3 Weiterleitung	U_4 Mitarbeiter	U_5 Wartetoleranz	U_6 Wiederholer	U_7 Wiederholzeit	Flexibilitätswert
Auto									
1-Ebene	1,00	0,99	0,99	1,00	1,00	1,00	1,00	1,00	**1,00**
2-Ebenen	0,99	0,72	0,83	0,98	0,94	1,00	0,99	0,99	**0,93**
Back-Office	1,00	1,00	1,00	1,00	1,00	1,00	1,00	1,00	**1,00**
Bank									
1-Ebene	1,00	0,99	0,99	1,00	1,00	1,00	1,00	1,00	**1,00**
2-Ebenen	1,00	0,71	0,85	0,98	0,97	1,00	1,00	1,00	**0,94**
Back-Office	1,00	0,99	0,99	1,00	0,99	1,00	1,00	1,00	**1,00**
Buch									
1-Ebene	1,00	0,99	0,99	1,00	1,00	1,00	1,00	1,00	**1,00**
2-Ebenen	0,99	0,51	0,67	0,98	0,89	1,00	0,98	0,99	**0,88**
Back-Office	1,00	1,00	1,00	1,00	1,00	1,00	1,00	1,00	**1,00**
Energie									
1-Ebene	1,00	1,00	0,99	1,00	1,00	1,00	1,00	1,00	**1,00**
2-Ebenen	0,99	0,00	0,00	0,99	0,93	1,00	0,99	0,99	**0,39**
Back-Office	1,00	1,00	1,00	1,00	1,00	1,00	1,00	1,00	**1,00**

Tabelle 28: Flexibilitätsmatrix für die singuläre Flexibilitätsanalyse der Wartezeit von asynchronen Standardanfragen (Flexibilitätswerte dimensionslos, zwischen 0 und 1)

Energiebereich zu beobachten, was zu einem Flexibilitätswert von 0,39 führt. Im Auto- Bank- und Buchbereich liegen die erreichten Werte wischen 0,88 und 0,93.

4.3.2.4 Asynchrone Spezialanfragen

Back-Office-Modell

Bei den asynchronen Spezialanfragen wird wiederum die spezielle Stärke des *Back-Office-Modells* deutlich. Mit durchgehend optimalen Flexibilitätswerten von 1,0 zeigt sich, dass das Design alle Umweltänderungen ohne Auswirkungen auf die Bearbeitungsgeschwindigkeit asynchroner Spezialanfragen verkraftet (vgl. Tabelle 29).

1-Ebenen-Modell

Der Einsatz des *1-Ebenen-Modells* führt bei Erhöhung des Anfragevolumens (U_1), Verlängerung der Bearbeitungszeit (U_2) und Ausfall von Mitarbeitern (U_4) zu leicht verlängerten Wartezeiten. Diese Verschlech-terungen resultieren in Flexibilitätswerten zwischen 0,85 und 0,96.

Wartezeit asynchr. Spezial-anfragen	U_0 Normal	U_1 Volumen	U_2 Bearbeitung	U_3 Weiterleitung	U_4 Mitarbeiter	U_5 Wartetoleranz	U_6 Wiederholer	U_7 Wiederholzeit	Flexibilitätswert
Auto									
1-Ebene	1,00	0,71	0,75	0,99	0,96	1,00	0,99	1,00	**0,92**
2-Ebenen	0,99	0,66	0,78	0,98	0,93	0,99	0,99	0,99	**0,91**
Back-Office	1,00	1,00	1,00	1,00	1,00	1,00	1,00	1,00	**1,00**
Bank									
1-Ebene	0,99	0,36	0,50	0,99	0,94	1,00	0,99	0,99	**0,85**
2-Ebenen	0,99	0,53	0,73	0,98	0,92	1,00	0,99	0,99	**0,89**
Back-Office	1,00	0,99	0,99	1,00	0,99	1,00	1,00	1,00	**1,00**
Buch									
1-Ebene	1,00	0,87	0,87	1,00	0,97	1,00	1,00	1,00	**0,96**
2-Ebenen	0,99	0,53	0,65	0,98	0,88	1,00	0,98	0,99	**0,87**
Back-Office	1,00	1,00	1,00	1,00	1,00	1,00	1,00	1,00	**1,00**
Energie									
1-Ebene	1,00	0,89	0,77	1,00	0,93	1,00	1,00	1,00	**0,89**
2-Ebenen	0,99	0,00	0,00	0,99	0,92	1,00	0,99	0,99	**0,38**
Back-Office	1,00	1,00	1,00	1,00	1,00	1,00	1,00	1,00	**1,00**

Tabelle 29: Flexibilitätsmatrix für die singuläre Flexibilitätsanalyse der Wartezeit von asynchronen Spezialanfragen (Flexibilitätswerte dimensionslos, zwischen 0 und 1)

Das *2-Ebenen-Modell* schneidet im Energiebereich, wie bei bereits bei den asynchronen Standardanfragen, mit einem Flexibilitätswert von 0,38 deutlich schlechter ab als die anderen Designs. In den Bereichen Auto, Bank und Buch liegen die Werte zwischen 0,87 und 0,91.

2-Ebenen-Modell

4.3.3 Zusammenfassung

Die Flexibilitätsunterschiede zwischen den Designs werden in diesem Teilabschnitt zusammengefasst und die wesentlichen Ergebnisse nochmals hervorgehoben. Durch diese Bewertung soll die Transparenz über die Leistungsfähigkeit der Gestaltungsalternativen bezüglich der einzelnen Zielgrössen erhöht werden. Um eine subjektive Einfärbung der Ergebisse zu vermeiden, wird hierbei auf die Zusammenfassung der unterschiedlichen Zielgrössen mit Hilfe einer subjektiven Gewichtung verzichtet. Tabelle 30 fasst die Flexi-

Überblick

Anfragetyp	1-Ebene	2-Ebenen	Back-Office
Auto syn. Standardanfragen	0,79	0,25	0,10
asyn. Standardanfragen	1,00	0,93	1,00
syn. Spezialanfragen	0,21	0,17	0,11
asyn. Spezialanfragen	0,92	0,91	1,00
Bank syn. Standardanfragen	0,81	0,27	0,35
asyn. Standardanfragen	1,00	0,94	1,00
syn. Spezialanfragen	0,24	0,15	0,05
asyn. Spezialanfragen	0,85	0,89	1,00
Buch syn. Standardanfragen	0,80	0,06	0,24
asyn. Standardanfragen	1,00	0,88	1,00
syn. Spezialanfragen	0,25	0,08	0,18
asyn. Spezialanfragen	0,96	0,87	1,00
Energie syn. Standardanfragen	0,61	0,30	0,13
asyn. Standardanfragen	1,00	0,39	1,00
syn. Spezialanfragen	0,13	0,46	0,24
asyn. Spezialanfragen	0,89	0,38	1,00

Tabelle 30: Zusammenfassung der Ergebnisse der singulären Flexibilitätsanalyse
(Flexibilitätswerte dimensionslos, zwischen 0 und 1)

bilitätswerte der vorangegangenen singulären Analyse zusammen.
Die jeweils schlechtesten Werte sind grau unterlegt.

1-Ebenen-
Modell

Das *1-Ebenen-Modell* verhält sich für alle *Standardanfragen*
äußerst flexibel und verkraftet die untersuchten Umweltänderungen
besser als die beiden anderen Designs. Durchgehend erreicht das
Modell Flexibilitätswerte von mindestens 0,61, bei asynchronen
Anfragen sogar immer der Maximalwert von 1,00. Die Flexibilitätswerte für *synchrone Spezialanfragen* sind deutlich niedriger. Im
Energiebereich liegt das 1-Ebenen-Modell sogar auf dem letzten
Platz, in den anderen Bereichen wird mit Werten zwischen 0,21 und
0,25 knapp der erste Platz behauptet. Bei den *asynchronen Spezialanfragen* ergeben sich hohe Flexibilitätswerte, die zwischen 0,85
und 0,96 ausfallen.

Das *Back-Office-Modell* weist deutliche Schwächen bei der Entge- Back-Office-
gennahme synchroner Anfragen auf. Dort werden in vier von acht Modell
Fällen die schlechtesten Werte erreicht. Die Stärken des Designs
liegen klar in der schnellen Bearbeitung schriftlicher Anfragen. Hier
haben die Umweltänderungen keinen sichtbaren Einfluss auf die
Leistungsfähigkeit.

Die Bearbeitungsgeschwindigkeit für asynchrone Anfragen ist eine 2-Ebenen-
deutliche Schwäche des *2-Ebenen-Modells*. Bei fast allen Domä- Modell
nen sind hier die niedrigsten Flexibilitätswerte zu verzeichnen.
Zudem liegen die Werte für synchrone Anfragen meistens deutlich
unter 0,30. Lediglich im Energiebereich wird für synchrone Spezialanfragen ein relativ hoher Wert erreicht.

4.4 Multiple Flexibilitätsanalyse

Bei der multiplen Flexibilitätsanalyse wird die Reaktionsfähigkeit Zielsetzung
der Gestaltungsalternativen auf gleichzeitige Änderungen in mehreren Parametern untersucht. Die hierbei vorgenommene Analyse
von zahlreichen Parameterkonstellationen erlaubt eine breitere
Betrachtung der Wirkungszusammenhänge zwischen den variierten Parametern.

Wie bereits bei der singulären Analyse wird auch die multiple Flexi- Rahmenbe-
bilitätsanalyse auf der Basis *integrierter Kommunikationskanäle* dingungen
vorgenommen. Dieser Kommunikations-Mix hat sich bei den vorangegangenen Untersuchungen häufig als beste Alternative herausgestellt[288].

Alle Untersuchungen werden in Form von *multiplen Flexibilitäts-* Vorgehen
analysen durchgeführt[289]. Ausgehend von einer Ausgangskonstellation werden ein oder mehrere Umweltparameter gezielt variiert.
Anschließend werden die Auswirkungen dieser generierten
Umweltänderungen experimentell analysiert. Wie bei der singulären Analyse werden als Schwellenwerte wiederum die Effizienzvorgaben aus der Modellinitialisierung verwendet[290].

---

288. In Abschnitt 4.2, Seite S. 143 ff., werden die Auswirkungen von getrennten und
     integrierten Kommunikationskanälen ausführlich diskutiert.

289. Vgl. Abschnitt 3.3.2.5.

290. Vgl. Abschnitt 3.2.4.2. Die Effizienzvorgaben sind dort in Tabelle 8 aufgeführt.

4.4.1 Analysierte Umweltänderungen

Reduktion des Analyseaufwands

Im Rahmen der singulären Flexibilitätsanalyse wurden sieben Umweltparameter in den entwickelten worst-case-Szenarien berücksichtigt und untersucht. Falls alle diese Parameter in die multiple Analyse einbezogen würden, müssten $2^7 = 128$ verschiedene Umweltkonstellationen für jede Gestaltungsalternative berücksichtigt werden. Somit wären 384 Experimente durchzuführen. Um den Analyseaufwand zu reduzieren, werden in einem ersten Schritt diejenigen Umweltparameter ausgewählt, deren Variation bei der singulären Analyse zu den stärksten Leistungsverlusten geführt hat.

Auswahl relevanter Umweltparameter

Tabelle 31 enthält die maximalen Anteile an verlorenen Anfragen pro untersuchter Umweltveränderung. Die Maxima wurden über alle Anfragetypen und über alle Gestaltungsalternativen hinweg gebildet. Die vier höchsten Werte sind grau unterlegt. Es zeigt sich deutlich, dass die Umweltänderungen U_1, U_2, U_4 und U_5 in allen Domänen zu den höchsten Anteilen an verlorenen Anfragen führen. Ein Beschränkung der multiplen Analyse auf diese Parameter berücksichtigt somit die relevanten Parameter.

Anteil an verlorenen Anfragen	U_0 Normal	U_1 Volumen	U_2 Bearbeitung	U_3 Weiterleitung	U_4 Mitarbeiter	U_5 Wartetoleranz	U_6 Wiederholer	U_7 Wiederholzeit
Maximum Auto	7,05	49,32	49,61	9,26	26,16	14,98	8,97	7,05
Maximum Bank	6,64	54,01	54,81	10,21	30,20	13,57	7,71	6,64
Maximum Buch	7,05	44,05	44,86	8,08	26,46	16,36	7,88	7,05
Maximum Energie	5,54	70,00	75,24	6,23	30,57	10,27	6,49	5,54

Tabelle 31: Maximale Anteile an verlorenen Anfragen bei der singulären Flexibilitätsanalyse in %

Die Beschränkung auf vier Umweltparameter führt zu $2^4 = 16$ untersuchten Umweltzuständen, die in Tabelle 32 aufgeführt sind. Beim Anfragevolumen wird hier mit 100% das Volumen im Ausgangszustand bezeichnet. Für die Bearbeitungsgeschwindigkeit ist der Kontaminationsradius angegeben, mit dem sämtliche Verteilungen für Bearbeitungs-, Gesprächs- und Nachbearbeitungszeiten gestört werden[291]. Die Mitarbeiterverfügbarkeit von 100% gibt den Aus-

Umwelt-zustand	Anfrage-volumen	Bearbeitungs-geschwindigk. (Kontamina-tionsradius)	Mitarbeiter-verfügbarkeit	Mittlere Warte-toleranz
U_1	100%	0	100%	1:00 Minuten
U_2	100%	0	100%	0,1 Minuten
U_3	100%	0	80%	1,0 Minuten
U_4	100%	0	80%	0,1 Minuten
U_5	100%	0,5	100%	1,0 Minuten
U_6	100%	0,5	100%	0,1 Minuten
U_7	100%	0,5	80%	1,0 Minuten
U_8	100%	0,5	80%	0,1 Minuten
U_9	150%	0	100%	1,0 Minuten
U_{10}	150%	0	100%	0,1 Minuten
U_{11}	150%	0	80%	1,0 Minuten
U_{12}	150%	0	80%	0,1 Minuten
U_{13}	150%	0,5	100%	1,0 Minuten
U_{14}	150%	0,5	100%	0,1 Minuten
U_{15}	150%	0,5	80%	1,0 Minuten
U_{16}	150%	0,5	80%	0,1 Minuten

Tabelle 32: Relevante Umweltänderungen für die multiple Flexibilitäts-analyse

gangszustand wieder. Eine Verringerung der Verfügbarkeit wirkt gleichmäßig auf alle Mitarbeitergruppen. Da es sich bei den Gruppengrößen um ganzzahlige Werte handelt, müssen bei der Anpassung der Verfügbarkeit Rundungen vorgenommen werden, die im Einzelfall Verzerrungen hervorrufen können. So führt bei sechs Mitarbeitern eine Verfügbarkeit von 80% zu fünf eingesetzten Mitarbeitern, obwohl rechnerisch 4,8 Mitarbeiter anwesend sein müssten. Die Verteilung der Wartetoleranz wird mit der Exponentialverteilung und den Mittelwerten aus Tabelle 32 approximiert.

---

291. Zur Kontamination von Verteilungen vgl. die Ausführungen in Abschnitt 4.3.1.

4.4.2 Ergebnisse

Überblick

In diesem Teilabschnitt werden Flexibilitätsprofile für die Darstellung der Ergebnisse eingesetzt[292]. Durch diese graphische Darstellungsform wird eine komprimierte und anschauliche Präsentation der beobachteten Resultate ermöglicht. Zusätzlich werden die Flexibilitätswerte des jeweiligen Diagramms angegeben.

4.4.2.1 Synchrone Standardanfragen

1-Ebenen-
Modell

Bei der Entgegennahme von synchronen Standardanfragen reagiert das *1-Ebenen-Modell* deutlich flexibler auf die Umweltänderungen als die anderen beiden Modelle (vgl. Abbildung 46). Im Auto-, Bank- und Buchbereich ergibt sich jeweils ein ähnlicher Verlauf der Flexibilitätsprofile. Die partiellen Flexibilitätswerte liegen dort bei ca. 50% der Umweltänderungen über 0,50. Der niedrigste Wert liegt immerhin noch über 0,1. Im Energiebereich dominiert das 1-Ebenen-Modell ebenfalls klar die anderen Alternativen. Allerdings liegt hier das Flexibilitätsprofil etwas unterhalb der Profile bei den anderen Domänen. Partielle Flexibilitätswerte über 0,50 werden nur in ca. 30% der Fälle erreicht und in einem Fall ist sogar ein Wert von 0,0 zu verzeichnen.

2-Ebenen-
Modell

Das *2-Ebenen-Modell* schneidet im Auto- und Energiebereich besser als das Back-Office-Modell ab. Allerdings werden maximal Flexibilitätswerte von 0,62 bzw. 0,77 erreicht und in ca. 50% der Fälle liegen die Werte unter 0,10. Im Bank- und Buchbereich ist dies sogar bei 90% der Umweltänderungen zu beobachten. Speziell im Buchbereich reagiert das 2-Ebenen-Modell auf alle Änderungen völlig inflexibel und erreicht nur in der Ausgangskonstellation mit 0,30 einen Flexibilitätswert über 0,0.

Back-Office-
Modell

Für das Back-Office-Modell ergibt sich bzgl. der Domänen ein umgekehrtes Bild wie beim 2-Ebenen-Modell. Im Auto- und Energiebereich zeigt sich das Modell den anderen Designs deutlich unterlegen, während im Bank- und Buchbereich der zweite Platz vor dem 2-Ebenen-Modell erreicht wird.

---

292. In Abschnitt 3.3.2.5 wird die Anwendung von Flexibilitätsprofilen näher erläutert.

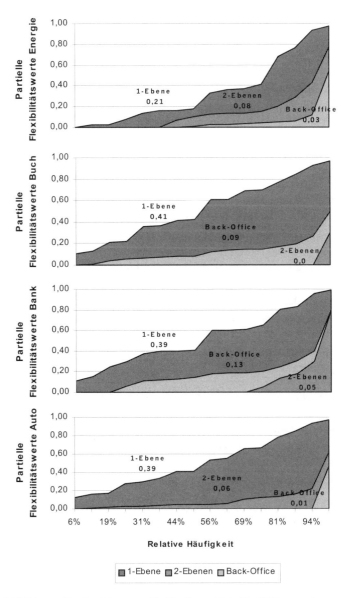

Abbildung 46: Flexibilitätsprofile für die multiple Flexibilitätsanalyse
von verlorenen Standardanfragen

4.4.2.2 Synchrone Spezialanfragen

Die Entgegennahme synchroner Spezialanfragen stellt für alle Gestaltungsalternativen ein beträchtliches Problem dar (vgl. Abbildung 47). Hohe partielle Flexibilitätswerte über 0,50 werden maximal in der Ausgangssituation und einer zusätzlichen Umweltsituationen erreicht. Ansonsten liegen die partiellen Flexibilitätswerte meist deutlich unter der Marke von 0,20. Dies führt dazu, dass auch die Gesamtbewertung für alle Designs zwischen 0,01 und 0,29 liegt.

Das *1-Ebenen-Modell*, das bei der Analyse von Änderungen einzelner Parameter noch einigermassen akzeptabel abgeschnitten hat[293], liegt im Auto-, Buch- und Energiebereich deutlich auf dem letzten Platz. In ungefähr 80% der Umweltsituationen liegen die partiellen Flexibilitätswerte bei 0,00. Im Bankbereich wird mit einem gesamten Flexibilitätswert von 0,09 zumindest der zweite Platz hinter dem 2-Ebenen-Modell erreicht. Die partiellen Flexibilitätswerte liegen hier zwischen 0,02 und 0,63. Diese Ergebnisse sind vor allem deshalb überraschend, da die deutlichen Schwächen des 1-Ebenen-Modells bei gleichzeitiger Änderung mehrerer Umweltparameter weder bei der eingangs erfolgten Analyse der Qualifikationsmischungen[294] noch bei der singulären Flexibilitätsanalyse zu Tage getreten sind.

Das *2-Ebenen-Modell* kann im Auto-, Bank- und Energiebereich die multiplen Umweltänderungen noch am besten verkraften. Die gesamten Flexibilitätswerte liegen zwischen 0,11 und 0,29. Die partiellen Werte liegen durchgehend über den Werten der anderen Designs. Im Buchbereich liegt das 2-Ebenen-Modell knapp hinter dem Back-Office-Modell.

Mit Flexibilitätswerten zwischen 0,00 und 0,12 liegt das Back-Office-Modell einmal auf dem letzten Platz (Bank), zweimal auf dem zweiten Platz (Auto, Energie) und einmal auf dem ersten Platz (Buch). Die partiellen Flexibilitätswerte liegen in allen Fällen unterhalb der Marke von 0,50.

---

293. Vgl. hierzu Abschnitt 4.3.2.

294. Vgl. hierzu Abschnitt 4.1.3.

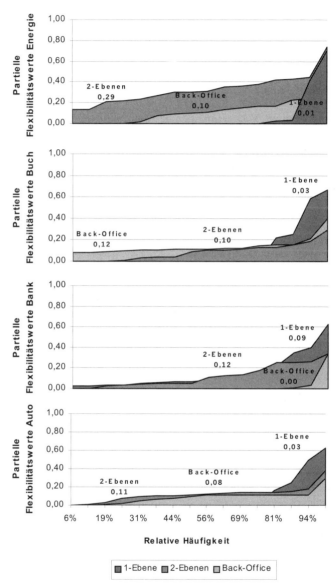

Abbildung 47: Flexibilitätsprofil für die multiple Flexibilitätsanalyse von verlorenen Spezialanfragen

4.4.2.3 Asynchrone Standardanfragen

Die Analyse der Flexibilitätsprofile für asynchrone Standardanfragen zeigt, dass alle Designs wesentlich höhere partielle Flexibilitätswerte erreichen als bei den synchronen Anfragen (vgl. Abbildung 48). Die Umweltänderungen wirken sich demnach stärker auf synchrone als auf asynchrone Anfragen aus.

Das *1-Ebenen-Modell* und das *Back-Office-Modell* können alle Umweltänderungen ohne Probleme verkraften und erreichen durchgehend Flexibilitätswerte nahe bei 1,0. Die Flexibilitätsprofile zeigen, dass die Designs in fast allen Umweltzuständen ihre volle Leistungsfähigkeit erreichen.

Das *2-Ebenen-Modell* schneidet im Vergleich zu den anderen beiden Alternativen deutlich schlechter ab. Bei mehr als 30% der Umweltänderungen wird die partielle Flexibilität mit 0,0 bewertet, im Energiebereich ist dies sogar bei fast der Hälfte aller Änderungen der Fall. Obwohl in den restlichen Umweltänderungen gute partielle Flexibilitätswerte erreicht werden, fallen die gesamten Flexibilitätswerte zwischen 0,05 und 0,11 sehr gering aus. Dies liegt daran, dass in einigen Umweltänderungen dramatisch schlechte Leistungswerte zu der niedrigen Gesamtbewertung führen. Wie bereits weiter oben ausgeführt, wird bei der Berechnung der Flexibilitätswerte die Stärke der Effizienzverluste pro Umweltänderung berücksichtigt. Dies führt dazu, dass die partiellen Flexibilitätswerte nicht gleich gewichtet werden, wie dies im Flexibilitätsprofil geschieht.

4.4.2.4 Asynchrone Spezialanfragen

Für asynchrone Spezialanfragen ist die Reaktionsfähigkeit des *1-Ebenen-Modells* bei einigen Umweltänderungen sehr gering, deshalb wird im Auto-, Bank- und Energiebereich in ca. 30% der Fälle ein partieller Flexibilitätswert von 0,0 vergeben (vgl. Abbildung 49). Im Buchbereich ist dies nur in einem Umweltzustand der Fall. Durch eine gute Reaktionsfähigkeit in den anderen Fällen werden gesamte Flexibilitätswerte zwischen 0,56 und 0,82 erreicht.

Die Schwächen des 2-Ebenen-Modells werden auch bei der Bearbeitung von asynchronen Spezialanfragen sichtbar. Die gesamten Flexibilitätswerte liegen zwischen 0,12 und 0,27. Allerdings verkraf-

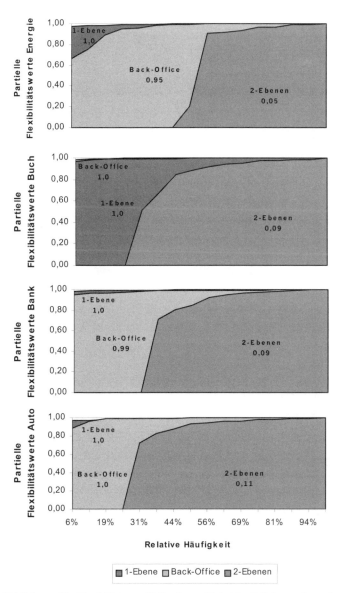

Abbildung 48: Flexibilitätsprofil für die multiple Flexibilitätsanalyse der Wartezeiten asynchroner Standardanfragen

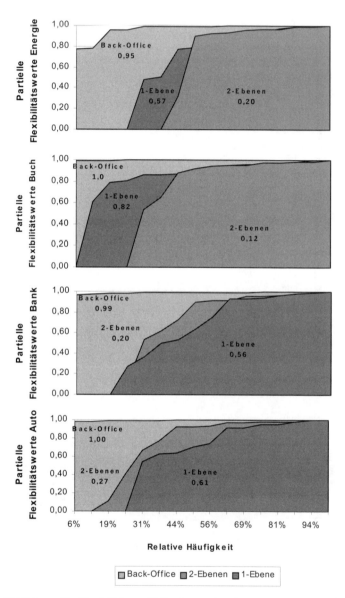

Abbildung 49: Flexibilitätsprofil für die multiple Flexibilitätsanalyse der Wartezeiten asynchroner Spezialanfragen

tet das Design mehr als 50% der Umweltänderungen sehr gut. Die schlechten Effizienzwerte in einigen Umweltsituationen führen jedoch wie bereits bei den asynchronen Standardanfragen zu einer schlechten Gesamtbewertung.

Das *Back-Office-Modell* weist auch bei den asynchronen Spezial-   Back-Office-
anfragen eine hohe Reaktionsfähigkeit auf und verkraftet alle   Modell
Umweltänderungen ohne Probleme. Sowohl die partiellen als auch die gesamten Flexibilitätswerte liegen durchgehend nahe bei 1,0.

4.4.3 Zusammenfassung

In Tabelle 30 werden noch einmal die Ergebnisse der multiplen Fle-xibilitätsanalyse zusammengefasst. Zum Teil werden hierbei die Ergebnisse aus der singulären Flexibilitätsanalyse bestätigt, vor allem in Bezug auf das Reaktionsvermögen des 1-Ebenen-Modells ergeben sich neue Erkenntnisse.

Die Vorteile des *1-Ebenen-Modells* liegen in der Entgegennahme   1-Ebenen-
und der Bearbeitung von Standardanfragen. Sowohl für synchrone   Modell
als auch für asynchrone Anfragen werden mit Abstand die besten Flexibilitätswerte bei allen Domänen erreicht. Die Bearbeitung asynchroner Spezialanfragen kann mit Flexibilitätswerten über 0,50 sichergestellt werden. Allerdings treten erhebliche Probleme bei der Entgegennahme synchroner Spezialanfragen auf.

Für das 2-Ebenen-Modell gestaltet sich sowohl die Bearbeitung   2-Ebenen-
asynchroner Anfragen als auch zu Teil die Entgegennahme syn-   Modell
chroner Standardanfragen als problematisch. Bei den asynchronen Anfragen wird durchgehend mit Abstand der letzte Platz belegt, während bei den synchronen Standardanfragen nur zweimal die schlechtesten Leistungen zu verzeichnen sind.

Die Bearbeitung asynchroner Anfragen bildet den klaren Vorteil des Back-Office-
Back-Office-Modells. Nicht nur die Standard-, sondern auch die   Modell
Spezialanfragen können in allen Umweltsituation effizient bearbei-tet werden. Dafür kann die Leistungsfähigkeit bei der Entgegen-nahme von synchronen Anfragen nicht garantiert werden. Dreimal wird hier der letzte Platz belegt. Allerdings kann das Modell teil-weise bei der Entgegennahme synchroner Spezialanfragen relativ gute Werte erreichen.

	Anfragetyp	1-Ebene	2-Ebenen	Back-Office
Auto	syn. Standardanfragen	0,39	0,06	0,01
	asyn. Standardanfragen	1,00	0,11	1,00
	syn. Spezialanfragen	0,03	0,11	0,08
	asyn. Spezialanfragen	0,61	0,27	1,00
Bank	syn. Standardanfragen	0,39	0,05	0,13
	asyn. Standardanfragen	1,00	0,09	0,99
	syn. Spezialanfragen	0,09	0,12	0,00
	asyn. Spezialanfragen	0,56	0,20	0,99
Buch	syn. Standardanfragen	0,41	0,00	0,09
	asyn. Standardanfragen	1,00	0,09	1,00
	syn. Spezialanfragen	0,03	0,10	0,12
	asyn. Spezialanfragen	0,82	0,12	1,00
Energie	syn. Standardanfragen	0,21	0,08	0,03
	asyn. Standardanfragen	1,00	0,05	0,95
	syn. Spezialanfragen	0,01	0,29	0,10
	asyn. Spezialanfragen	0,57	0,20	0,95

Tabelle 33: Zusammenfassung der Ergebnisse der multiplen Flexibilitätsanalyse

4.5 Tageszeitliche Schwankungen

4.5.1 Untersuchte Tagesverläufe

Bei der letzten Versuchsreihe wird der Einfluss der tageszeitlichen Verteilung des gesamten Anfragevolumens auf die Effizienz der Qualifikationsmischungen untersucht. Hierbei werden zwei unterschiedliche Schwankungsverläufe betrachtet, die von der bisherigen Annahme eines gleichmäßigen Tagesverlaufes deutlich abweichen (Abbildung 50).

Gleichmäßiger Verlauf

Der in den vorangegangenen Abschnitten angenommene Verlauf „Gleichmäßig" unterstellt eine gleiche Verteilung des Volumens über den ganzen Tag hinweg. Das heißt, dass pro Stunde durchschnittlich gleich viele Anfragen eingehen. Der Abstand zwischen

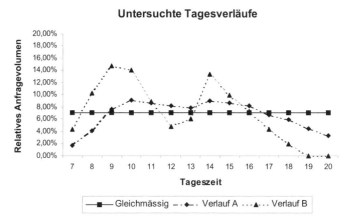

Abbildung 50: Untersuchte tageszeitliche Schwankungen des Anfragevolumens

den einzelnen Anfragen ist nicht konstant, sondern wie auch bei den vorangegangenen Versuchsreihen Poisson-verteilt[295].

Verlauf A wurde empirisch für die Domäne Auto erhoben[296]. Hierfür wurde der Verlauf des Gesprächsaufkommens für fünf Werktage analysiert[297]. Da bei den einzelnen Tagen ähnliche Verläufe zu verzeichnen waren, wurde der tatsächlich untersuchte Verlauf durch Mittelung über alle Tage hinweg gewonnen. Der Verlauf zeigt leichte Lastspitzen am späten Vormittag und frühen Nachmittag. Für ein Unternehmen, das hauptsächlich Geschäftskunden bedient, ist dieser Verlauf durchaus charakteristisch[298].

Verlauf A

Verlauf B wurde aus der Literatur entnommen[299]. Die Lastspitzen sind hier ebenfalls am Vormittag und Nachmittag. Insgesamt sind aber stärkere Schwankungen als bei den anderen Verläufen zu beobachten.

Verlauf B

---

295. Vgl. Abschnitt 3.2.2.3 zur Wahl empirischer Verteilungen.

296. Vgl. Abschnitt 3.2.2.

297. Die Werte wurden aus der ACD-Anlage des untersuchten Automobilverleihers entnommen. Zur Funktionalität von ACD-Anlagen vgl. Haller, T. et al. (1998).

298. Vgl. Böse, B.; Flieger, E. (1999), S. 221, Cleveland, B. et al. (1998), S. 68.

299. Vgl. Böse, B.; Flieger, E. (1999), S. 221, Abbildung 10.14.

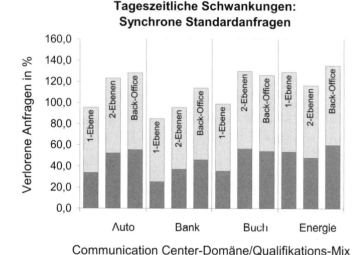

Abbildung 51: Verlorene Standardanfragen bei unterschiedlichen tageszeitlichen Schwankungen und Qualifikationsmischungen

4.5.2 Ergebnisse

Synchrone
Standardan-
fragen

Die Auswirkungen von tageszeitlichen Schwankungen auf die Erreichbarkeit bei *synchronen Standardanfragen* ist beträchtlich. Selbst bei den leichten Lastspitzen von Verlauf A gehen bereits bis zu 60% der Anfragen verloren (vgl. Abbildung 51). Verlauf B führt teilweise zu mehr als 75% verlorenen Anfragen. Der Vergleich der einzelnen Qualifikationsmischungen bestätigt im Auto- und Buchbereich die Ergebnisse aus der ersten Versuchsreihe, die bei gleichmäßigem Tagesverlauf erzielt wurden[300]. In den anderen beiden Bereichen Bank und Energie zeigen die Resultate bei tageszeitlichen Schwankungsverläufen deutliche Abweichungen von den bisherigen Ergebnissen.

---

300. Vgl. hierzu die Ergebnisdiskussion in Abschnitt 4.1.

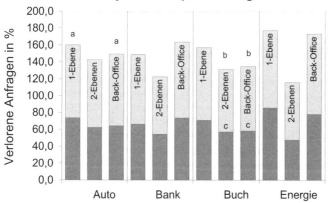

Abbildung 52: Verlorene Spezialanfragen bei unterschiedlichen tageszeitlichen Schwankungen und Qualifikationsmischungen

Das Back-Office-Modell verkraftet im Bankbereich bei beiden | Bank
Schwankungsverläufen die Lastspitzen deutlich schlechter als das
2-Ebenen-Modell, das in der Gesamtbewertung somit klar an zwei-
ter Stelle hinter dem 1-Ebenen-Modell liegt.

Im *Energiebereich* fällt das 1-Ebenen-Modell bei zunehmenden | Energie
Schwankungen auf den zweiten Platz hinter das 2-Ebenen-Modell
zurück, das sowohl bei Verlauf A wie auch bei Verlauf B niedrigere
Verlustraten erreicht.

Bei der Analyse der Ergebnisse für *synchrone Spezialanfragen* in | Synchrone
Abbildung 52 fällt vor allem die Schwäche des 1-Ebenen-Modells | Spezialan-
auf, das bei gleichmäßiger Verteilung noch die besten Leistungs- | fragen
werte gezeigt hatte. Im Auto- und Buchbereich liegt dieses Modell
auf dem letzten Platz, während in den Domänen Bank und Energie
nur das Back-Office-Modell ähnlich bzw. noch schlechter abschneidet. Das 2-Ebenen-Modell verkraftet die Lastspitzen hingegen
wesentlich besser als die anderen Designs und erreicht bei allen

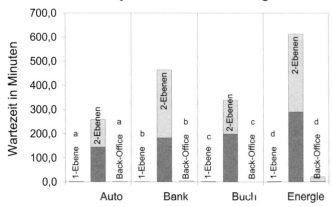

Tageszeitliche Schwankungen:
Asynchrone Standardanfragen

Communication Center-Domäne/Qualifikations-Mix

| ■ Verlauf A | ☐ Verlauf B |

| a, b, c, d: Unterschiede sind paarweise nicht signifikant |

Abbildung 53: Wartezeiten für asynchrone Standardanfragen bei unterschiedlichen tageszeitlichen Schwankungen und Qualifikationsmischungen

Bereichen die besten Werte, obwohl es bei der Analyse der gleichmäßigen Tageszeitverteilung klar vom 1-Ebenen-Modell dominiert wurde.

Asynchrone
Standardan-
fragen

Die Ergebnisse bei den *asynchronen Standardanfragen* zeigen, dass die Bearbeitungsgeschwindigkeit beim 1-Ebenen-Modell und beim Back-Office-Modell kaum unter den tageszeitlichen Schwankungen leidet (vgl. Abbildung 53). Lediglich im Energiebereich steigen die Wartezeiten beim Back-Office-Modell auf bis zu 20 Minuten an (Verlauf B). Dagegen müssen beim 2-Ebenen-Modell bei allen Domänen und Tageszeitverläufen erhebliche Wartezeiten, z.B. von mehr als fünf Stunden im Energiebereich, in Kauf genommen werden.

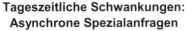

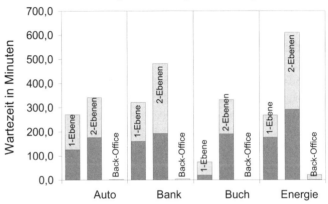

Communication Center-Typ/Qualifikations-Mix

| ■ Verlauf A | ☐ Verlauf B |

Abbildung 54: Wartezeiten für asynchrone Spezialanfragen bei unterschiedlichen tageszeitlichen Schwankungen und Qualifikationsmischungen

Auch bei den *asynchronen Spezialanfragen* führt das 2-Ebenen-Modell durchgängig zu erheblichen Wartezeiten (vgl. Abbildung 54). Das 1-Ebenen-Modell verkraftet die Schwankungen zwar etwas besser, hat aber ebenfalls hohe Wartezeiten zu verzeichnen. Das Back-Office-Modell ist als einzige Alternative in der Lage, die tageszeitlichen Schwankungen ohne lange Wartezeiten für den Kunden zu bewältigen.   Asynchrone
Spezialan-
fragen

4.5.3 Zusammenfassung

Die vorangegangene Versuchsreihe hat den starken Einfluss von tageszeitlichen Schwankungen auf die Leistungsfähigkeit der untersuchten Prozessdesigns gezeigt. Der Anteil an *verlorenen Standard- und Spezialanfragen* ist mit zunehmenden Schwankungen bei allen Modellen beträchtlich gestiegen. Im einzelnen hat sich gezeigt, dass das 1-Ebenen-Modell im Bereich der Standardanfragen am leistungsfähigsten ist, während sich für die Entgegen-   Synchrone
Anfragen nahme von Spezialanfragen das 2-Ebenen-Modell empfiehlt. Das Back-Office-Modell erreicht in beiden Fällen meist die schlechtesten Ergebnisse.

Asynchrone Anfragen

Für die Wartezeiten von *asynchronen Anfragen* sind die beobachteten Effizienzeinbussen stark von den Designs abhängig. Das Back-Office-Modell hat bei tageszeitlichen Schwankungen kaum Einbußen zu verzeichnen, während das 2-Ebenen-Modell sowohl bei Standardanfragen als auch bei Spezialanfragen mit zunehmenden Schwankungen zu sehr langen Wartezeiten führt. Das 1-Ebenen-Modell hat seine Leistungsfähigkeit bei den Standardanfragen durchgehend unter Beweis gestellt, während sich die Bearbeitungsgeschwindigkeit der Spezialanfragen bei starken Lastspitzen deutlich verringert hat.

5 Interpretation und kritische Würdigung

Die *Interpretation* der Ergebnisse und deren *kritische Würdigung* stehen im Zentrum des nachfolgenden Kapitels. Hierbei werden im ersten Abschnitt die erzielten Resultate bezüglich der Gestaltungsdimensionen Qualifikations- und Kommunikations-Mix gegliedert und anhand des erarbeiteten theoretischen Bezugsrahmens interpretiert (Abschnitt 5.1)[301]. Die kritische Reflexion der eigenen Arbeit erfolgt anschließend bezüglich der eingesetzten Methoden und des verwendeten Forschungsdesigns (Abschnitt 5.2).

Überblick

5.1 Interpretation der Ergebnisse

5.1.1 Koordinationseffekt und Pooling-Effekt beim Qualifikations-Mix

Da bei einigen Qualifikationsmischungen Spezialanfragen direkt von Spezialisten entgegengenommen werden, sind für diese Anfragen Effizienzsteigerungen durch die Zusammenfassung von Anfrageklassifikation und -bearbeitung möglich (*Koordinationseffekt*). Zudem stellen einige Qualifikationsmischungen größere Mitarbeitergruppen für die Entgegennahme von Anfragen zur Verfügung als andere und lassen deshalb Effizienzvorteile erwarten (*Pooling-Effekt*). Beide Effekte werden im Folgenden gemeinsam anhand der Hypothesen aus Abschnitt 2.4 überprüft. Als Grundlage hierfür dienen die erzielten experimentellen Ergebnisse (vgl. Tabelle 34).

Koordinationseffekt und Pooling-Effekt

Hypothese 1a/2a: 1-Ebenen versus 2-Ebenen

Die Zusammenfassung der Anfrageklassifizierung und Anfragebearbeitung sowie die Vergrößerung der Mitarbeitergruppen führt zu Effizienzvorteilen, insbesondere ist das 1-Ebenen-Modell bei allen Anfragetypen effizienter als das 2-Ebenen-Modell.

---

301. Der theoretische Bezugsrahmen wird am Ende des zweiten Kapitels vorgestellt, vgl. Abschnitt 2.4.

Domäne	Versuchsreihe[a]	Synchrone Standardanfragen			Synchrone Spezialanfragen			Asynchrone Standardanfragen			Asynchrone Spezialanfragen		
		1-Ebene	2-Ebenen	Back-Office	1-Ebene	2-Ebenen	Back-Office	1-Ebene	2-Ebenen	Back-Office	1-Ebene	2-Ebenen	Back-Office
Auto	Basis[b]	0,00	3,49	5,06	0,00	2,48	3,38	0,00	6,62	0,34	3,34	10,07	0,00
	Singulär[c]	0,79	0,25	0,10	0,21	0,17	0,11	1,00	0,93	1,00	0,92	0,91	1,00
	Multipel[c]	0,39	0,06	0,01	0,03	0,11	0,08	1,00	0,11	1,00	0,61	0,27	1,00
	Tageszeit A/B[d]	0,00	18,30	21,60	11,30	0,00	2,00	0,20	143,80	0,00	125,80	175,90	0,00
		0,00	9,40	11,10	6,10	0,00	4,80	0,00	113,20	1,70	141,50	162,70	0,00
Bank	Basis[b]	0,00	2,02	1,97	0,00	2,95	2,87	0,00	3,37	0,72	5,58	11,06	0,00
	Singulär[c]	0,81	0,27	0,35	0,24	0,15	0,05	1,00	0,94	1,00	0,85	0,89	1,00
	Multipel[c]	0,39	0,05	0,13	0,09	0,12	0,00	1,00	0,09	0,99	0,56	0,20	0,99
	Tageszeit A/B[d]	0,00	11,70	20,70	12,10	0,00	19,30	0,00	182,30	0,00	160,10	192,70	0,00
		0,90	0,00	9,20	14,20	0,00	21,60	0,00	280,40	2,70	157,40	285,50	0,00
Buch	Basis[b]	0,00	6,71	4,72	0,00	3,72	2,68	0,00	12,53	0,00	3,37	12,88	0,00
	Singulär[c]	0,80	0,06	0,24	0,25	0,08	0,18	1,00	0,88	1,00	0,96	0,87	1,00
	Multipel[c]	0,41	0,00	0,09	0,03	0,10	0,12	1,00	0,09	1,00	0,82	0,12	1,00
	Tageszeit A/B[d]	0,00	21,20	18,80	13,70	0,00	1,10	0,40	198,20	0,00	20,10	190,90	0,00
		0,00	9,60	8,30	11,90	0,00	2,40	0,80	140,50	0,00	53,60	141,00	0,00
Energie	Basis[b]	0,00	2,00	4,38	0,35	0,00	2,95	0,00	4,54	2,95	3,56	5,27	0,00
	Singulär[c]	0,61	0,30	0,13	0,13	0,46	0,24	1,00	0,39	1,00	0,89	0,38	1,00
	Multipel[c]	0,21	0,08	0,03	0,01	0,29	0,10	1,00	0,05	0,95	0,57	0,20	0,95
	Tageszeit A/B[d]	5,60	0,00	11,90	37,90	0,00	30,40	0,00	288,30	0,40	175,60	290,70	0,00
		7,20	0,00	6,90	23,30	0,00	26,70	0,00	321,80	19,10	71,40	299,40	0,00

Tabelle 34: Analyse von Qualifikationsmischungen für unterschiedliche Anfragetypen und Communication Center-Typen[e]

a. Legende: Basis = Basisuntersuchung, Singulär = singuläre Flexibilitätsanalyse, multipel = multiple Flexibilitätsanalyse, Tageszeit A/B = Analyse tageszeitlicher Schwankungen vom Typ A bzw. B.
b. Gemessen als verlorene Anfragen in % (synchron) bzw. Wartezeit in Sekunden (asynchron).
c. Gemessen als Flexibilitätswert (dimensionslos), vgl. Abschnitt 3.3.2.5.
d. Gemessen als verlorene Anfragen in % (synchron) bzw. Wartezeit in Minuten (asynchron).
e. Die besten Leistungswerte sind grau unterlegt. Falls zwischen den zwei besten Alternativen einer Versuchsreihe keine statistisch signifikanten Unterschiede festgestellt werden konnten werden beide Werte grau unterlegt.

Für *synchrone Standardanfragen* bestätigen sich der Koordinati- Synchrone
onseffekt und Pooling-Effekt bezüglich des *1-Ebenen-Modells und* Standardan-
2-Ebenen-Modells in fast allen Versuchsreihen (Tabelle 34). Ledig- fragen
lich bei der Analyse tageszeitlicher Schwankungen im Energiebereich schneidet das 2-Ebenen-Modell besser als das 1-Ebenen-
Modell ab. Diese Ausnahme lässt sich durch zwei Spezifika des
Energiebereichs erklären: (1) Der Gesamtanteil an Spezialanfragen liegt mit 3,99% deutlich niedriger als in den anderen Domänen
und der Anteil an Spezialisten beträgt deshalb nur 18% (vgl. Tabelle
35). Dadurch ist die Wahrscheinlichkeit der direkten Übernahme
von Spezialanfragen durch einen Spezialisten und des damit verbundenen Koordinationseffektes sehr gering. (2) Für synchrone
Standardanfragen ist die Bearbeitungszeit (inklusive Nachbearbeitungszeit) im Energiebereich mit 5:30 Minuten deutlich höher als in
den anderen Bereichen, wo sie zwischen 2:56 und 3:25 Minuten
beträgt. Dies gilt auch für asynchrone Standardanfragen, bei denen
7:00 Minuten gegenüber 3:00 und 4:00 Minuten benötigt werden[302]. Die langen Bearbeitungszeiten führen zu einer erhöhten
Bindung von Mitarbeitern, was sich vor allem bei tageszeitlichen
Lastspitzen bemerkbar macht.

Die *Basisuntersuchung* und die *singulären Flexibilitätsanalysen* Synchrone
bestätigen die Hypothesen 1a und 2a ebenfalls für *synchrone Spe-* Spezialan-
zialanfragen in den Domänen Auto, Bank und Buch (vgl. Tabelle fragen
34). Aufgrund der Zusammenfassung von Aktivitäten lassen sich
signifikante Effizienzsteigerungen realisieren. Bei der *multiplen Fle-*
xibilitätsanalyse und der Untersuchung *tageszeitlicher Schwankun-*
gen sowie im gesamten Energiebereich zeigt das 1-Ebenen-Modell
allerdings deutliche Schwächen gegenüber dem 2-Ebenen-Modell.
Dies ist zum einen auf die bereits oben diskutierten Spezifika des
Energiebereiches und zum anderen auf die zusätzliche Belastung
von Spezialisten mit der Bearbeitung von Standardanfragen
zurückzuführen. Falls die Kapazitäten der Generalistengruppe
nicht für die Entgegennahme aller synchronen Anfragen ausreichen, werden eingehende Anfragen direkt an verfügbare Spezialisten geleitet. Bei Lastspitzen führt dies zu einer vermehrten Belastung der Spezialisten (*Spezialistenbindung*) und somit zu Engpässen bei der Entgegennahme von Spezialanfragen. Da gerade bei

---

302. Vgl. Abschnitt 3.2.2.2.

Domäne		Auto	Bank	Buch	Energie
Gesamte Mitarbeiterkapazität		23	34	21	40
1-Ebene	Anzahl Spezialisten	8	19	6	7
	Anteil in %	35%	56%	29%	18%
2-Ebenen	Anzahl Spezialisten	7	18	6	6
	Anteil in %	30%	53%	29%	15%
Back-Office	Anzahl Spezialisten	8	21	6	13
	Anteil in %	35%	62%	29%	33%

Tabelle 35: Kapazität an Spezialisten für unterschiedliche Communication Center-Domänen

der multiplen Flexibilitätsanalyse und der Analyse tageszeitlicher Schwankungen starke Lastspitzen untersucht werden, ist in diesen Versuchsreihen die vermehrte Spezialistenbindung größer als der Koordinationseffekt und es sind Effizienzeinbußen beim 1-Ebenen-Modell zu verzeichnen.

Asynchrone Anfragen

Bei der Analyse *asynchroner Anfragen* werden der *Koordinationseffekt* und *Pooling-Effekt* durchgehend bestätigt (vgl. Tabelle 34). Lediglich für asynchrone Spezialanfragen erreicht das 2-Ebenen-Modell im Bankbereich bei der singulären Flexibilitätsanalyse einen etwas höheren Flexibilitätswert als das 1-Ebenen-Modell. Dieses Resultat wird vor allem durch schlechte Leistungswerte bei erhöhtem Anfragevolumen und verlängerten Bearbeitungszeiten verursacht[303] und deutet auf die Auswirkungen der oben beschriebenen *erhöhten Spezialistenbindung* hin.

Hypothese 1b/2b: 1-Ebenen versus Back-Office

Die Zusammenfassung der Anfrageklassifizierung und Anfragebearbeitung sowie die Vergrößerung der Mitarbeitergruppen führt zu Effizienzvorteilen, insbesondere ist das 1-Ebenen-Modell bei synchronen Standardanfragen effizienter als das Back-Office-Modell.

---

303. Vgl. Abschnitt 4.3.2.4.

Für *synchrone Standardanfragen* bestätigen sich Hypothese 1b und 2b durchgehend in allen Domänen und Versuchsreihen (vgl. Tabelle 34). Lediglich im Energiebereich bei der Analyse tageszeitlicher Schwankungen können keine Leistungsvorteile des 1-Ebenen-Modells gezeigt werden. Die dort auftretenden Effizienzunterschiede sind allerdings nicht statistisch signifikant. Bei *synchronen Spezialanfragen* wird Hypothese 1b in der Basisanalyse für alle Domänen gestützt. Da sich das Back-Office-Modell bei der Bearbeitung der synchronen Anfragen nicht vom 2-Ebenen-Modell unterscheidet, können die gemessenen Effizienzvorteile des 1-Ebenen-Modells wie oben erläutert auf den *Koordinationseffekt* und *Pooling-Effekt* zurückgeführt werden. Die zusätzliche Bindung der Spezialisten im 1-Ebenen-Modell, die den beiden Effekten entgegenwirkt, führt auch gegenüber dem Back-Office-Modell bei Lastspitzen zu Effizienznachteilen. Dies schlägt sich bei den Flexibilitätsanalysen und den Untersuchungen tageszeitlicher Schwankungen nieder.

(Randnotiz: Synchrone Anfragen)

Hypothese 1c/2c: Back-Office versus 1-Ebenen und 2-Ebenen

Die Zusammenfassung der Anfrageklassifizierung und Anfragebearbeitung sowie die Vergrößerung der Mitarbeitergruppen führt zu Effizienzvorteilen, insbesondere ist das Back-Office-Modell bei asynchronen Anfragen effizienter als die beiden anderen Modelle.

Die Ergebnisse bei den *asynchronen Standardanfragen* zeigen durchgehende Vorteile des Back-Office-Modells gegenüber dem 2-Ebenen-Modell (vgl. Tabelle 34) und stützten somit die Hypothese 1c und 2c bzgl. dieser beiden Modelle. Da im Back-Office-Modell *alle* asynchronen Anfragen direkt von Spezialisten bearbeitet werden können, kann die Anfrageklassifikation und Bearbeitung für *alle* asynchronen Spezialanfragen zusammengefasst werden. Der Koordinationseffekt beim 1-Ebenen-Modell wird demgegenüber nur bei einem Teil der Spezialanfragen erreicht. Es ist somit zu erwarten, dass Koordinationseffekt beim Back-Office-Modell höher ausfällt und dieses Design somit besser abschneidet. Diese Vermutung lässt sich allerdings in keiner Versuchsreihe bestätigen, da beide Modelle durchgehend Bestwerte erreichen.

(Randnotiz: Asynchrone Standardanfragen)

Asynchrone   Bei den *asynchronen Spezialanfragen* zeigen alle Versuchsreihen
Spezialan-   in allen Domänen die Vorteilhaftigkeit des Back-Office-Modells und
fragen   stützen somit die Hypothesen 1c und 2c.

5.1.2 Qualitative Anforderungen an die Mitarbeiter beim Back-Office-Modell

Media Rich-   Im Back-Office-Modell werden alle asynchronen Anfragen von Spe-
ness und   zialisten bearbeitet. Diese Aufgabenzuordnung lässt eine qualita-
Social Pres- tive Unterforderung der Mitarbeiter erwarten, da aufgrund der
ence Theory   *Media Richness Theory* und der *Social Presence Theory* asyn-
              chrone Kommunikationskanäle für die Abwicklung von Standardan-
              fragen genutzt werden, während bei Spezialanfragen vermehrt syn-
              chrone Kanäle zum Einsatz kommen.

Hypothese 3: Qualitative Unterforderung im Back-Office-Modell

Im Back-Office-Modell werden Spezialisten qualitativ unterfordert.

Schwierig-   Bei der Analyse von Hypothese 3 soll zunächst untersucht werden,
keitsgrad   ob sich der unterstellte Zusammenhang zwischen Schwierigkeits-
und Kom-   grad und Kommunikationsmedium tendenziell in den erhobenen
munikations- Daten wiederspiegelt[304]. Die Betrachtung der absoluten und relati-
kanal   ven Volumina pro Anfragetyp in Tabelle 36 zeigt hierbei tatsächlich
              in allen Domänen einen verstärkten Einsatz von synchronen Kom-
              munikationskanälen für die Abwicklung von Spezialanfragen.

Fehlnut-   Um die qualitativen Anforderung an die Spezialisten im Back-
zung von   Office-Modell bewerten zu können, ist allerdings nicht nur das
Spezialisten Anfragevolumen, sondern die gesamte Arbeitslast asynchroner
              Spezialanfragen zu bestimmen und anschließend der Belastung
              durch Standardanfragen gegenüberzustellen. Hierfür wird die *rela-
              tive Arbeitslast von Spezialanfragen pro Kommunikationskanal*
              berechnet (vgl. Tabelle 36). Diese beträgt im Autobereich 81,08%,
              obwohl die Anfragevolumina für Standard- und Spezialanfragen in

---

304. Für eine detaillierte Überprüfung dieser Aussage sind die erhobenen Daten
     allerdings nicht geeignet, da zum einen die Abgrenzung von Standard- und
     Spezialanfragen zu grob ist und zum anderen die erhobenen Daten zu starke
     Qualitätsunterschiede über die Domänen hinweg aufweisen (gemessene
     Werte, Schätzwerte).

		Auto	Bank	Buch	Energie
Standard synchron	Volumen[a]	185	146	183	227
	Volumen in %	80,26	55,20	88,94	80,96
	Bearbeitungszeit[b]	3:22	2:56	3:25	5:30
	Arbeitslast	623	428	625	1249
Spezial synchron	Volumen[a]	32	65	12	1
	Volumen in %	13,83	24,80	6,06	3,20
	Bearbeitungszeit[b]	2:33	7:41	6:00	8:00
	Arbeitslast	82	499	72	8
Arbeitslast synchron		705	927	697	1257
Relative Arbeitslast Spezial synchron in %		**11,63**	**53,83**	**10,33**	**0,64**
Standard asynchron	Volumen[a]	7	36	10	42
	Volumen in %	3,11	13,80	4,68	15,05
	Bearbeitungszeit[b]	3:00	4:00	4:00	7:00
	Arbeitslast	21	144	40	294
Spezial asynchron	Volumen[a]	6	16	1	2
	Volumen in %	2,80	6,20	0,32	0,79
	Bearbeitungszeit[b]	15:00	15:00	10:00	10:00
	Arbeitslast	90	240	10	20
Arbeitslast asynchron		111	384	50	314
Relative Arbeitslast Spezial asynchron in %		**81,08**	**62,50**	**20,00**	**6,37**

Tabelle 36: Relative Arbeitslast durch Spezialanfragen pro Kommunikationskanal in unterschiedlichen Communication Center-
Domänen

---

a. Gemessen in Anfragen pro Stunde.
b. Gemessen in Minuten. Bei synchronen Anfragen werden die Gesprächszeit und die
Nachbearbeitungszeit zusammengefaßt.

etwa gleich hoch sind, und im Bankbereich 62,50%. Somit zeigt
sich in diesen Domänen eine maximale *Fehlnutzung von Spezialisten* von 38%, wodurch Hypothese 3 nur bedingt gestützt werden
kann. In den anderen beiden Domänen beträgt dieser Wert mindestens 80%, was die qualitative Unterforderung von Spezialisten
bestätigt.

5.1.3 Pooling-Effekt und Lastunterschiede beim Kommunikations-Mix

Pooling-
Effekt

Bei der Integration von Kommunikationskanälen wird die Bearbeitung synchroner und asynchroner Anfragen in einer Mitarbeitergruppe zusammengefasst, während hierfür bei getrennten Kommunikationskanälen zwei Gruppen gebildet werden müssen. Da die Gesamtzahl von Mitarbeitern in beiden Fällen gleich hoch ist, sind bei getrennten Kanälen weniger Mitarbeiter pro Gruppe verfügbar und somit Effizienznachteile aufgrund des *Pooling-Effektes* gegenüber integrierten Kanälen zu erwarten.

Hypothese 4: Pooling-Effekt beim Kommunikations-Mix

Die Verkleinerung der Mitarbeitergruppen bei getrennten Kommunikationskanälen führt zu Effizienznachteilen gegenüber integrlerten Kanälen.

Pooling-
Effekt für
synchronen
Anfragen

Für *synchrone Anfragen* wird Hypothese 4 beim *1-Ebenen-Modell* und beim *2-Ebenen-Modell* in allen Domänen gestützt (vgl. Abbildung 55). Durch die Integration der Kommunikationskanäle vergrößern sich die Mitarbeitergruppen und es ergibt sich sowohl bei den Standardanfragen als auch bei den Spezialanfragen eine signifikant bessere Erreichbarkeit.

Pooling-
Effekt und
Gruppen-
größe

Der Zusammenhang zwischen der Höhe des *Pooling-Effektes* und der *eingesetzten Mitarbeiterzahl* ist in Abbildung 56 dargestellt. Beim *2-Ebenen-Modell* ist sowohl bei den Standardanfragen als auch bei den Spezialanfragen ein Zusammenhang zwischen der Mitarbeiterkapazität und dem Pooling-Effekt erkennbar. Je mehr Mitarbeiter insgesamt eingesetzt werden, umso größer sind die Vorteile von integrierten gegenüber getrennten Kommunikationskanälen. Beim 1-Ebenen-Modell zeichnet sich diese Abhängigkeit nur bei den Spezialanfragen ab, da die gemessenen absoluten Leistungswerte bei den Standardandanfragen insgesamt sehr gering sind.

Konkurrenz-
effekt

Beim *Back-Office-Modell* sind bezüglich der synchronen Standardanfragen keine signifikanten Unterschiede zwischen den Kommunikationsmischungen festzustellen (vgl. Abbildung 55). Dies lässt sich dadurch erklären, dass die Entgegennahme und Bearbeitung der Standardanfragen in der Generalistengruppe erfolgt, die aus-

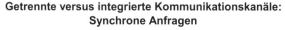

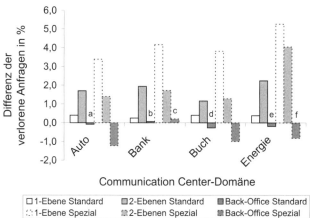

Abbildung 55: Unterschiede zwischen getrennten und integrierten
Kommunikationskanälen für synchrone Anfragen bei
unterschiedlichen Qualifikationsmischungen, Anfragetypen und Communication Center-Domänen

schließlich für synchrone Anfragen zuständig ist und deshalb von
einer Trennung der Kommunikaitonskanäle nicht betroffen wird.
Überraschenderweise sind allerdings bei den synchronen Spezialanfragen keine Effizienzeinbußen bei getrennten Kanälen zu verzeichnen. Es lassen sich im Gegenteil sogar Leistungssteigerungen im Auto- und Buchbereich feststellen. Diese Beobachtungen
können durch einen *Konkurrenzeffekt* erklärt werden, der gegen-
läufig zum Pooling-Effekt wirkt. Bei integrierten Kommunikationskanälen bearbeitet ein Mitarbeiter asynchrone Anfragen, sobald sich
keine synchrone Anfrage in der Warteschlange befindet. Für die
Dauer der Bearbeitung ist er gebunden und kann in dieser Zeit
keine neuen synchronen Anfragen entgegennehmen. Somit *konkurrieren* synchrone und asynchrone Anfragen um dieselben Mitarbeiter, und es können dadurch Nachteile bei der Entgegennahme
synchroner Anfragen entstehen.

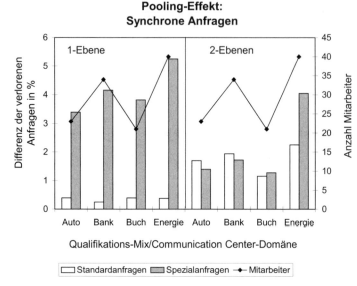

Pooling-Effekt:
Synchrone Anfragen

Qualifikations-Mix/Communication Center-Domäne

☐ Standardanfragen ▨ Spezialanfragen ◆ Mitarbeiter

Abbildung 56: Zusammenhang zwischen Pooling-Effekt und Mitarbeiterkapazität beim 1-Ebenen-Modell und 2-Ebenen-
Modell

Konkurrenz-
effekt versus
Pooling-
Effekt

Der *Konkurrenzeffekt* führt allerdings nur dann zu einer Vorteilhaftigkeit von getrennten Kommunikationskanälen, wenn er *nicht
durch den Pooling-Effekt kompensiert* werden kann. Im Bankbereich ist mit 21 Spezialisten ein deutlich höherer Pooling-Effekt zu
erwarten als in den Bereichen Auto (8 Spezialisten), Buch (6) oder
Energie (13)[305]. Dies würde erklären, warum in den letztgenannten
drei Bereichen eine Verschlechterung durch die Integration der
Kommunikationskanäle hervorgerufen wird, während sich im Autobereich beide Effekte gegenseitig kompensieren und die Kommunikationsmischungen ähnlich gut abschneiden.

Mitarbeiter-
bindung und
Konkurrenz-
effekt

Die Wirkung des Konkurrenzeffektes hängt von der *Höhe der Mitarbeiterbindung* durch asynchrone Anfragen ab. Deshalb könnte eine
Quantifizierung des Konkurrenzeffektes mit Hilfe des Quotienten
aus durchschnittlicher Bearbeitungszeit pro asynchroner Anfrage
und verfügbarer Mitarbeiterkapazität erfolgen. In Tabelle 37 wird die

---

305. Die Mitarbeiterzahlen sind im Abschnitt 3.2.4.3 aufgeführt.

Berechnungsgröße		Auto	Bank	Buch	Energie
Standard	Volumen pro Stunde	7,15	36,43	9,64	42,14
	Bearbeitungszeit[a]	3,00	4,00	4,00	7,00
Spezial	Volumen pro Stunde	6,44	16,37	0,66	2,21
	Bearbeitungszeit[a]	15,00	15,00	10,00	10,00
Durchschnittliche Bearbeitungszeit[ab]		8,69	7,41	4,38	7,15
Mitarbeiterkapazität		8	21	6	13
Mitarbeiterbindung = Bearbeitungszeit/Kapazität[c]		1,09	0,35	0,73	0,55
Differenz verlorener synchroner Spezialanfragen in %		-1,22	0,21	-0,99	-0,82

Tabelle 37: Mitarbeiterbindung und Erreichbarkeit bei unterschiedlichen Communication Center-Domänen[d]

a. Gemessen in Minuten.
b. Die Bearbeitungszeit wird als gewichtetes Mittel aus den Bearbeitungszeiten der Standard- und Spezialanfragen gebildet. Die Gewichtung erfolgt mit Hilfe des jeweiligen Anteils am gesamten Volumen asynchroner Anfragen.
c. Gemessen in Minuten pro Mitarbeiter.
d. Die verwendeten Werte stammen aus Tabelle 7, Abschnitt 3.2.2.2.

Berechnung dieser Quotienten für alle Domänen vorgenommen. Dabei ergibt sich im Bankbereich mit 0,35 die niedrigste Bindung, während im Autobereich mit 1,09 die höchste Bindung erreicht wird. Es ist über alle Domänen hinweg ein direkter Zusammenhang zwischen der Mitarbeiterbindung und den Leistungsunterschieden der Kommunikationsmischungen zu erkennen.

Für *asynchrone Anfragen* muss bei einer Trennung der Kommunikationskanäle in allen Domänen und bei allen Modellen eine geringere Bearbeitungsgeschwindigkeit hingenommen werden (vgl. Abbildung 57). Hierbei fällt auf, dass die Auswirkungen des Pooling-Effektes im Energiebereich relativ gering ausfallen, während sie im Buchbereich beträchtliche Ausmaße annehmen. Eine mögliche Erklärung ergibt sich durch die Betrachtung der Mitarbeiterkapazitäten in den jeweiligen Domänen, insbesondere der Anzahl von Mitarbeitern, die bei getrennten Kommunikationskanälen für die Bearbeitung asynchroner Anfragen eingesetzt werden (vgl. Tabelle 38).

Pooling-Effekt für asynchrone Anfragen

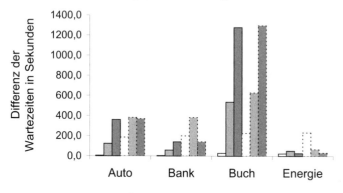

Abbildung 57: Unterschiede zwischen getrennten und integrierten
Kommunikationskanälen für asynchrone Anfragen bei
unterschiedlichen Qualifikationsmischungen, Anfragetypen und Communication Center-Domänen

Pooling-
Effekt und
Mitarbeiter-
kapazität

Die gesamte Mitarbeiterkapazität ist im Buchbereich geringer als in
den anderen Domänen. Zudem werden dort für asynchrone Anfragen extrem wenige Mitarbeiter zur Verfügung gestellt, wodurch sich
die krassen Nachteile der getrennten Kommunikationskanälen in
dieser Domäne erklären lassen. Im Autobereich ist der Anteil an
Mitarbeitern für asynchrone Anfragen höher als im Buchbereich
und deshalb fällt dort der Pooling-Effekt deutlich geringer aus. Im
Bankbereich liegt der Mitarbeiteranteil für asynchrone Anfragen
zwar etwas höher als im Energiebereich, dafür werden dort insgesamt mehr Mitarbeiter eingesetzt. Aus diesem Grund ist im Energiebereich ein geringerer Pooling-Effekt zu beobachten als im
Bankbereich.

Domäne		Auto	Bank	Buch	Energie
Gesamte Mitarbeiterkapazität		23	34	21	40
1-Ebene	Mitarbeiteranzahl	4	10	2	8
	Anteil in %	17%	29%	10%	20%
2-Ebenen	Mitarbeiteranzahl	4	9	2	9
	Anteil in %	17%	26%	10%	23%
Back-Office	Mitarbeiteranzahl	3	8	1	8
	Anteil in %	13%	24%	5%	20%

Tabelle 38: Mitarbeiterkapazitäten für asynchrone Anfragen bei getrennten Kommunikaitonskanälen, unterschiedlichen Qualifikationsmischungen und Domänen

Die Auswirkung unterschiedlicher Arbeitslasten von synchronen und asynchronen Anfragen auf die Prozesseffizienz wird in der Hypothese 5 formuliert: *Lastunterschiede*

Hypothese 5: Lastunterschiede

> Bei stark unterschiedlichen Arbeitslasten von synchronen und asynchronen Anfragen ist die Trennung der Kommunikationskanäle effizienter als die Integration.

Zur Überprüfung dieser Hypothese werden zunächst die unterschiedlichen Arbeitslasten pro Anfragetyp in den Domänen berechnet und anschließend die Unterschiede zwischen synchronen und asynchronen Anfragen ermittelt (vgl. Tabelle 39). Deutliche Lastunterschiede ergeben sich hierbei im Auto- und Buchbereich. Demnach müsste in diesen Bereichen ein tendenziell geringerer Pooling-Effekt zu beobachten sein als in den anderen beiden Domänen. Für synchrone Anfragen ist dies tatsächlich zu beobachten (vgl. Abbildung 56 und Abbildung 55), während bei asynchronen Anfragen im Auto- und Buchbereich ein verstärkter Pooling-Effekt zu beobachten ist (vgl. Abbildung 57). Somit wird Hypothese 5 für synchrone Anfragen gestützt und für asynchrone Anfragen nicht bestätigt. *Lastunterschiede und Pooling-Effekt*

		Auto	Bank	Buch	Energie
Standard synchron	Volumen[a]	185	146	183	227
	Bearbeitungszeit[b]	3:22	2:56	3:25	5:30
	Arbeitslast	623	428	625	1249
Standard asynchron	Volumen[a]	7	36	10	42
	Bearbeitungszeit[b]	3:00	4:00	4:00	7:00
	Arbeitslast	21	144	40	294
Standard Lastunterschied = Arbeitslast synchron/ Arbeitslast asynchron		**29,66**	**2,97**	**15,63**	**4,25**
Spezial synchron	Volumen[a]	32	65	12	1
	Bearbeitungszeit[b]	2:33	7:41	6:00	8:00
	Arbeitslast	82	499	72	8
Spezial asynchron	Volumen[a]	6	16	1	2
	Bearbeitungszeit[b]	15:00	15:00	10:00	10:00
	Arbeitslast	90	240	10	20
Spezial Lastunterschied = Arbeitslast synchron/ Arbeitslast asynchron		**0,91**	**2,08**	**7,20**	**0,40**

Tabelle 39: Lastunterschiede zwischen synchronen und asynchronen Anfragen in unterschiedlichen Communication Center-Domänen

---

a. Gemessen in Anfragen pro Stunde.
b. Gemessen in Minuten. Bei synchronen Anfragen werden die Gesprächszeit und die Nachbearbeitungszeit zusammengefaßt.

5.1.4 Schwankungsausgleich beim Kommunikations-Mix

Effizienz-
schwankun-
gen

Bei den vorangegangenen Analysen wurde die Prozesseffizienz mit Hilfe von Durchschnittswerten gemessen und bewertet. Für die Überprüfung von Hypothese 6 werden zusätzlich *Effizienzschwankungen* berücksichtigt, die sich mit Hilfe der Standardabweichung quantifizieren lassen[306]. Konkret werden hierbei die Unterschiede zwischen den Standardabweichungen der Wartezeiten bei integrierten und getrennten Kommunikationskanälen untersucht.

---

306. Vgl. Kelton, W.D.; Sadowski, R.P.; Sadowski, D.A. (1998), 486.

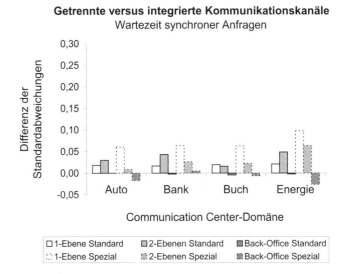

Abbildung 58: Schwankungsunterschiede zwischen getrennten und integrierten Kommunikationskanälen für synchrone Anfragen bei unterschiedlichen Qualifikationsmischungen, Anfragetypen und Communication Center-Domänen

Hypothese 6: Schwankungsausgleich

Bei der Trennung der Kommunikationskanäle treten stärkere Effizienzschwankungen auf als bei der Integration.

Bei *synchronen Anfragen* sind nur marginale Unterschiede zwischen den Standardabweichungen zu erkennen (vgl. Abbildung 58), weil sich längere Wartezeiten direkt in einem erhöhten Anteil an verlorenen Anfragen niederschlagen. Deshalb wird für die Bewertung von Schwankungen bei synchronen Anfragen direkt auf die bereits erfolgte Analyse der verlorenen Anfragen im Rahmen des Pooling-Effektes verwiesen (vgl. Ausführungen zu Hypothese 4).

Synchrone Anfragen

Bei getrennten Kommunikationskanälen ergeben sich deutlich stärkere Schwankungen in den Wartezeiten für asynchronen Anfragen als bei integrierten Kanälen (vgl. Abbildung 59). Die Schwankungen verhalten sich analog zu den durchschnittlichen Wartezeiten (vgl. Abbildung 57) und sind demnach im Buchbereich sehr stark ausge-

Asynchrone Anfragen

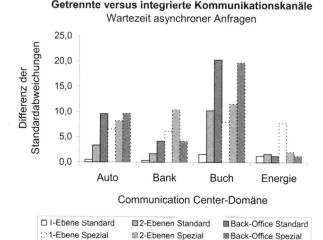

Abbildung 59: Schwankungsunterschiede zwischen getrennten und integrierten Kommunikationskanälen für asynchrone Anfragen bei unterschiedlichen Qualifikationsmischungen, Anfragetypen und Communication Center-Domänen

prägt, während sie im Energiebereich nur schwach erkennbar sind. Durch diese Ergebnisse kann somit Hypothese 6 gestützt werden. Die Erklärung dieses Effektes kann der Diskussion des Pooling-Effektes für asynchrone Anfragen entnommen werden (vgl. obige Ausführungen zu Hypothese 4).

5.1.5 Zusammenfassung

Hypothese 1
und Hypo-
these 2

Die Ergebnisse der experimentellen Studie sind in Tabelle 40 zusammengefasst. Dabei wird deutlich, dass Hypothese 1 und Hypothese 2 (Koordinationseffekt/Pooling-Effekt beim Qualifikations-Mix) in einigen Versuchsreihen vor allem für Spezialanfragen abgelehnt werden muss. Hier werden der *Koordinations-Effekt* und der *Pooling-Effekt* im 1-Ebenen-Modell durch eine erhöhte *Spezialistenbindung* überlagert, die zu Engpässen bei der Entgegennahme von Spezialanfragen führt und somit die Prozesseffizienz für diesen Anfragetyp beeinträchtigt.

Hypothese	Synchrone Anfragen	Asynchrone Anfragen
1/2: Koordinations-/Pooling-Effekt beim Qualifikations-Mix		
1-Ebenen versus 2-Ebenen	👍/👎	👍/👎
1-Ebenen versus Back-Office	👍/👎	./.
Back-Office versus 1-Ebenen	./.	👍/👎
3: Qualitative Unterforderung im Back-Office		
Auto/Bank	./.	(👍)
Buch/Energie	./.	👍
4/6: Pooling-Effekt und Schwankungsausgleich beim Kommunikations-Mix		
1-Ebenen/2-Ebenen	👍	👍
Back-Office	👎	👍
5: Lastunterschiede beim Kommunikations-Mix		
Auto/Buch	👍	👎
Bank/Energie	./.	./.

Tabelle 40: Zusammenfassung der Ergebnisse[a]

a. Legende: 👍 = die Hypothese wird bei allen Versuchen bestätigt, 👎 = die Hypothese wird bei allen Versuchen abgelehnt, 👍/👎 = die Hypothese wird bei einigen Versuchen bestätigt und bei einigen Versuchen abgelehnt, () = die Hinweise für eine Annahme oder Ablehnung der Hypothese sind nicht sehr deutlich ausgeprägt, ./. = der betreffende Anfragetyp ist für die Überprüfung der Hypothese nicht relevant.

Im Back-Office-Modell kann Hypothese 3 (Qualitative Unterforderung) aufgrund einer durchgehenden *qualitativen Unterforderung* von Spezialisten bestätigt werden. Allerdings sind die qualitativen Anforderungen in den untersuchten Datensätzen unterschiedlich stark ausgeprägt. Im Auto- und Bankbereich ist nur eine geringe *Unterforderung* der Spezialisten zu beobachten, während im Buch- und Energiebereich eine deutliche Unterforderung auftritt.

Hypothese 3

Für das 1-Ebenen-Modell und das 2-Ebenen-Modell kann der *Pooling-Effekt* sowie ein *verbesserter Schwankungsausgleich* bei integrierten Kommunikationskanälen bestätigt werden. Lediglich beim

Hypothese 4 und Hypothese 6

Back-Office-Modell müssen Hypothese 4 und Hypothese 6 abgelehnt werden, da synchrone und asynchrone Anfragen in verstärktem Maße um dieselben Mitarbeiter konkurrieren, wodurch sich Nachteile für die Entgegennahme synchroner Anfragen ergeben (*Konkurrenz-Effekt*).

Hypothese 5   Da in den Bereichen Bank und Energie keine übermäßigen *Lastunterschiede* festgestellt werden konnten, wurde Hypothese 5 ausschließlich im Auto- und Buchbereich überprüft. Für synchrone Anfragen konnten hierbei starke Nachteile einer Trennung von Kommunikationskanälen festgestellt werden, während bei asynchronen Anfragen Hypothese 5 abgelehnt werden mußte.

5.2 Kritische Würdigung

Überblick   Im folgenden Abschnitt wird die vorliegende Arbeit einer *kritischen Reflexion* unterzogen. Hierbei werden einerseits Probleme diskutiert, die sich aufgrund der verwendeten Methodik ergeben (Abschnitt 5.2.1) und andererseits Schwierigkeiten erläutert, die mit dem gewählten Forschungsentwurf in Zusammenhang stehen (Abschnitt 5.2.2). Abschließend wird der erzielte Forschungsbeitrag kurz dargestellt (Abschnitt 5.2.3).

5.2.1 Methodenspezifische Probleme

Fokussierung auf quantitative Analyse   Ein grundsätzliches Problem bei der Bewertung der Gestaltungsalternativen ergibt sich durch die Fokussierung auf eine *quantitative Analyse*. Wichtige qualitative Kriterien, wie etwa die Gesprächsqualität, Beratungsqualität oder Kundenzufriedenheit werden hierbei nicht direkt berücksichtigt[307]. Durch diese Einschränkung soll allerdings keine Geringschätzung qualitativer Bewertungskriterien ausgedrückt werden oder der Eindruck vermittelt werden, dass quantitative Analysen eine vollständige Bewertung von Kundeninteraktionsprozessen erlauben. Vielmehr wird die quantitative Leistungsfähigkeit als notwendige, aber keinesfalls hinreichende Voraussetzung für eine erfolgreiche Interaktion mit dem Kunden verstanden. Ohne ausreichende Erreichbarkeit eines Unternehmens

---

307. Eine Systematisierung quantitativer und qualitativer Bewertungskriterien im Call Center findet sich beispielsweise bei Henn, H.; Seiwert, G. (1998). Verfahren zur Messung der Kundenzufriedenheit und Kundenbindung werden in Töpfer, A. (1999) vorgestellt.

kommt überhaupt kein Kontakt zustande, und in diesen Fällen erübrigt sich jede weitere qualitative Analyse. Außerdem führt eine ineffiziente Prozessgestaltung zur quantitativen Überforderung oder Unterforderung von Mitarbeitergruppen, was wiederum qualitative Leistungsminderungen zur Folge hat.[308].

Durch den Einsatz der Simulationstechnik ist die *Übertragbarkeit der Ergebnisse* eingeschränkt. Die Bewertung der untersuchten Prozessmuster ist nur für die untersuchten Parameterkonstellationen möglich und kann nicht direkt auf andere Fälle übertragen werden. Dieses Problem entsteht dadurch, dass bei der Simulation der funktionale Zusammenhang zwischen den Leistungs- und Inputgrößen eines Systems nicht direkt als analytischer Ausdruck dargestellt wird[309]. Durch die Untersuchung der Designs in vier unterschiedlichen Domänen und durch zahlreiche Variationen von Inputparametern im Rahmen der modellgestützten Flexibilitätsanalyse wird trotzdem versucht, eine möglichst hohe Aussagefähigkeit der erzielten Ergebnisse zu erreichen. Zudem war der Einsatz der Warteschlangentheorie u.a. aus Gründen der eingeschränkten Modellierungsmächtigkeit nicht möglich[310].

Übertragbarkeit der Ergebnisse

Für die Flexibilitätsbewertung der Gestaltungsalternativen werden *subjektive Schwellenwerte* eingesetzt, um eine Komplexitätsreduktion bei der Analyse zu erreichen[311]. Die Auswirkungen der Wahl von Schwellenwerten auf die Flexibilitätsbewertung ist ein Ansatzpunkt für weitere Forschungen. Hierbei ist zu überprüfen, inwieweit der expertengestützten Festlegung von Schwellenwerten aufgrund ihrer Subjektivität potenzielle Nachteile durch Verzerrungen gegenüberstehen und wie diese gegebenenfalls zu vermeiden sind.

Subjektive Wahl von Schwellenwerten

---

308. Der Zusammenhang zwischen quantitativer Überforderung bzw. Unterforderung findet sich beispielsweise bei Hacker, W.; Richter, P. (1980), S. 69 f. In der Literatur finden außerdem sich zahlreiche Hinweise auf einen positiven Zusammenhang zwischen Stress und quantitativer Überforderung, vgl. Frieling, E.; Sonntag, K. (1999), S. 195 ff. oder Ulich, E. (1994), S. 397 ff.

309. Vgl. hierzu die Ausführungen zur Simulation in Abschnitt 3.1.3.

310. Ein Vergleich zwischen Simulation und Warteschlangentheorie findet sich in Abschnitt 3.1.4.

311. Der Einsatz von Schwellenwerten wird in Abschnitt 3.3.2.4 erläutert. Die durch Expertenbefragung ermittelten und in der Untersuchung verwendeten Schwellenwerte werden in Abschnitt 3.2.4.2 angegeben.

5.2.2 Designspezifische Probleme

Empirische
Datengrund-
lage

Um das Ziel der experimentellen Untersuchung zu erreichen, musste ein niedriges Abstraktionsniveau unter Berücksichtigung zahlreicher Inputparameter gewählt werden. Dieses Vorgehen stellt gleichzeitig hohe Anforderungen an die Datenerhebung, da eine große Vielfalt an Daten beschafft werden musste. Hierbei konnten aus Zeitgründen nur vier kleine bis mittlere Communication Center betrachtet werden, deren Mitarbeiterzahlen zwischen 25 und 120 variieren. Eine Übertragung der Ergebnisse auf große Communication Center mit über tausend Mitarbeitern ist nur in Teilbereichen möglich. Zudem mussten teilweise Schätzwerte von Experten anstelle direkt gemessener Werte verwendet werden, da in den betrachteten Unternehmen nicht alle benötigten Daten von den eingesetzten ACD-Anlagen bereitgestellt werden konnten.

Modellbil-
dung

Die Untersuchung „typischer" Kundeninterkationsprozesse bringt die grundsätzliche Schwierigkeit mit sich, welches *Abstraktionsniveau* für die *Modellbildung* geeignet ist und welche Parameter konkret berücksichtigt werden sollen. Obwohl im Vergleich zu bestehenden Untersuchungen bereits zahlreiche domänenspezifische Eigenschaften Berücksichtigung fanden[312], sind noch weitere Verfeinerungen denkbar. So stellt beispielsweise die Differenzierung der Anfragen in Standard- und Spezialanfragen und die Einteilung der Qualifikationsniveaus in Generalisten und Spezialisten eine vereinfachende Modellannahme dar[313]. Die vorliegende Arbeit versteht sich diesbezüglich als *ein* Beitrag, mit dessen Hilfe grundlegende Aspekte von Kundeninteraktionsprozessen beleuchtet werden konnten. Der Anspruch auf eine vollständige Darstellung und Untersuchung wird nicht erhoben.

Personalein-
satzplanung

Bei der Analyse von tageszeitlichen Anfrageschwankungen wurde die Frage untersucht, welches Prozessmuster extreme, im voraus nicht abzuschätzende Änderungen am besten verkraftet. Aus die-

---

312. Bei den Untersuchungen aus dem Bereich Prozessmanagement und Operations Research, vgl. Abschnitt 2.3.1.2, wird beispielsweise keine Differenzierung der Kundenaufträge nach Schwierigkeitsgrad oder Kommunikationsmedium vorgenommen. Zudem wird weder der Abbruch von Kommunikationsversuchen noch die Anrufwiederholung berücksichtigt.

313. Ein Beispiel zur weiteren Differenzierung von Anfragen und Qualifikationsprofilen im Rahmen des Skill Based Routing findet sich bei Cleveland, B. et al. (1998), S. 97 ff.

sem Grund wurden hierbei keine Maßnahmen zur *Personaleinsatz-planung* berücksichtigt. In der Praxis werden bei typischen Tages-verläufen in der Regel Anpassungen der Mitarbeiterkapazitäten bereits im Rahmen der operativen Personalplanung berücksichtigt und somit wiederkehrende Anfragespitzen abgefangen[314]. Des-halb sollen die erzielten Leistungswerte nicht als normale Effizienz-werte bei wiederkehrenden tageszeitlichen Schwankungen ver-standen werden, sondern als Extrempunkte bei unangepassten Mitarbeiterkapazitäten.

5.2.3 Erzielter Forschungsbeitrag

Trotz der oben genannten Kritikpunkte leistet die vorliegende Arbeit einen Beitrag zur systematischen Gestaltung von Kundeninterakti-onsprozessen. So werden bestehende Erkenntnisse aus der Litera-tur in einem *theoretischen Bezugsrahmen* zusammengefasst und auf die speziellen Eigenschaften von Kundeninteraktionsprozesse angewendet. Hierdurch wird das existierende Wissen systemati-siert und in Form von Hypothesen einer Überprüfung zugänglich gemacht.
Theoreti-sche Fun-dierung

Die abgeleiteten Hypothesen werden in einer umfangreichen expe-rimentellen Untersuchung anhand von typischen Prozessmustern im Communication Center *getestet*. Dabei wird durch die Verwen-dung *empirischer Daten* der Realitätsbezug der erzielten Ergeb-nisse gesichert.
Empirische Relevanz

Die Ergebnisse der Arbeit bestehen zudem nicht nur in der Gewin-nung von Erkenntnissen über konkrete Optionen zur Gestaltung von Kundeninteraktionsprozessen, sondern vor allem in der Bereit-stellung eines *Instrumentariums*, das in diesem Bereich generell einsetzbar ist. Hierbei wurde mit der modellgestützten Flexibilitäts-analyse ein übertragbares Instrumentarium vorgestellt, das die Bewertung der Flexibilität beliebiger Kundeninteraktionsprozesse erlaubt und mit Hilfe des eigens entwickelten Simulationswerkzeu-ges SimControl praktisch angewendet werden kann.
Instrumen-talcharakter

---

314. Vgl. beispielsweise Efthimiou, A. (1998), S. 463 ff.

6 Zusammenfassung und Ausblick

6.1 Zusammenfassung

Die vorliegende Arbeit hat sich mit der Gestaltung von flexiblen Kundeninteraktionsprozessen beschäftigt. Zu diesem Thema wurde ein *theoretischer Bezugsrahmen* entwickelt, der sich auf Ansätze aus dem Bereich der Prozesskoordination, dem Prozessmanagement und Operations Research sowie der Arbeitspsychologie gründet. Eine Überprüfung des Bezugsrahmens erfolgte im Rahmen einer umfangreichen experimentellen Simulationsstudie auf der Basis empirischer Daten aus vier unterschiedlichen Domänen. Hierbei wurden typische Gestaltungsmuster für Kundeninteraktionsprozesse im Communication Center untersucht. Um bei den Experimenten explizit Fragen der Prozessflexibilität betrachten zu können, wurde zudem ein neues Instrumentarium für die Flexibilitätsanalyse von Kundeninteraktionsprozessen entwickelt. Der praktische Einsatz dieses Instrumentariums konnte durch die Implementierung des computergestützten Simulationswerkzeuges SimControl ermöglicht werden.

Gesamtüberblick

Bei der experimentellen Analyse wurden als *Gestaltungsdimensionen* der Qualifikations-Mix und der Kommunikations-Mix betrachtet. Hierbei wurden beim Qualifikations-Mix drei unterschiedliche Mischungen zwischen Mitarbeitern mit allgemeinem Fachwissen (Generalisten) und Mitarbeitern mit vertieften Kenntnissen (Spezialisten) abgebildet und analysiert. Im Kommunikations-Mix fand eine Gegenüberstellung von getrennten und integrierten Kommunikationskanälen statt.

Untersuchte Gestaltungsdimensionen

Bezüglich der Gestaltungsdimension *Qualifikations-Mix* hat sich herausgestellt, dass durch die Zusammenfassung von Prozessaktivitäten aufgrund eines *Koordinationseffektes* Effizienzsteigerungen erzielt werden können. Dieser Effekt führt beim 1-Ebenen-Modell zu einer besseren Erreichbarkeit und ermöglicht sowohl beim 1-Ebenen-Modell als auch beim Back-Office-Modell eine effizientere Bearbeitung asynchroner Anfragen. Beim 1-Ebenen-Modell ist allerdings aufgrund des möglichen Einsatzes von Spezialisten bei

Qualifikations-Mix

der Bearbeitung von Standardanfragen (*Spezialistenbindung*) ein gegenläufiger Effekt zu verzeichnen, der vor allem bei Lastspitzen zu Effizienzverlusten bei der Bearbeitung von Spezialanfragen führt. Um eine *effiziente Nutzung der Mitarbeiter* zu erreichen, muss beim Einsatz des Back-Office-Modells darauf geachtet werden, dass die Arbeitslast asynchroner Spezialanfragen deutlich höher als die Arbeitslast asynchroner Standardanfragen ist. Ansonsten führt eine hohe Fehlnutzung durch Standardanfragen zu einer qualitativen Unterbelastung der Spezialisten.

Gestaltungs-
empfehlun-
gen

Interessanterweise erwies sich das in der Praxis häufig eingesetzte *2-Ebenen-Modell* in den meisten Fällen als schlechteste Gestaltungsalternative und kann aufgrund der erzielten Ergebnisse nicht empfohlen werden. Das ebenfalls häufig angewendete *Back-Office-Modell* zeigte große Schwächen bei der Entgegennahme von synchronen Anfragen, während bei der Bearbeitung asynchroner Anfragen durchgehend gute Leistungen gewährleistet werden konnten. Vor allem für den größten Anteil an Anfragen, die sogenannten Standardanfragen, empfiehlt sich das *1-Ebenen-Modell*. Hier müssen allerdings leichte Nachteile bei der Bearbeitung von Spezialanfragen in Kauf genommen werden.

Kommunika-
tions-Mix

Im Rahmen des *Kommunikations-Mixes* konnte zum Teil der bekannte *Pooling-Effekt* bestätigt werden, bei dem Leistungssteigerungen durch eine Vergrößerung der Mitarbeitergruppen erreicht werden. In Abhängigkeit der gesamten Mitarbeiterkapazität wurden deshalb Effizienzvorteile bei integrierten Kommunikationskanälen beobachtet. Überraschenderweise kam dieser Effekt allerdings nicht im Back-Office-Modell bei der Entgegennahme synchroner Spezialanfragen zum Tragen. Als Erklärungsansatz dient hierfür der *Konkurrenzeffekt*, der durch die Bindung von Mitarbeitern bei der Bearbeitung asynchroner Anfragen entsteht und zu einem höheren Anteil an verlorenen Spezialanfragen führt. Als Maß für diesen Effekt kann die *Mitarbeiterbindung* als Quotient aus der durchschnittlichen Bearbeitungszeit einer asynchronen Anfrage und der Anzahl verfügbarer Spezialisten ermittelt werden. Falls sich starke *Lastunterschiede* zwischen den Kommunikationskanälen ergeben, ist bezüglich synchroner Anfragen ein geringerer Pooling-Effekt zu beobachten als bei gleichmäßigen Arbeitslasten, während sich der Pooling-Effekt für asynchrone Anfragen verstärkt. Die Inte-

gration von Kommunikationskanälen führt in der Regel zu geringeren *Effizienzschwankungen*, wobei bei synchronen Anfragen der
oben erläuterte Konkurrenzeffekt beachtet werden muss.

Als *entscheidende Umweltfaktoren* haben sich bei den Experimenten das Anfragevolumen und die Länge der Gesprächs- und Bearbeitungszeiten herausgestellt, die den größten Einfluss auf die Effizienz der untersuchten Kundeninteraktionsprozessen hatten. Die
Erhöhung dieser Parameter um 50% hat in einigen Fällen eine Steigerung der verlorenen Anfragen von unter 10% auf über 70% verursacht. Eine Verringerung der Mitarbeiterverfügbarkeit um 20% hat
zu maximal 25% mehr verlorenen Anfragen geführt. Die Verkür-
zung der Wartetoleranz um 90% führte zu einer Verdoppelung der
verlorenen Anfragen. Die Änderung der Weiterleitungszeit, des
Anteils an Wahlwiederholern und der Zeit zwischen den Wählversuchen hatte dagegen nur geringe Effizienzeinbußen zur Folge[315].

Entschei-dende Umweltfak-toren

Bezüglich des neu entwickelten *Instrumentariums zur modellgestützten Flexibilitätsanalyse* konnten folgende Erkenntnisse beim
praktischen Einsatz gewonnen werden:

Modellge-stützte Flexibilitäts-analyse

· Wesentliche Effizienzunterschiede zwischen unterschiedlichen Gestaltungsalternativen werden erst bei der Berücksichtigung mehrerer Umweltänderungen deutlich. Die Analyse
ausschließlich einer Umweltsituation kann leicht zu falschen
Gestaltungsentscheidungen führen.

· Es gibt nicht „den flexiblen" oder „den unflexiblen Prozess".
Die Prozessflexibilität muss immer auf eine Menge von Pro-
zessobjekten, z.B. Anfragetypen, bezogen werden. In der
Regel reagiert ein Prozess für unterschiedliche Prozessob-
jekte unterschiedlich flexibel.

· Für die Flexibilität von Kundeninteraktionsprozessen ist nicht
nur das Vorhandensein, sondern vor allem die Aktivierbarkeit
von ungenutzten Mitarbeiterkapazitäten entscheidend.

---

315. Vgl. Abschnitt 4.3.1.

6.2 Ausblick

Weitere
Gestaltungs-
optionen
und -dimen-
sionen

Aufbauend auf den durchgeführten Analysen zum Qualifikations-Mix und Kommunikations-Mix sind weitergehende Untersuchungen dieser Gestaltungsdimensionen wünschenswert. Interessant sind hierbei etwa die Leistungswirkungen eines verfeinerten Skill Based Routing-Konzepts bezüglich der fachlichen Qualifikation und der Kommunikationsfähigkeit von Mitarbeitern[316]. Zudem sind für die Gestaltung von Kundeninteraktionsprozessen die Folgen diverser Partitionierungsstrategien, wie beispielsweise die Partitionierung nach Regionen, Kundengruppen oder Produktgruppen auf die Prozessleistungsfähigkeit relevant. Außerdem bieten sich als weitere Gestaltungsdimensionen unterschiedliche Überlaufstrategien bei Überlastsituationen, die Weiterleitung von Anfragen zwischen unterschiedlichen Standorten, die Integration von Outbound-Aktivitäten oder die Einbindung externer Communication Center für eine vertiefte Analyse an.

Modellver-
feinerung

Da in einigen theoretischen Ansätzen als entscheidendes Merkmal für die Organisationsgestaltung bestehende Abhängigkeiten zwischen Aktivitäten herausgestellt werden[317], lässt eine diesbezüglich Modellverfeinerung weitere Forschungsergebnisse erwarten. Hierbei könnten Zusammenhänge zwischen aufeinanderfolgenden Anfragen eines Kunden (Kundenhistorie) und Beziehungen zwischen Anfragen aus unterschiedlichen Kommunikationskanälen berücksichtigt werden. Durch eine explizite Abbildung von Abhängigkeiten zwischen eingesetztem Kommunikationsmedium und fachlicher Problemstellung, der bereits in einigen Arbeiten im Zusammenhang mit der Media Richness Theory und der Social Presence Theory empirisch untersucht wurde[318], lassen sich zudem Interdependenzen zwischen den beiden Gestaltungsdimensionen Qualifikations-Mix und Kommunikations-Mix betrachten.

---

316. Vgl. Cleveland, B. et al. (1998), S. 97 ff.

317. Vgl. Thompson, J.D. (1967), Crowston, K. (1997), Malone, T.W. et al. (1999), Ulich, E. (1994), S. 154 ff., Frieling, E.; Sonntag, K. (1999), S. 34 f. und Hackman, J.R.; Oldham, G.R. (1980), S. 62 ff.

318. Vgl. Carlson, J.R.; Zmud, R.W. (1999), King, R.C.; Xia, W. (1997), Minsky, B.D.; Marin, D.B. (1999), Purdy, J.M.; Nye, P.; Balakrishnan, P.V. (2000), Rice, R.E.; Shook, D.E. (1990), Stevens, P.M.; Williams, K.P.; Smith, M.C. (2000), Suh, K.S. (1999) oder Valley, K.L.; Moag, J.; Bazerman, M.H. (1998).

Um die erzielten Kenntnisse der Praxis leichter zugänglich zu   Elektroni-
machen, bietet es sich an, die bereits untersuchten Prozessmuster   sches Pro-
als Grundstock für ein elektronisches Handbuch zur Prozessgestal-   zesshand-
tung im Communication Center zu verwenden[319]. In diesem Hand-   buch
buch würden alle Prozessmuster zusammen mit den zugehörigen
Flexibilitätsanalysen hinterlegt, um einen einfachen Zugriff auf das
erarbeitete Wissen zu ermöglichen. Zudem wäre es möglich, auf
der Basis dieses Handbuchs ein Benchmarking von realen Unternehmensprozessen durchzuführen[320].

Wie bereits in der kritischen Reflexion angesprochen, konnten in   Erweiterung
der vorliegenden Arbeit mit der Erreichbarkeit und Bearbeitungsge-   des Zielsys-
schwindigkeit nur ausgewählte Zielgrößen für die Leistungsbewer-   tems
tung berücksichtigt werden. Für eine umfassende Prozessbewertung ist eine Erweiterung des Zielsystems um Kostengrößen und
die Betrachtung qualitativer Zielgrößen anzustreben.

Bezüglich der modellgestützten Flexibilitätsanalyse können die vor-   Weiterent-
liegenden Erfahrungen in der Communication Center-Domäne den   wicklung der
ersten Schritt für die Entwicklung eines allgemeinen Ansatzes zur   Flexibilitäts-
Flexibilitäts-analyse von Geschäftsprozessen bilden. In weiteren   analyse
Untersuchungen müsste hierfür das vorgestellte Instrumentarium
an die Anforderungen anderer Domänen angepasst werden. Dabei
ist vor allem die Eignung des theoretischen Bewertungsansatzes
bei der Verwendung neuer Effizienzkriterien zu untersuchen und es
sind gegebenenfalls Anpassungen am Bewertungsmodell sowie
am computergestützten Analysewerkzeug SimControl vorzuneh-
men. Die Auswirkungen der Wahl der Schwellenwerte auf die Flexibilitätsbewertung ist ein zusätzlicher Ansatzpunkt für weitere Forschungen. Hierbei ist zu überprüfen, inwieweit der expertengestützten Festlegung von Schwellenwerten (aufgrund ihrer Subjektivität)
potenzielle Nachteile durch Verzerrungen gegenüberstehen und
wie diese gegebenenfalls zu vermeiden sind.

---

319. Ansatzpunkt für die Sammlung und elektronische Speicherung von Prozess-
     designs finden sich etwa bei Malone, T. et al. (1999) oder Seibt, D. et al.
     (1997).

320. Zum Thema Benchmarking vgl. Schäfer, S.; Seibt, D. (1998) oder Homburg,
     C.; Werner, H.; Englisch, M. (1997).

Automati-
sche Pro-
zessver-
besserung

Ein weiteres, bisher kaum besetztes Forschungsfeld ist die automatische Generierung von Prozessdesigns[321]. Das vorhandene Wissen über die Vorteilhaftigkeit bestimmter Prozessmuster könnte zusammen mit heuristischen Verfahren, wie beispielsweise genetischen Algorithmen, für die automatische Erstellung von Gestaltungsvorschlägen eingesetzt werden[322]. Hierbei liesse sich für eine spezifische Umweltsituation und eine Menge vorgegebener Zielwerte automatisch die geeignete Kombination von Gestaltungsoptionen ermitteln, mit der die Zielwerte realisiert werden können. Dadurch könnte Organisationsgestaltern ein Werkzeug an die Hand gegeben werden, das fundierte Vorschläge für die Verbesserung oder Neugestaltung von Prozessen generiert. Dies würde einen weiteren Fortschritt in der Gestaltung von Kundeninteraktionsprozessen ermöglichen.

---

321. Erste Ansatzpunkte hierfür finden sich etwa bei Nissen, M.E. (1998).

322. Zu Genetischen Algorithmen vgl. Goldberg, D.E. (1994) und Pelikan, M. et al. (1999). Ein Beispiel zur Anwendung genetischer Algorithmen findet sich bei Grosche, T.; Heinzl, A.; Rothlauf, F. (2000).

Literaturverzeichnis

Adam, D. (1993): Flexible Fertigungssysteme. Schriften zur Unternehmensführung, Band 46. Wiesbaden 1993.

Adler, P. S.; Mandelbaum, A.; Nguyen, V.; Schwerer, E. (1995): From Project to Process Management: Am Empirically-Based Framework for Analyzing Product Development Time. In: Management Sciene, 41 (1995) 3, S. 458-484.

Aichele, C.; Kirsch, J. (1995): Geschäftsprozessanalyse auf Basis von Kennzahlensystemen. In: Management & Computer, 3 (1995) 2, S. 123-132.

Albach, H. (1988): Organisation und Koordination. Vorlesungsskript, Wissenschaftliche Hochschule für Unternehmensführung Koblenz. Koblenz 1988.

Atteslander, P. (1991): Methoden der empirischen Sozialforschung. 6., neubearb. und erw. Aufl., Berlin et al. 1991.

Babbar, S.; Sheu, C. (1996): A Managerial Assessment of the Waiting-time Performance for Alternative Service Process Designs. In: Omega, 24 (1996) 6, S. 689-703.

Bacharach, S.B. (1989): Organizational Theories: Some Criteria for Evaluation. In: Academy of Management Review, 14 (1989) 4, S. 496-515.

Balzert, H. (1996): Lehrbuch der Softwaretechnik, Band 1. Heidelberg u.a. 1996.

Bamberg, G.; Coenenberg, A.G. (1996): Entscheidungslehre. 9., überarb. Aufl., München 1996.

Barua, A.; Lee, S.H.S.; Whinston, A.B. (1995): The Calculus of Reengineering. Working Paper, University of Texas at Austin. Austin 1995.

Barua, A.; Ravindran, S. (1996): Reengineering Information Sharing Behaviour in Organizations. In: Journal of Information Technology, 11 (1996), S. 261-272.

Bateman, N.; Stockton, D. (1995): Measuring the Production Range Flexibility of a FMS. In: Integrated Manufacturing Systems, 6 (1995) 2, S. 27-34.

Baumgarten, B. (1996): Petri-Netze. Heidelberg et al. 1996.

Becker, J.; Kahn, D. (2000): Der Prozess im Fokus. In: Becker, J.; Kugeler, M.; Rosemann, M. (Hrsg.): Prozessmanagement. Berlin et al. 2000, S. 1-14.

Becker, J.; Kugeler, M.; Rosemann, M. (2000): Prozessmanagement. Berlin et al. 2000.

Becker, J.; Schütte, R. (1996): Handelsinformationssysteme. Landsberg 1996.

Berlemann, T. (2000): Die Anforderungen an Agents im multimedialen Kunden-Interaktions-Center von AOL Europe. In: Schuler, H.; Pabst, J. (Hrsg.): Personalentwicklung im Call Center der Zukunft. Neuwied 2000, S. 292-298.

Bierman, H.; Bonini, C.P.; Hausman, W.H. (1991): Quantitative Analysis for Business Decisions. 8. Aufl., Boston 1991.

Bitz, M. (1993): Investitionsplanung bei unsicheren Erwartungen. In: Wittmann, W. et al. (Hrsg.): Handwörterbuch der Betriebswirtschaft. Stuttgart 1993, S. 1965-1982.

Blomeyer-Bartenstein, H.-P. (2000): Rasante Entwicklung zum Communication-Center. In: Diebold Management Report (2000) 3, S. 17-21.

Böse, B.; Flieger, E. (1999): Call Center – Mittelpunkt der Kundenkommunikation. Braunschweig; Wiesbaden 1999.

Braun, B. (2000): Personalplanung für ein Call Center mit Erlang C. In: WISU (2000) 8-9, S. 1086-1093.

Browne, J.; Dubois, D.; Rathmill, K.; Sethi, S.P.; Stecke, K.E. (1984): Classification of Flexible Manufacturing Systems. In: The FMS Magazine (1984), S. 114-117.

Bünting, H.F. (1995): Organisatorische Effektivität von Unternehmungen. Wiesbaden 1995.

Bulgren, W.G. (1982): Discrete System Simulation. Englewood Cliffs 1982.

Buzacott, J.A. (1996): Commonalities in Reengineered Business Processes: Models and Issues. In: Management Science, 42 (1996) 5, S. 768-782.

Buzacott, J.A.; Shantihikumar, J.G. (1993): Stochastic Models of Manufacturing Systems. Englewood Cliffs 1993.

Call Center Benchmark-Kooperation (1998): Benchmark-Studie Call Center-Markt Deutschland '98. Hamburg, 1998.

Carlson, J.R.; Zmud, R.W. (1999): Channel Expansion Theory and the Experiential Nature of Media Richness Perceptions. In: Academy of Management Journal, 42 (1999) 2, S. 153-170.

Carmer, S.G.; Swanson, M.R. (1973): An Evaluation of Ten Pairwise Multiple Comparison Procedures by Monte Carlo Methods. In: Journal of the American Statistical Association, 68 (1973) 341, S. 66-74.

Chen, P.P.-S. (1976): The Entity-Relationship Model – Toward a Unified View of Data. In: ACM Transactions on Database Systems, 1 (1976) 1, S. 9-36.

Choi, S.-H.; Kim, J.-S. (1998): A Study on the Measurement of Comprehensive Flexibility in Manufacturing Systems. In: Computers and Engineering, 34 (1998) 1, S. 103-118.

Cleveland, B.; Mayben, J.; Greff, G. (1998): Call Center Management. Wiesbaden 1998.

Crowston, K. (1997): A Coordination Theory Approach to Organizational Process Design. In: Organization Science, 8 (1997) 2, S. 157-175.

Daft, R.L.; Lengel, R.H. (1984): Information Richness: A new Approach to Managerial Behavior and Organization Design. In: Research in Organization Bevior, 6 (1984), S. 191-233.

Daft, R.L.; Lengel, R.H. (1986): Organizational Information Requirements, Media Richness and Structural Design. In: Management Science, 32 (1986) 5, S. 554-571.

Damschik, I.; Häntschel, I. (1995): Evaluierung von Workflow-Systemen. In: Wirtschaftsinformatik, 37 (1995) 1, S. 18-23.

Dankert, U. (1995): Planung des Designs flexibler Fertigungssysteme. Betriebswirtschaftliche Forschung zur Unternehmensführung, Wiesbaden 1995.

Davenport, T.H. (1993): Reengineering Work through Information Technology. Boston 1993.

Davenport, T.H.; Short, J.E. (1990): The New Industrial Engineering: Information Technology and Business Process Redesign. In: Sloan Management Review (1990), S. 11-27.

De Vreede, G. J.; Van Eijck, D. T. T.; Sol, H. G. (1996): Dynamic Modelling for Re-Engineering Organizations. In: INFOR, 34 (1996) 1, S. 28-42.

Desel, J.; Oberweis, A. (1996): Petri-Netze in der angewandten Informatik. In: Wirtschaftsinformatik, 38 (1996) 4, S. 359-366.

Dewan, R.; Seidmann, A.; Walter, Z. (1997): Workflow Redesign through Consolidation in Information-Intensive Business Processes. In: Proceedings of the ICIS. 1997, S. 285-295.

Dewan, R.; Seidmann, A.; Walter, Z. (1998 a): Workflow Optimization through Task Redesign in Business Information Processes. In: Proceedings of the 31st Annual Hawaii International Conference on System Sciences. 1998, S. 240-252.

Dewan, R.; Seidmann, A.; Walter, Z. (1998 b): Digital Document Technology Selection and Workflow Optimization. In: Proceedings of the 31st Annual Hawaii International Conference on System Sciences. 1998.

Dinkelbach, W. (1969): Sensitivitätsanalysen und parametrische Programmierung. Berlin et al. 1969.

Domschke, W.; Drexl, A. (1995): Einführung in Operations Research. 3., verb. und erw. Aufl., Berlin et al. 1995.

Duncan, N.B. (1995): Capturing Flexibility of Information Technology Infrastructure: A Study of Resource Characteristics and
their Measure. In: Journal of Management Information Systems, 12 (1995) 2, S. 37-57.

Efthimiou, A. (1998): Einsatz von Software zur Kapazitätsplanung. In: Henn, H.; Kruse, J.P.; Strawe, O.V. (Hrsg.): Handbuch Call Center Management. Hannover 1998, S. 455-482.

Eisenführ, F.; Weber, M. (1999): Rationales Entscheiden. Berlin
et al. 1999.

Emery, F.E. (1959): Characteristics of Socio-Technical Systems.
Document No. 527, Tavistock Institute of Human Relations
1959.

Eversheim, W. (1995): Prozessorientierte Unternehmensorgani-
sation. Berlin et al. 1995.

Eversheim, W.; Breit, S. (1999): Voraussetzungen für erfolgrei-
ches Reengineering. In: IO-Management, 8 (1999) 7, S. 18-
22.

Falkner, C.H. (1986): Flexibility in Manufacturing Plants. In: Stecke, K.E.; Suri, R. (Hrsg.): Proceedings of the Second ORSA/
TIMS Conference on Flexible Manufacturing Systems: Operations Research Models and Applications. Amsterdam 1986, S.
96-106.

Farrington, P.; Nazemetz, J.W. (1998): Evaluation of the Performance Domain of Cellular and Functional Layouts. In: Computers and Engineering, 34 (1998) 1, S. 91-101.

Ferstl, O.K.; Sinz, E.J. (1994): Grundlagen der Wirtschaftsinformatik, Band 1. 2., überarb. Aufl., München et al. 1994.

Frese, E. (1992): Organisationstheorie. 2., überarb. und wesentlich erw. Aufl., Wiesbaden 1992.

Frieling, E.; Sonntag, K. (1999): Lehrbuch Arbeitspsychologie. 2.
vollst. überarb. u. erw. Aufl., Bern et al. 1999.

Fries, S.; Seghezzi, H. Dieter (1994): Entwicklung von Meßgrö-
ßen für Geschäftsprozesse. In: Controlling (1994) 6, S. 338-
345.

Frost & Sullivan (2000): The European Web Based Call Center Market. Frankfurt 2000.

Funck, F. (1998): Modellgestützte Planung und unvollkommene Information. Münster 1998.

Gaitanides, M. (1980): Aufgabenstrukturplanung und Flexibilität von Produktionsprozessen. In: Zeitschrift für Betriebswirtschaft, 50 (1980) 3, S. 231-243.

Gaitanides, M. (1983): Prozessorganisation. München 1983.

Gaitanides, M. (1998): Business Reengineering/Prozessmanagement – von der Managementtechnik zur Theorie der Unternehmung. In: Die Betriebswirtschaft, 58 (1998) 3, S. 369-381.

Gal, T. (1992): Operations Research, Band 3. Berlin et al. 1992.

Garvin, D.A. (1998): The Processes of Organization and Management. In: Sloan Management Review (1998) Summer, S. 33-50.

Giannini, P.J.; Gruppe, F.H.; Saholsky, R.M. (1997): Reengineering through Simulation Modeling: Optimizing a Telephone Ordering System at GPO. In: Information Systems Management, 14 (1997) 3, S. 61-66.

Görgens, J. (1994): Just-in-Time Fertigung. Stuttgart 1994.

Goldberg, D.E. (1994): Genetic and Evolutionary Algorithms Come of Age. In: Communications of the Association for Computing Machinery, 37 (1994) 3, S. 113-119.

Goldmann, A. (1999): Evaluierung generischer Prozessmuster für Call Center. Diplomarbeit am Lehrstuhl für Wirtschaftsinformatik, Universität Bayreuth. Bayreuth 1999.

Goyal, S.; Gupta, Y.P. (1992): Flexibility Trade-offs in a Random Flexible Manufacturing System: A Simulation Study. In: International Journal of Production Research, 30 (1992) 3, S. 527-557.

Gronover, S.; Riempp, G. (2001): Kundenprozessorientiertes Multi-Channel-Management. In: IO-Management (2001) 4, S. 25-31.

Grosche, T.; Heinzl, A.; Rothlauf, F. (2000): A Conceptual Approach for Simultaneous Flight Schedule Construction with Genetic Algorithms. Arbeitspapier Wirtschaftsinformatik 11/ 2000, Universität Bayreuth. Bayreuth 2000.

Günther, H. (1971): Das Dilemma der Arbeitsablaufplanung: Zielverträglichkeiten bei der zeitlichen Strukturierung. Berlin 1971.

Gupta, D. (1993): On Measurement and Valuation of Manufacturing Flexibility. In: International Journal of Production Research, 31 (1993) 12, S. 2947-2958.

Hacker, W.; Richter, P. (1980): Psychologische Bewertung von Arbeitsgestaltungsmassnahmen. In: Hacker, W. (Hrsg.): Spezielle Arbeits- und Ingenieurpsychologie. Berlin 1980.

Hackman, J.R.; Oldham, G.R. (1980): Work Redesign. Reading et al. 1980.

Haller, T.; Ronge, K.-J. (1998): ACD im Call Center. In: Henn, H.; Kruse, J.P.; Strawe, O.V. (Hrsg.): Handbuch Call Center Management. Hannover 1998, S. 383-403.

Hammer, M.; Champy, J. (1990): Reengineering Work: Don't Automate, Obliterate. In: Harvard Business Review (1990) Juli/August, S. 104-112 .

Hammer, M.; Champy, J. (1993): Reengineering the Corporation. New York 1993.

Hampe, J.F.; Schönert, S. (1997): Computer Telephony Integration. In: Wirtschaftsinformatik, 39 (1997) 3, S. 269-278.

Hampel, F. R.; Ronchetti, E. M.; Rousseeuw, P. J. (1986): Robust Statistics. New York Chichester, Brisbane, Toronto, Singapore 1986.

Hanssmann, F. (1987): Einführung in die Systemforschung. 3. Aufl., München et al. 1987.

Heinrich, L.J. (1993): Wirtschaftsinformatik: Einführung und Grundlegung. München et al. 1993.

Heinrich, L.J. (1995): Ergebnisse empirischer Forschung: State of the Art. In: Wirtschaftsinformatik, 37 (1995) 1, S. 3-9.

Heinrich, L.J.; Damschik, I.; Gappmaier, M.; Häntschel, I. (1995): Informationsgewinnung für das strategische Technologiemanagement durch Laborstudien. In: Information Management (1995) 4, S. 42-49.

Heinzl, A. (1996): Die Evolution der betrieblichen DV-Abteilung: Eine lebenszyklische Analyse. Heidelberg 1996.

Heinzl, A.; Brandt, A. (1999): Simulationsmodelle. In: Weber, J.; Baumgarten, H. (Hrsg.): Handbuch Logistik. Stuttgart 1999, S. 392-411.

Heinzl, A.; Zapf, M. (2000): Zur Reagibilität von Call Center-Prozessen. In: Dangelmaier, W.; Felser, W. (Hrsg.): Das reagible Unternehmen. Paderborn 2000, S. 233-252.

Henn, H.; Seiwert, G. (1998): Controlling im Call Center. In: Henn, Kruse; Strawe (Hrsg.): Handbuch Call Center Management. Hannover 1998, S. 251-268.

Henn, H.; Kruse, J.P.; Strawe, O.V. (1998): Handbuch Call Center Management. Hannover 1998.

Hennig, K.W. (1934): Einführung in die betriebswirtschaftliche Organisationslehre. Berlin 1934.

Heuser, H. (1982): Lehrbuch der Analysis, Band 1. 2., durchgesehene Aufl., Stuttgart 1982.

Holzner, H. (1999): Kostenorientierte Gestaltung von Geschäftsprozessen. Diplomarbeit am Lehrstuhl für Wirtschaftsinformatik, Universität Bayreuth. Bayreuth 1999.

Homburg, C.; Giering, A.; Hentschel, F. (1999): Der Zusammenhang zwischen Kundenzufriedenheit und Kundenbindung. In: Bruhn, M.; Homburg, C. (Hrsg.): Handbuch Kundenbindungsmanagament. Wiesbaden 1999, S. 81-112.

Homburg, C.; Werner, H.; Englisch, M. (1997): Kennzahlengestütztes Benchmarking im Beschaffungsbereich: Konzeptionelle Aspekte und empirische Befunde. In: Die Betriebswirtschaft, 57 (1997) 1, S. 48-64.

Huber, P.J. (1981): Robust Statistics. New York et al. 1981.

Ives, B.; Learmonth, G.P. (1984): The Information System as a Competitive Weapon. In: Communications of the ACM, 27 (1984) 12, S. 1193-1201.

Jacob, H. (1974 a): Unsicherheit und Flexibilität – Zur Theorie der Planung bei Unsicherheit. In: Zeitschrift für Betriebswirtschaft, 44 (1974) 5, S. 299-326.

Jacob, H. (1974 b): Unsicherheit und Flexibilität – Zur Theorie der Planung bei Unsicherheit. In: Zeitschrift für Betriebswirtschaft, 44 (1974) 6, S. 403-448.

Jacob, H. (1974 c): Unsicherheit und Flexibilität – Zur Theorie der Planung bei Unsicherheit. In: Zeitschrift für Betriebswirtschaft, 44 (1974) 7/8, S. 505-525.

Jacob, H. (1989): Flexibilität und ihre Bedeutung für die Betriebspolitik. In: Adam, D.; Backhaus, K.; Meffert, H.; Wagner, H. (Hrsg.): Integration und Flexibilität. Eine Herausforderung an die Allgemeine Betriebswirtschaftslehre. Wiesbaden 1989, S. 15-60.

Kaluza, B. (1993): Betriebliche Flexibilität. In: Wittmann, W.; Kern, W.; Köhler, R.; Küpper, H.-U.; v. Wysocki, K. (Hrsg.): Handwörterbuch der Betriebswirtschaft. Stuttgart 1993, S. 1174-1184.

Kelton, W.D.; Sadowski, R.P.; Sadowski, D.A. (1998): Simulation with ARENA. Boston et al. 1998.

Kickert, W.J.M. (1985): The Magic Word Flexibility. In: International Studies of Man. & Org., 14 (1985) 4, S. 6-31.

Kieser, A. (1969): Zur Flexibilität verschiedener Organisationsstrukturen. In: Zeitschrift für Organisation (1969) 7, S. 273-282.

Kilmann, R. H. (1977): Social Systems Design: Normative Theory and the MAPS Design Technology. North-Holland 1977.

Kilmann, R. H. (1983): The Costs of Organization Structure: Dispelling the Myths of Independent Divisions and Organization-Wide Decision Making. In: Accounting, Organizations and Society, 8 (1983) 4, S. 341-357.

Kilmann, R. H. (1987): Beyond the Quick Fix: Managing Five Tracks to Organizational Success. London San Francisco 1987.

King, R.C.; Xia, W. (1997): Media Appropriateness: Effects of Experience on Communication Media Choice. In: Decision Sciences, 28 (1997) 4, S. 877-910.

Kistner, K.-P. (1992): Warteschlangentheorie. In: Gal., T. (Hrsg.): Grundlagen des Operations Research. Band 3. Berlin et al. 1992, S. 254-289.

Kleinrock, L. (1975): Queueing Systems. New York et al. 1975.

Kleinrock, L. (1976): Queueing Systems. New York et al. 1976.

Knof, H.-L. (1992): CIM und organisatorische Flexibilität. München 1992.

König, W.; Rommelfanger, H.; Ohse, D. (1999): Taschenbuch der Wirtschaftsinformatik und Wirtschaftsmathematik. Frankfurt am Main et al. 1999.

Körfgen, R. (1999): Prozessoptimierung in Dienstleistungsunternehmen. Wiesbaden 1999.

Kosiol, E. (1962): Organisation der Unternehmung. 2., durchges. Aufl., Wiesbaden 1962.

Krahn, A.; Kueng, P.; Lüthi, A. (1997): Geschäftsprozessindikatoren auf der Basis von Zielen, Erfolgsfaktoren und Handlungsmöglichkeiten. Fribourg 1997.

Kruse, J.P. (1998): Die strategische Bedeutung der Innovation Call Center. In: Henn; Kruse; Strawe (Hrsg.): Handbuch Call Center Management. Hannover 1998, S. 11-34.

Kühn, M. (1988): Die Flexibilität von Produktions- und Lagerhaltungssystemen. In: Pressmar, D.B. et al. (Hrsg.): Operations Research Proceedings. Berlin, Heidelberg 1988, S. 484-489.

Kühn, M. (1989): Flexibilität in logistischen Systemen. Heidelberg 1989.

Kühn, M.; Schneeweiß, C. (1990): Zur Definition und gegenseitigen Abgrenzung der Begriffe Flexibilität, Elastizität und Robustheit. In: Schmalenbachs Zeitschrift fuer betriebswirtschaftliche Forschung (1990) 5, S. 378-395.

Küll, R.; Stähly, P. (1999): Zur Planung und effizienten Abwicklung von Simulationsexperimenten. In: Biethahn, J.; Hummeltenberg, W.; Schmidt, B.; Stähly, P.; Witte, T. (Hrsg.): Simulation als betriebliche Entscheidungshilfe. Heidelberg 1999, S. 1-21.

Kueng, P.; Krahn, A. (1999): Building a Process Performance Measurement System: Some Early Experiences. In: Journal of Scientific & Industrial Research, 58 (1999) 3/4, S. 149-159.

Laux, H. (1998): Entscheidungstheorie. 4., neubearb. u. erw. Aufl., Berlin et al. 1998.

Law, A.M.; Kelton, W.D. (1991): Simulation Modeling & Analysis. New York et al. 1991.

Liebl, F. (1995): Simulation. München et al. 1995.

Lin, C.; Chen, H.; Nunamaker, J.F. (2000): Verifying the Proximity and Size Hypothesis for Self-Organizing Maps. In: Journal of Management Information Systems, 16 (2000) 3, S. 57-70.

Malone, T. W. (1985): Organizational Structure and Information Technology: Elements of a Formal Theory. Working Paper No. 1710-85, Sloan School of Management, Massachusetts Institute of Technology, 1985.

Malone, T. W.; Crowston, K. (1994): The Interdisciplinary Study of Coordination. In: ACM Computing Surveys, 26 (1994) 1, S. 88-119.

Malone, T.W.; Crowston, K.; Lee, J.; Pentland, B.; Dellarocas, C.; Wyner, G.; Quimby, J.; Osborn, C.; Bernstein, A.; Herman, G.; Klein, M. (1999): Tool for Inventing Organisations: Toward a Handbook of Organisational Process. In: Management Science, 45 (1999) 3, S. 425-443.

Malone, T. W.; Smith, S. A. (1988): Modeling the Performance of Organizational Structures. In: Operations Research, 36 (1988) 3, S. 421-436.

Marschak, T.; Nelson, R. (1962): Flexibility, Uncertainty, and Economic Theory. In: Metroeconomica, 14 (1962), S. 42-58.

Meffert, H. (1969): Zum Problem der betriebswirtschaftlichen Flexibilität. In: Zeitschrift für Betriebswirtschaft (1969), S. 779-800.

Meffert, H. (1985): Größere Flexibilität als Unternehmungskonzept. In: Schmalenbachs Zeitschrift fuer betriebswirtschaftliche Forschung, 37 (1985) 2, S. 121-137.

Menzigian, K.A. (1999): Call Center Services, Worldwide Markets and Trends, 1998-2003 IDC-Report #W19076, International Data Corporation, Framingham 1999.

Menzler-Trott, E. (1999): Von der Kundenorientierung zur servicezentrierten Kundenkommunikation. In: Menzler-Trott, E. (Hrsg.): Call Center-Management. München 1999, S. 11-59.

Minsky, B.D.; Marin, D.B. (1999): Why Faculty Members Use E-Mail: The Role of Individual Differences in Channel Choice. In: The Journal of Business Communication, 36 (1999) 2, S. 194-217.

Moodie, C.L.; Shewchuk, J.P. (1998): Definition and Classification of Manufacturing Flexibility Types and Measures. In: The International Journal of Flexible Manufacturing Systems, 10 (1998) 4, S. 325-349.

Mura, H. (1998): Standortauswahl für deutschsprachige Call Center. In: Henn, H.; Kruse, J.P.; Strawe, O.V. (Hrsg.): Handbuch Call Center Management. Hannover 1998, S. 95-112.

Muther, A.; Österle, H. (1998): Electronic Customer Care – Neue Wege zum Kunden. In: Wirtschaftsinformatik, 40 (1998) 2, S. 105-113.

Nissen, M.E. (1998): Redesigning Reengineering Through Measurement-Driven Inference. In: MIS Quarterly (1998) December, S. 509-534.

Noeske, M. (1999): Durchlaufzeiten in Informationsprozessen. Wiesbaden 1999.

Nordsieck, F. (1934): Grundlagen der Organisationslehre. Stuttgart 1934.

Oberweis, A. (1996): Modellierung und Ausführung von Workflows mit Petri-Netzen. Stuttgart et al. 1996.

Osterloh, M.; Frost, J. (2000): Der schwere Weg von der Organisationstheorie zum Organisationsdesign. In: Die Betriebswirtschaft, 60 (2000) 4, S. 485-511.

Pelikan, M.; Goldberg, D.E.; Cantú-Paz, E. (1999): BOA: The Bayesian Optimization Algorithm. In: Banzhaf, W. et al. (Hrsg.): Proceedings of the Genetic and Evolutionary Computation Conference 1999. San Francisco 1999.

Perridon, L.; Steiner, M. (1999): Finanzwirtschaft der Unternehmung. 10. Aufl., München 1999.

Purdy, J.M.; Nye, P.; Balakrishnan, P.V. (2000): The Impact of Communication Media on Negotiation Outcomes. In: The International Journal of Conflict Management, 11 (2000) 2, S. 162-187.

Querini, S. (2000): Suche nach qualifizierten Mitarbeitern – die neue Herausforderung im Call Center-Business. In: Schuler, H.; Pabst, J. (Hrsg.): Personalentwicklung im Call-Center der Zukunft. Neuwied 2000.

Reichert, A. (2000): Die richtigen Mitarbeiter finden – Erfahrungen von Allstate Direct. In: Schuler, H.; Pabst, J. (Hrsg.): Personalentwicklung im Call-Center der Zukunft. Neuwied 2000.

Rice, J.A. (1988): Mathematical Statistics and Data Analysis. Pacific Grove 1988.

Rice, R.E.; Shook, D.E. (1990): Relationships of Job Categories and Organizational Levels to Use of Communication Channels, Including Electronic Mail: A Meta-Analysis and Extension. In: Journal of Management Studies, 27 (1990) 2, S. 195-229.

Rosemann, M.; Denecke, T.; Püttmann, M. (1996): Konzeption und prototypische Realisierung eines Informationssystems für das Prozessmonitoring und -controlling. Münster 1996.

Rosenstengel, B.; Wienand, U. (1991): Petri-Netze – eine anwendungsorientierte Einführung. 4. Aufl., Wiesbaden 1991.

Schäfer, S.; Seibt, D. (1998): Benchmarking – eine Methode zur Verbesserung von Unternehmensprozessen. In: Betriebswirtschaftliche Forschung und Praxis (1998) 4, S. 365-380.

Scheer, A. (1998): Wirtschaftsinformatik – Referenzmodelle für industrielle Geschäftsprozesse. Berlin 1998.

Schierenbeck, H. (1995): Grundzüge der Betriebswirtschaftslehre. 12. Aufl., München et al. 1995.

Schlüchtermann, J.(1996): Planung in zeitlich offenen Entscheidungsfeldern. Neue betriebswirtschaftliche Forschung, Wiesbaden 1996.

Schneeweiß, C. (1989): Der Zeitaspekt in der Planung. In: Hax, H.; Kern, W.; Schröder, H.-H. (Hrsg.): Zeitaspekte in betriebswirtschaftlicher Theorie und Planung. Stuttgart 1989, S. 3-19.

Schneeweiß, C. (1991): Planung, Band 1. Berlin et al. 1991.

Schütte, R. (1998): Grundsätze ordnungsmäßiger Referenzmodellierung. Wiesbaden 1998.

Seibt, D.; Bielli, P.; Bjørn-Andersen, N.; Bolz, A.; Borring-Olsen, R.; Christensen, G.; Van Dissel, H.; Gerrits, H.; Van der Heijden, H.; Konrad, P.; Mårtensson, A.; Meregalli, S.; Møller, E.; Neergard, P.; Schäfer, S.; Steneskog, G.; Wareham, J. (1997): Cebusnet: Consolidation Framework. Working Paper 97/1, Lehrstuhl für Wirtschaftsinformatik, Universität Köln 1997.

Seidmann, A.; Sundararajan, A. (1996 a): Information Systems, Incentives and Workflow Logic: Strategic Implications for Reengineering Business Processes. In: De Gross, J.I.; Jarvanpaa, S.; Srinivasan, A. (Hrsg.): Proceedings of the ICIS. 1996, S. 400-420.

Seidmann, A.; Sundararajan, A. (1996 b): Redesigning Business Processes: Case Studies & Operational Models. In: Proceedings of the 2nd Manufacturing and Service Operations Management Conference. 1996, S. 270-275.

Seidmann, A.; Sundararajan, A. (1997): The Effects of Task and Information Asymmetry on Business Process Redesign. In: International Journal Of Production Economics, 50 (1997) 2/3, S. 117-128.

Sethi, A.K.; Sethi, S.P. (1990): Flexibility in Manufacturing: A Survey. In: The International Journal of Flexible Manufacturing Systems, 2 (1990), S. 289-328.

Shanker, K.; Tzen, Y.-J.J. (1985): A Loading and Dispatching Problem in a Random Flexible Manufacturing System. In: International Journal of Production Research, 23 (1985) 3, S. 579-595.

Short, J.; Williams, E.; Christie, B. (1976): The Social Psychology of Telecommunications. London 1976.

Simon, H. (1989): Die Zeit als strategischer Faktor. In: Zeitschrift für Betriebswirtschaft, 59 (1989), S. 70-93.

Slack, N. (1987): The Flexibility of Manufacturing Systems. In: International Journal of Operations & Production Management, 7 (1987) 4, S. 35-45.

Stecke, K.E.; Raman, N. (1995): FMS Planing Decisions, Operations Flexibilities, and System Performance. In: IEEE Transactions on Engineering Management, 42 (1995) 1, S. 82-90.

Steidel, U. (2000): Die Parallelisierung als Mittel zur Gestaltung leistungsfähiger Geschäftsprozesse. Diplomarbeit am Lehrstuhl für Wirtschaftsinformatik, Universität Bayreuth. Bayreuth 2000.

Stevens, P.M.; Williams, K.P.; Smith, M.C. (2000): Organizational Communication and Information Processes in an Internet-Enabled Environment. In: Psychology & Marketing, 17 (2000) 7, S. 607-632.

Storch, K.(2000): Simulationsgestützte Evaluation von Organisationsszenarien im Call Center. Diplomarbeit am Lehrstuhl für Wirtschaftsinformatik, Universität Bayreuth. Bayreuth 2000.

Strawe, O.V. (1998): Sprachcomputer im Call Center. In: Henn, H.; Kruse, J.P.; Strawe, O.V. (Hrsg.): Handbuch Call Center Management. Hannover 1998, S. 323-333.

Stützle, G. (1987): Langfristige Kapazitätsplanung unter Berücksichtigung der betrieblichen Elastizität. München 1987.

Suh, K.S. (1999): Impact of Communication Medium on Task Performance and Satisfaction: An Examination of Media-Richness Theory. In: Information and Management, 35 (1999), S. 295-312.

Sundararajan, A. (1998): Modeling and Designing Business Processes. Dissertation, William E. Simon Graduate School of Business Administration. Rochester/New York 1998.

Systems Modeling Corp. (1996): Call$im Template User's Guide. Sewickley 1996.

Thompson, J.D. (1967): Organizations in Action: Social Science Bases of Administrative Theory. New York et al. 1967.

Töpfer, A. (1999): Die Analyseverfahren zur Messung der Kundenzufriedenheit und Kundenbindung. In: Töpfer, A. (Hrsg.): Kundenzufriedenheit messen und steigern. Neuwied et al. 1999, S. 299-370.

Töpfer, A.; Greff, G. (1993 a): Marketing – direkt zum Zielkunden: Eine fortschrittliche Rückbesinnung auf individuelle Kundenkontakte. In: Greff, G.; Töpfer, A. (Hrsg.): Direktmarketing mit neuen Medien. Landsberg/Lech 1993, S. 3-24.

Töpfer, A.; Greff, G. (1993 b): Servicequalität durch Corporate Identity am Telefon (CIT). In: Greff, G.; Töpfer, A. (Hrsg.): Direktmarketing mit neuen Medien. Landsberg/Lech 1993.

Töpfer, A.; Greff, G. (2000): Servicequalität am Telefon. 2. durchges. und erw. Aufl., Neuwied et al. 2000.

Trist, E.L.; Bamforth, K.W. (1951): Some Social and Psychological Consequences of the Longwall Method of Coal Getting. In: Human Relations 4 (1951), S. 3-38.

Ulich, E. (1994): Arbeitspsychologie. 3. Aufl., Stuttgart 1994.

Valley, K.L.; Moag, J.; Bazerman, M.H. (1998): 'A Matter of Trust': Effects of Communication on the Efficiency and Distribution of Outcomes. In: Journal of Economic Behavior & Organization, 34 (1998), S. 211-238.

Van der Aalst, W.M.P. (1998): The Application of Petri Nets to Workflow Mangement. In: Journal of Circuits, Systems and Computers, 8 (1998) 1, S. 21-66.

Van der Aalst, W.M.P.; Desel, J.; Oberweis, A. (2000): Business Process Management: Models, Techniques, and Empirical Studies. LNCS 1806. Berlin et al. 2000.

Van der Aalst. W.M.P.; Graaf, M. (1998): Workflow Systems. In: Girault, C.; Valle, R. (Hrsg.): Systems Engineering: A Petri Net Based Approach to Modelling, Verification, and Implementation. Ausgabe für die MATCH Advanced Summer School in Jaca/Spanien. Zaragoza 1998, S. 531-567.

Weinberg, P. (1999): Verhaltenswissenschaftliche Aspekte der Kundenbindung. In: Bruhn, M.; Homburg, C. (Hrsg.): Handbuch Kundenbindungsmanagament. Wiesbaden 1999, S. 39-53 .

Wiencke, W.; Koke, D. (1999): Call Center Praxis. 2., überarb. und erw. Aufl., Stuttgart 1999.

Winston, W.L. (1994): Operations Research Applications and Algorithms. 3. Aufl., Delmont 1994.

Wolff, R.W. (1988): Stochastic Modeling and the Theory of Queues. Englewood Cliffs 1988.

Zapf, M.; Heinzl, A. (2000): Evaluation of Generic Process Design Patterns: An Experimental Study. In: Van der Aalst, W.; Desel, J.; Oberweis, A. (Hrsg.): Business Process Management: Models, Techniques, and Empirical Studies. LNCS 1806. Berlin et al. 2000.

ENTSCHEIDUNGSUNTERSTÜTZUNG FÜR ÖKONOMISCHE PROBLEME

Herausgegeben von Wolfgang Gaul, Martin Schader
und Armin Heinzl

Ab Band 19 erscheint die Reihe unter dem Titel 'Informationstechnologie und Ökonomie'.

Eveline Wittmann

Kompetente Kunden-
kommunikation von
Auszubildenden in der Bank

**Eine theoretische und empirische Studie zum Einfluß
betrieblicher Ausbildungsbedingungen**

Frankfurt/M., Berlin, Bern, Bruxelles, New York, Oxford, Wien, 2001.
XIII, 329 S., zahlr. Abb. und Tab.
Berufliche Bildung im Wandel. Herausgegeben von Jürgen van Buer. Bd. 2
ISBN 3-631-37900-5 · br. € 50.10*

Diese Arbeit thematisiert im Rahmen theoretischer Analysen und einer
explorativen empirischen Studie den Zusammenhang zwischen betrieblichen
Ausbildungsbedingungen als spezifischem Entwicklungskontext auf der
einen Seite und dem Umgang auszubildender Jugendlicher mit betrieblichen
Qualifikationsanforderungen im kommunikativen Kontext der persönlichen
Kundenberatung auf der anderen Seite. Grundüberlegung der Autorin ist, daß
berufliche Kundenkommunikation stark durch spezifische Merkmale der
Kundenberatungssituation eingeengt sei, insbesondere durch das Merkmal
institutioneller Einbindung in die Unternehmung. Auf der Basis der theoretischen
Analysen und der empirischen Befunde wird dem Ausbildungsort „Betrieb"
eine besondere Relevanz für die Entwicklung eines kompetenten Umgangs mit
den Anforderungen der Kundenkommunikation beigemessen; denn dort wird
am ehesten die Möglichkeit zu kontextbezogenem Lernen gesehen.

Aus dem Inhalt: Konzeptionen „kommunikativer Kompetenz" und „kommunikativen Handelns" · Kundenkommunikative Anforderungen an die Qualifikation
ausgebildeter Bankkaufleute und kommunikativ kompetentes Handeln im Umgang mit Kunden · Qualität betrieblicher Ausbildung unter der Perspektive des
Umgangs von Auszubildenden mit kundenkommunikativen Qualifikationsanforderungen · Durchführung und Befunde der empirischen Studie

Frankfurt/M · Berlin · Bern · Bruxelles · New York · Oxford · Wien
Auslieferung: Verlag Peter Lang AG
Moosstr. 1, CH-2542 Pieterlen
Telefax 00 41 (0) 32 / 376 17 27

*inklusive der in Deutschland gültigen Mehrwertsteuer
Preisänderungen vorbehalten
Homepage http://www.peterlang.de